都市圈

协同发展理论与实践

廉军伟 著

浙江工商大学出版社
ZHEJIANG GONGSHANG UNIVERSITY PRESS

图书在版编目(CIP)数据

都市圈协同发展理论与实践 / 廉军伟著. —杭州：浙江工商大学出版社，2016.8

ISBN 978-7-5178-1812-0

Ⅰ. ①都… Ⅱ. ①廉… Ⅲ. ①城市群—发展—研究 Ⅳ. ①F291

中国版本图书馆 CIP 数据核字(2016)第 203661 号

都市圈协同发展理论与实践

廉军伟 著

责任编辑	王黎明
责任校对	尤建忠
封面设计	林朦朦
责任印制	包建辉
出版发行	浙江工商大学出版社 (杭州市教工路 198 号　邮政编码 310012) (e-mail:zjgsupress@163.com) (网址:http://www.zjgsupress.com) 电话:0571－88904980,88831806(传真)
排　　版	杭州朝曦图文设计有限公司
印　　刷	杭州恒力通印务有限公司
开　　本	710mm×1000mm　1/16
印　　张	14.5
字　　数	202 千
版 印 次	2016 年 8 月第 1 版　2016 年 8 月第 1 次印刷
书　　号	ISBN 978-7-5178-1812-0
定　　价	39.80 元

浙江工商大学出版社营销部邮购电话　0571－88904970

前言

自国家“十一五”规划提出“要把城市群作为推进城镇化的主体形态”以来，城市群的建设成为学者和政府部门关注的热点。2014 年 3 月，国务院发布的《国家新型城镇化规划（2014—2020 年）》进一步强调：“按照统筹规划、合理布局、分工协作、以大带小的原则，发展集聚效率高、辐射作用大、城镇体系优、功能互补强的城市，使之成为支撑全国经济增长、促进区域协调发展、参与国际竞争合作的重要平台。”近期，国务院批复《长江三角洲城市群发展规划》，明确了长三角城市群今后的发展方向。可见，城市群已经成为我国统筹城乡、区域发展的重要平台，成为我国参与“一带一路”和长江经济带建设的重要依托。因此，研究城市群相关问题，推动城市群的发展壮大，对提升我国国际竞争力具有重要意义。

笔者研究的杭州都市圈是以杭州为中心，包括湖州、嘉兴、绍兴三市，其在空间上形成以圈层为主的发展结构，同时又不同于城市群的“群集”结构。为此，笔者以都市圈这一概念为表述，将其贯穿于全文。当然，理论界对城市群、都市圈、都市区等概念、内涵、特点都有比较详细的辨析，本著作也在研究过程中，对相关概念内涵、特点等进行了分析。

从理论界和实践界来看，自都市圈这一概念产生以来，围绕都市圈的形成机理、发展机理、培育思路、建设实践等专家开展了大量的研究，如学术界对上海都市圈、京津冀都市圈、长株潭城市群、武汉城市圈、南京都市圈等实践研究所形成的理论体系等；各级政府决策咨询机构开展的都市圈规划、战略研究等，可以说，对都市圈的研究，研究成果丰硕，研究观点和结论层出不穷，这些都对指导区域都市圈的培育发挥了重要作用。因此，在以往学者研究的基础上对都市圈进行再研究，对笔者而言有种“班门弄斧”的感觉，也自感研究深度很难达到更高的水平。鉴于此，笔者结合应用研究实践，在以往学者研究的基础上，结合各地方对发展都市圈的诉求，提出了都市圈“协同发展”的这一概念。相较于“协调发展”“一体发展”，笔者认为，协同发展是基于协调发展与一体发展之间一种状态。协调更多的是强调城市之间的协商，通过协商沟通来促进都市圈的发展，是基于各自利益出发点的行为模式。协同发展是在协调发展基础上，通过构建良好的实施推进机制，推进都市圈的发展，是一种有一定组织的发展阶段。一体发展是都市圈发展的高级阶段，是都市圈进入了自我发展，循环发展的阶段。在这个阶段中，都市圈相关发展领域都达到最优的状态，用物理学的观点看，可以说是达到了一种“动态的静止状态”。总结以上观点我们可以发现，都市圈协同发展阶段，是在都市圈协调发展的基础上的，这个阶段主要研究都市圈协调阶段解决不了、完成不了的问题与障碍，这些问题与障碍的破解途径是都市圈协同发展的重要内容。

本书根据协同学的相关理论，结合区域经济学的分析思路，从都市圈协同发展角度出发，构建都市圈协同发展的体系框架。都市圈协同发展的体系框架包括都市圈协同发展的经济主体、都市圈协同发展的运行机理、都市圈协同发展的保障机制三个维度。每个维度都从自身在都市圈角色定位出发，通过施加某些作用力，对都市圈协同发展产生影响。当然，这些影响既有正面的推动作用也有反面的制约作用。每个维度都是一个独立的体系，都有其运行规律。三个维度相互关联，互相促进，共同构成了都市圈协同发展的体系框架。

为更好地理解和把握都市圈协同发展的内涵，笔者结合参与的省咨询委项目“加快杭州都市经济圈协同发展的若干建议”、杭州市决咨委项目“加快杭州都市圈提升发展对策研究”、浙江省发改委的项目“浙江省杭州都市经济圈转型升级综合改革试点三年实施计划(2014—2016年)”、“杭州都市区转型升级综合改革试点区方案”、宁波市咨询委项目“加快宁波都市区建设的对策研究”、浙江省社科联项目“浙江四大都市区特色定位与内在协同发展体制机制研究”、杭州政研室项目“加快县域经济向都市区经济转型研究”、省发展规划研究院课题项目“增强杭州、宁波两大中心城市极核功能”等项目基础，从我国都市圈发展的背景出发，以杭州都市圈发展的实践经验为依托，结合都市圈协同发展体系框架，对杭州都市圈协同发展阶段的成效、实施过程中的机制创新、实施举措进行了系统研究，并针对杭州都市圈协同发展问题，从政府决策角度提出了一些对策建议。通过杭州都市圈的实证案例分析，进一步充实都市圈协同理论框架，为都市圈协同发展提供实践经验。

都市圈的研究在国内既属于热点也属于难点，都市圈协同发展也是一个复杂的科学及应用命题，不可能在短期内对其做出成熟的、权威性的论述。都市圈待破解的难题还很多，本书只是在某一方面做了些探索。由于笔者水平有限、写作时间有限，书中错误在所难免，恳请广大读者批评指正！

廉军伟

2016年6月

目录 CONTENTS

第一章

绪　论

都市圈作为一种空间组织形式，日益成为区域参与国际竞争力的重要平台。当前，我国已形成北京、上海、南京、武汉等一批都市圈，它们在引领区域经济转型发展、推进新型城镇化建设、带动人口集聚、提升要素利用效率等方面发挥了重要的作用，成为支撑我国经济发展、促进区域空间协调的重要单元。随着都市圈的深入推进，都市圈的发展由各自协调发展进入互动协同发展的新阶段。为此，我们有必要在新的发展阶段，准确把握都市圈协同发展的背景，对都市圈协同发展进行深入研究。

第一节 研究缘起

本节按照问题导向的研究思路，基于都市圈自身发展阶段、都市圈内部城市需求和规划管理创新要求三个角度，立题开展都市圈协同发展研究，力求找准都市圈协同问题与障碍，剖析其内在机理与深层次的原因，并从提出政策建议的角度，来探讨如何进一步推进都市圈的发展。

一、都市圈发展阶段的难点

都市圈是城市化发展到一定阶段后，在具备特定地理条件的区域内出现的空间再组织现象。从都市圈的萌生、发展到成型，需要经历一个较长期的过程。从一般规律看，都市圈发展要经历“强核”“外溢”“布网”“整合”“耦合”五个阶段。“强核”阶段，“核心城市”由小到大、由弱到强，要素、人口、科技等资源不断向中心城市集聚，中心城市规模不断扩大，功能得到加快提升。“外溢”阶段，随着核心城市规模的不断壮大，产生了规模不经济效应，城市功能开始向周边外溢，由这种外溢所形成的衍生效应促进周边地区发展，出现人口和产业郊区化现象，城市建设的理念也发生了根本性的转变。“布网”阶段，中心城市依托交通干线与周边城市形成经济上的网络联系，城市与城市之间的联系日益紧密。“整合”阶段，核心城市与周边区域在功能上形成了较强的联系，都市圈进入整合发展阶段，面临资源整合、产业整合、功能整合、管理整合等。“耦合”阶段，都市圈经济发展和规模扩大促使若干个都市圈相互重叠、渗透、融合，形成了规模更大的都市圈。按照都市圈的发展规律，其不同阶段面临着突出问题有差异，抓住制约都市圈发展的关键问题，也就抓住了促进都市圈发展的关键。从我国都市圈建设实际看，据不完全统计，我国正式提出建设都市圈的城市和地区有20个左右，但真正在我国具有影响力的是东部沿海长江三角洲都市圈、珠江三角洲都市圈和京津冀都市圈。各个省也都将都市圈作为城镇提升发展的重要方向。杭州、武汉、长株潭、厦漳泉等都市圈的发展已初具规模。从全国都市圈所处发展阶段看，各都市圈发展有快有慢，长江三角洲都市圈、珠江三角洲都市圈和京津冀都市圈发展已经进入了“整合”“耦合”的发展阶段，而杭州都市圈仍处于“强核”“外溢”的推进阶段。以杭州都市圈为例，自2010年《杭州都市经济圈发展规划》上升为省级区域规划并颁布实施以来，一些“容易的、皆大欢喜的”任务已经完成，进入了利益有冲突、啃“硬骨头”的关键时期，到了提升发展新阶段。这一个个“硬骨头”能否有效破解将成为杭州都市圈能否进一步发展的关键。为此，开展都市圈协同发展问题研究，可以找准这些制约因素，破解发展障碍，更好地推动都市圈的发展进入新的阶段。

二、各主体协同发展的迫切需求

在都市圈的发展初期，各主体对都市圈的发展认识还不够统一，在行动实施上还不主动。同时，长期的行政壁垒的存在，导致区域发展出现“区域大战”“地方保护主义”等现象。随着全球经济一体化发展的深入，“封闭”“恶性竞争”等已然成为不了发展的主流。都市圈内各主体在都市圈的发展过程中逐步认识到，必须收起“行政区经济”的狭隘意识，从区域经济一体化的整体利益出发，采取相应的对策措施，才能实现最终的“合作共赢”。而要把合作发展推向深层次就必须破除思想桎梏，打破行政藩篱，真正形成区域经济一体化的理念，这样才能重新找到经济发展的新增长极，最终实现各方的共赢发展。特别是都市圈内经济较为发达的地方政府与经济较为不发达的地方政府之间，如果能建立起比较有效的合作共赢的机制，双方就能实现在资源配置、经济、人才、技术等领域的合作，实现彼此的互促发展。以杭州都市圈为例，经过五年多的培育发展，杭州都市圈内的杭州、嘉兴、湖州、绍兴四个市已逐步认识到都市圈在带动区域整体竞争力提升方面的重要作用，都市圈的发展有了更高的要求。从杭州来看，作为都市圈中心城市，杭州进入了推动腾笼换鸟、淘汰落后产能、资源统筹利用的发展阶段，迫切需要与周边市县加强资源整合，以利于杭州在更大范围、更广领域统筹利用各类资源。从周边市县发展来看，由于背靠杭州中心城市，也迫切需要利用中心城市人才、技术、资金等的溢出效应，更好地为地区的发展提供支撑。为此，出于都市圈内的城市共同的发展愿望，研究探讨都市圈如何实现协同发展，有利于更好地实现都市圈内城市的协同发展，促进各城市充分分享都市圈发展带来的“红利”。

三、都市圈规划管理的创新需求

都市圈是由多个成员单位组成的在功能上相互连接、跨行政边界的整体性城市区域，它被复杂的空间细分为多目标的政府自治体，并由此带来了行政管理上的麻烦、政治上的“巴尔干化”和无组织状态，以及公共产品与服务的低效率。面对着都市圈快速发展，世界各国都纷纷从规划管理的角度，运用政府的力量加强对都市圈的科学规划与管理。而都市圈的规划不仅是一项技术过程，也是一项政治过程，一种政府行为和社会行为。都市圈科学规划的管理本质在于淡化行政区划，从区域角度强化城市间的经济联系，形成经济、市场高度一体化的发展态势；协调城镇之间发展的关系，推进跨区域基础设施共建共享；保护并合理利用各类资源，改善人居环境和投资环境，促进区域经济社会与环境的整体可持续发展。例如 19 世纪末，美国开展大都市区规划，其目的就在于解决城市发展过程中系列问题，协调解决城市间发展的共同问题。从我国都市圈发展看，为推动都市圈的健康发展，各地均出台了推动都市圈发展规划，如《南京都市圈区域规划》《济南都市圈规划》等，以便进一步加强政府对都市圈培育的科学规划与引导。从杭州都市圈看，为推动都市圈的发展，省级层面也出台了杭州都市圈的发展规划。但从规划管理的角度看，随着经济社会的快速发展，新的问题、新的情况层出不穷，原有的规划管理已难以适应都市圈发展需要，我们迫切需要在规划管理方面进行新的创新探索。为此，我们要开展都市圈协同发展研究，力求在新的发展阶段，找准发展问题，为都市圈的科学规划管理提供依据。

第二节　研究背景

《国家新型城镇化规划(2014—2020年)》明确提出："按照统筹规划、合理布局、分工协作、以大带小的原则，发展集聚效率高、辐射作用大、城镇体系优、功能互补强的城市群，使之成为支撑全国经济增长、促进区域协调发展、参与国际竞争合作的重要平台。"而都市圈作为城市群的重要基础与核心载体，无疑将成为我国区域新一轮发展的主要载体，其在区域经济发展中的作用与地位日益凸显。

一、都市圈：我国城市化进入高级阶段的主体形态

都市圈的形成和发展是城市化进程的必然趋势。根据城市发展过程中的集聚效应和扩散效应，区域的空间结构按照城市→都市圈→城市群→经济区的路径顺序演进，如图1-1所示。世界城市发展的规律表明，只要城市人口不超过2500万，其发展成本与城市规模呈反比，城市效率随着城市规模的扩大而提高。特别是城市化的人均成本，城市规模越大，其成本越小。改革开放以来，我国城市发展基本上是一条外延扩张的发展道路，一种典型的粗放型发展模式，以高增长、高消耗、高排放、高扩张为基本特征。2011年，我国城镇化水平超过50%，正式跨入城市时代，城市经济已成为支撑中国经济高速增长的核心力量。特别是我国东部长三角、珠三角地区，城市化进入了加速发展期，推动了区域融合与一体化发展，各种制度创新、城市联盟、次区域协调与合作机制不断涌现，城镇间联系日益密切，新型城市化进程提速。随着新型城市化的深入发展，城市由单一发展向周边城市联动一体发展进程迈进，都市圈发展逐渐成为城市化进入高级阶段的主体形态。

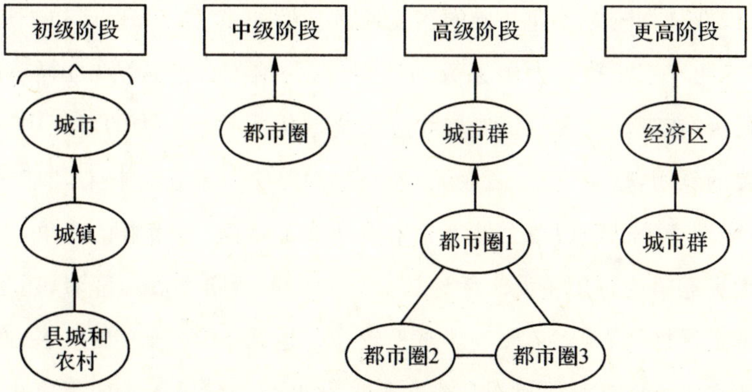

图 1-1 城市化演化的一般历程

二、都市圈：我国全面参与国际竞争的核心区域单元

都市圈作为承接国际资本、技术、产业转移和集聚的重要平台，逐渐被纳入全球分工体系和价值链中，已成为参与国际分工、合作及竞争的主体单元。从世界城市化进程看，都市圈往往成长于经济增长重心区域。如 19 世纪中叶，伦敦抓住第一次技术革命——蒸汽机革命契机，在伦敦到利物浦的英格兰中部地带发育出了都市圈雏形。19 世纪末 20 世纪初，随着第二次技术革命——电力革命的出现，美国东北沿波士顿至巴尔的摩又出现了规模巨大的城市群。20 世纪 60—70 年代，以信息技术为代表的新技术革命推动世界经济中心向亚太地区转移，催生了日本东海岸城市群。随着国际化趋势日益加深，世界各国联系越来越紧密，资本、人才、技术等生产要素的跨国流动日益频繁。目前，世界公认的六大经济圈分别为以纽约为中心的美国东北部大西洋沿岸城市群，以芝加哥为中心的北美五大湖城市群，以东京为中心的日本太平洋沿岸城市群，以伦敦为中心的英伦城市群，以巴黎为中心的欧洲西北部城市群，以上海为中心的中国长江三角洲城市群。近年来，世界经济发展重心正向亚太地区转移，2010 年亚洲经济增长率超过 6%，以中国、印度为代表的亚洲新兴经济体国家保持快速增长，明显快于欧美发达国家。2000—2009 年，新兴经济体和其他发展中国家的经济总量占全球 GDP 的比重已从 22%上升到 24%，对世界经济增长的贡献率达到 46%。亚洲经济上的崛起，已促使世界经济格局重新变化，并逐步形成了欧、美、亚三足鼎立的局面。对我国来说，都市圈大多集中于东南沿海、沿

江地带，以及具有较好工业基础的东北地区。例如东部沿海地区初步形成了长三角、珠三角和京津冀三大国家级都市圈，这些地方已经成为中国经济发展的重要增长极，在带动中国经济发展和应对全球化国际竞争中的过程中发挥着愈来愈重要的作用，是全方位、宽领域、高层次参与全球竞争的核心功能平台。当前，世界区域竞争已经由单个城市竞争转变成都市圈、城市群的竞争，都市圈已然成为世界竞争的重要单元。无论从世界六大都市圈发展历程看，还是从当今世界经济发展格局看，都市圈发展水平较高的地区，在经济发展水平、产业层次和创新能力等方面都处于世界领先水平。世界竞争格局逐步向板块化、联动化发展。从中国都市圈发展看，以长三角都市圈为例，长三角是中国经济发展最活跃的地区之一，占全国 2.1%的国土面积，集中了全国 1/4 的经济总量和 1/4 以上的工业增加值，是中国经济最发达的地区之一，也是中国参与国际竞争力的重要区域。当前，长三角地区无论经济发展水平还是产业发展水平，都处于全国领先地位，也在世界竞争格局中占据一份地位。因此，从国际竞争格局趋势看，都市圈今后无疑将成为我国参与国际竞争的主要区域单元，将发挥越来越重要的地位。

三、都市圈：追求空间资源集约化发展的高效组织形式

都市圈是以大城市为核心的城市化模式，通过资源整合、产业整合、功能整合、管理整合，建设高密度的城市聚落，追求理性高效、均衡持续。产业的发展和集聚是都市圈形成和发展的重要条件，产业联系是维系都市圈内部各城市之间联系的根本纽带，产业集群和都市圈的互动发展促进了产业空间组织和城市空间组织的合理构建。而空间的集聚大大推动了交易成本的降低，促进了要素的自由流动，推动了资源的优化配置，进而推动市场规模扩大和区域分工深化。杨小凯(1991)在城市化与分工演进的模型中对城市化与交易成本之间的关系进行了深入的研究，其研究结果显示，分工网络中地域上的集中能够提高交易效率，降低交易费用，从而提高分工水平与生产力水平。都市圈的形成与发展实质上是一个市场规模不断扩大和区域分工逐渐深化的过程。各种生产要素在市场机制的作用下，依托市场网络中区域内部频繁流动，推动了区域产业结

构的调整和产业分工的形成。都市圈的不断形成，产生不同的效应，促进了空间资源的集约化利用。一方面，在都市圈发展下，核心城市逐步成为公司总部、研发基地、金融中心和人才的集聚地；而都市圈内的其他城市根据比较优势的原则，成立大量的分厂或占地多、技术含量低的简单加工组装企业，这就促进了城市空间的外延扩展，利于形成合理的布局。另一方面，在都市圈空间扩展过程中，随着城市“极化”作用增强和优势产业的确立，外部规模经济为产业发展提供了额外的边际收益。为了获得这部分收益，那些与都市圈内优势产业关系密切的辅助性、补充性产业开始向都市圈聚集。由于这种不同产业间的相互关联效应和产业本身的聚集效应，形成了外部规模经济和外部范围经济，由此产生了产业聚集经济。城市随着规模不断扩张和都市圈发展阶段向前推进，产生了规模不经济，这促使都市圈产业向外扩散，进一步促进了不同地区的合理开发和利用。因此，都市圈的发展，是以空间资源集约化利用为导向的，都市圈通过不断调整和发展，成为空间资源集约高效利用的组织形式。

四、都市圈：有效统筹城乡区域发展的重要载体

长期以来，我国是一个典型的城乡“二元结构”国家，城乡之间、区域之间差距非常突出。在城乡二元结构下，城乡生产要素流动不合理，例如改革开放以来，农村生产要素只是单向地向城市流动，形成所谓的农民工。这种单向的要素流动造成农村社会发展的“空心化”，农村发展缺少基本要素。并且，城乡差距的扩大，造成城市居民收入和农村居民收入差距拉大。在我国城市化发展水平还不高的发展阶段，城市和产业人口集聚功能还不强，继续承接农村剩余劳动力转移的空间有限，持续大量转化农村剩余劳动力还有一定困难。而城乡发展差距的存在，导致城乡居民在教育、医疗等基本公共服务方面发展水平差异明显，农村基本公共服务发展水平比较落后，这进一步加剧了城乡矛盾。从区域发展看，沿海地区和内陆地区，平原地区和山地地区，由于开发阶段、资源条件、设施条件等因素，发展水平千差万别，区域之间发展不平衡。发达地区通过不断地吸取落后地区的人力、资源等，持续地推动区域进一步的发展。而落后地区由于资金、人才等的制约，发展越来越慢。都市圈是实现统筹城乡区域发

展的重要载体。首先,都市圈通过产业结构的优化调整,为农村和欠发达地区的剩余劳动力提供了巨大的就业空间,有助于推动劳动力由乡村向城市、由生态脆弱地区向发达地区的空间转移,实现我国人口的合理再分布。其次,都市圈在吸纳农村劳动力转移的同时,也通过区域之间基本公共服务的再配置,将各类公共服务资源进一步向农村地区延伸,推进基本公共服务均等化。最后,都市圈又是不同发展区域之间联动形成的一种空间形态,其结合区域资源禀赋,通过合理的功能配置,实现不同区域联动协调发展,促进各个区域都能获得发展的动力,实现区域快速发展。

五、都市圈:城镇体系优化的重要途径

城镇体系是处于一定地域范围内的一组相互关联、具有一定结构和功能的城市综合体。在极化效应和扩散效应的交替作用下,城镇体系逐步向成熟的高级平衡有序状态发展。而在城镇体系整合过程中,城市始终是经济要素极化的汇聚点和扩散源,城镇体系的格局必须随着区域系统的发展演化不断变化。而人口规模的大小,是衡量城镇体系中不同城市能级的重要标准。从理论上而言,人口规模越大,相应的城镇功能会越强,对应的城市能级就会越高,相应的城市各类设施应该越完善。然而,由于经济发展水平的不同,特别是县域经济的快速发展,许多县级城镇人口规模已远远超过县级的规模,造成城镇体系呈现不协调的发展格局。城镇体系呈现出大城市的发展规模过大、中小城市公共服务配套弱、乡镇资源束缚大、城镇体系比较混乱等问题。而都市圈是由不同等级大小的城镇构成的,以中心城市为核心,协调推进不同等级城镇之间发展,实现城市之间的紧密联系和合理的分工,最终达到协调一体发展。

第三节　研究思路、方法及技术路线

本著作的研究思路、研究方法与技术路线如下:

一、研究思路

本著作研究思路主要来自于作者参与的浙江省杭州都市圈的相关研究。在研究过程中，笔者发现学者对都市圈的研究角度比较多，特别对都市圈的形成与发展，都市圈协调一体发展，都市圈产业、交通、旅游等协调一体发展等研究比较深入。但综合前述研究看，运用协同学原理研究都市圈协同发展的相关著作还不太多，特别是对都市圈协同发展的体系框架、经济主体、运行机理、保障机制等方面研究还比较少。为此，笔者结合协同学原理，对都市圈协同发展理论进行研究。在研究中，笔者充分运用文献研究、综合分析、实证研究、专家咨询等研究方法，从都市圈自身形成和发展过程出发，综合借鉴国内外相关研究成果实践和经验，构建都市圈协同发展的体系框架。同时，本著作结合杭州都市圈协同发展的实践，对都市圈协同发展理论进行了实证剖析。

二、研究方法

本著作在研究过程中，采用了文献研究、综合分析、实证研究、专家咨询等研究方法。

(一)文献研究法

文献研究法是根据研究目的，通过调查文献来获得相关资料，对研究内容的理论和实践进行全面的梳理，从而总结形成研究问题的方法。本著作在研究过程中，收集和整理了国内外都市圈形成与发展、都市圈协调发展、都市圈一体发展、都市圈协同发展、都市圈相关领域协调一体发展等方面的理论研究与实践成果，掌握都市圈相关理论，为研究打下一定的基础。

(二)综合分析法

综合分析法强调对事物的综合性、整体性的把握。本著作在研究过程中，对都市圈协同发展理论与实践进行整体性的把握，不局限于对某一方面内容的研究。同时，本书还合理地处理了整体与局部的关系，将都市圈的协同发展放到都市圈发展的整体经济格局中，通过社会、经济等复合视角对都市圈协同发展进行分析，在系统分析的基础上，提出相关研究结论。

（三）实证研究法

在研究过程中，始终将理论研究与实证研究紧密结合，为研究理论提供实证佐证。本著作研究以杭州都市圈协同发展作为典型案例，探讨杭州都市圈在协同发展阶段所采取的创新举措、实施成效和相关政策建议等。通过全面分析杭州都市圈协同发展的案例，对都市圈协同发展理论进行实践检验。

（四）专家咨询法

各类专家学者对都市圈发展都有其独到的见解。本著作在研究过程中，结合参与的相关课题研究，深入走访了政府主管部门、相关研究机构，听取了部门领导、专家学者的意见，广泛听取各阶层，各领域专家，各部门决策者的思路建议，这些都对都市圈协同发展研究起到了支撑作用。

三、技术路线

本著作研究的技术路线如下，如图 1-2 所示：

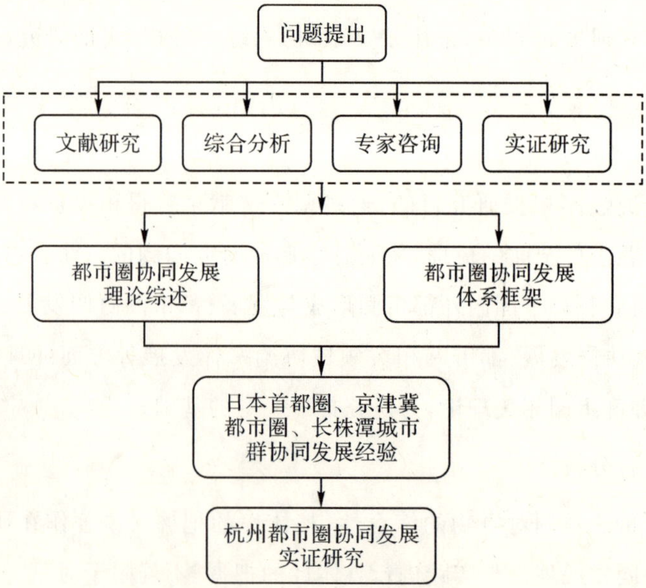

图 1-2　本研究的技术路线

第四节 主要创新点

建立都市圈协同发展的理论框架。本著作在总结梳理都市圈发展理论的基础上，构建起都市圈协同发展的理论框架，包括都市圈协同发展的经济主体、都市圈协同发展的运行机理、都市圈协同发展的保障机制等，初步探讨了各维度对都市圈协同发展的影响。

对都市圈协同发展实践进行剖析，本著作结合国内外都市圈的协同发展实践经验，特别是杭州都市圈协同发展的实践，对都市圈协同发展的理论进行了进一步剖析与理解。

第五节 章节安排

本著作重点围绕“都市圈协同发展”这一核心命题，对都市圈协同发展的体系框架做深入研究。根据研究的需要，本著作将研究分为八个章节。

第一章，导论。介绍本书的研究缘起、研究背景、研究对象、研究思路、研究方法、技术路线，介绍本书的章节安排等。

第二章，都市圈国内外研究动态。主要介绍都市圈相关理论、概念，总结都市圈的类型和都市圈的主要特征等。从基础条件因素、交流促进通道、内在动力因素、保障机制因素四个层面，分析不同层面各影响因子对都市圈形成与发展的作用机理。

第三章，都市圈协同发展理论框架。主要对区域协同发展理论进行梳理分析，明确区域协同发展的概念；辨析区域协同发展与区域协调发展、区域一体化发展的异同；初步构建都市圈协同发展的体系框架。

第四章，都市圈协同发展的经济主体。从政府层面、企业层面、居民层面、社会组织层面四个经济主体的角度，分析各经济主体对都市圈协同发展的作用机理。

第五章,都市圈协同发展的运行机理。结合都市圈协同发展实际,重点对交通体系协同、产业体系协同、创新体系协同、生态环境协同、公共服务协同五个领域的协同发展机理进行研究,分析五个协同的概念、与都市圈协同发展关系、关键问题的剖析。

第六章,都市圈协同发展的保障机制。从规划体系保障、政策制度保障、法制环境保障三个角度,分析各保障机制对都市圈协同发展的作用机理。

第七章,国内外都市圈协同发展经验。本章重点通过分析国外的日本首都圈,国内的京津冀都市圈和长株潭城市群在协同发展方面的实践,总结其在都市圈协同发展方面的经验。

第八章,杭州都市圈协同发展实践。本章从杭州都市圈形成与发展的机理研究出发,对杭州都市圈协同发展态势、困难与障碍、对策建议等进行研究。

第二章

都市圈国内外研究动态

都市圈作为区域空间形态的高级形态，在区域发展中发挥着重要作用。作为一种新的空间现象，都市圈的发展引起了国内外学者的广泛关注，各学者从不同的角度对都市圈的培育发展进行了理论与实践研究，形成许多创新性观点，涌现出大量的研究材料。本部分将从基本概念着手，对都市圈的相关理论进行梳理。

第一节 都市圈相关理论及概念

作为一种新空间现象，对都市圈的研究引起了国内外学者的广泛关注，地理学、区域经济学、管理学等不同背景的专家学者结合自身专业背景，对都市圈的理论与概念进行了研究，形成了不同的研究结论。因此，在研究都市圈协同发展基础之前，有必要对都市圈的相关理论及概念进行梳理，厘清都市圈的概念。

一、都市圈理论基础

都市圈研究有着深厚的理论基础，主要包括：

(一)圈层结构理论

该理论由德国的农业经济学家杜能提出，他在其著作《孤立国》中把空间距离引入经济分析中，提出了区位地租理论，即农业发展的圈层理论。该理论认为：以城市为中心，在用地性质上呈现从中心城市向外围不断变化的圈层结构。其主要观点是：城市在区域经济发展中起主导作用，对周边地区起辐射带作用，但城市对区域各个地方的吸引和辐射强度是不同的，如果不考虑各地方本身自然因素的制约，其主要的制约因素就是离城市距离的远近。城市对区域的作用受空间相互作用的“距离衰减律”法则的约束，这样就必然导致区域形成以建成区为核心的集聚和扩散的圈层状空间分布状态。

(二)“三地带”学说

日本学者木内信藏(1951)提出了“三地带”学说，其思想进而被发展为“都市圈”的理念，并且成为日本及许多西方国家城镇群体发展的重要空间组织特征之一。他认为在城镇群体中，中心城市具有较高的首位度，但是随着城市人口的进一步集中，首位城市产生集聚不经济(如环境问题、地价上涨问题、劳动力成本上升等)，这导致竞争力下降，于是一部分经济活动和人口向周围地区分散。区域、城市的空间演化过程表现为大范围的集聚和小范围的扩散，形成了各种都市扩展区形态。在中心城市临近的地域，其功能进行调整，并逐渐走向专门化，服务业更进一步向核心城市集中，制造业在周围地区迅速发展。于是在一定的地域范围内形成了核心城市以服务业为主，周围地区以工业为主的区域形态，并通过便捷的交通线路将两者进行连接，形成一个相互联系的有机整体。以中心城市为核心，其周围地域根据其影响的强弱及功能组织的不同而往往被划分为若干圈层：核心城市区、都市区(由核心建成区和近郊区组成)、都市圈、大都市圈。

(三)增长极理论

增长极理论由法国佩鲁(Perrour)于20世纪50年代提出，这理论认为"经济空间中在一定时期存在着起支配和推进作用的经济部门"(增长极)。法国地理学家J·布德维尔(J. Boudeville)在1957年和其他学者一起将"极"的概念引入地理空间，并提出了"增长中心"的概念，系统地将增长极的经济含义推广到地理含义。他认为增长极是指在城市区配置不断扩大的工业综合体，并在其影响范围内引导经济活动的进一步发展。增长极中的极是指位于城镇或其附近的中心区域。这种以空间单元作为增长极的研究强调中心地作为"增长极"对区域经济发展的带动作用。增长极的作用机理主要体现在增长极的乘数效应、剥夺效应、集聚效应和扩散效应上。

(四)辐射理论

该理论包括点辐射、线辐射和面辐射。点辐射认为，经济发展以大城市为中心向周边地区推进，在辐射中，资本向投资效率高的地区流动，技术由中心城市向周边地区流动；线辐射认为，经济发达地区的资金、技术、生产方式和生活方式等一般沿着铁路干线、公路干线、大江大河，以及大湖沿边航道和濒临沿海的陆地辐射；面辐射是点、线辐射的延伸，认为经济发展沿着区域城市网、交通网由高梯度向低梯度辐射。

(五)梯度推移理论

该理论认为,只要不同的区域之间客观上存在经济与技术发展的不平衡,即存在发展的梯度,在这种梯度的理论下,就会存在产业和技术由高梯度向低梯度地区转移的一种趋势。协调区际关系和优化区域产业布局都需要产业与技术梯度推移的不断进行。梯度推移理论中最有名的当属迈达尔的“累积因果论”,他认为在区域经济的发展中存在三种效应:极化效应、扩展效应、回程效应,它们共同制约着地区生产布局的集中与分散,三种效应在经济发展的不同时期起着不同的作用,极化效应促使城市带的发展梯度上升,扩展效应在一定程度上带动低梯度地区的发展,回程效应遏制低梯度地区的发展。

(六)中心—外围理论

1956 年,美国区域发展和区域规划专家弗里德曼在其专著《区域发展政策》中提出了中心—外围理论(即核心—边缘理论)。该理论解释了一个区域如何由互相并不关联、孤立发展,变成彼此相互联系、发展不平衡,又由极不平衡发展变为相互关联并平衡发展的区域系统。他于 1966 年提出一个国家经济进化模型。他认为经济增长的空间动态过程包括:①前工业化阶段;②工业化初期阶段;③工业化成熟阶段;④后工业化阶段。在该模型中,他把城市化水平和经济增长联系起来,并认为随着经济发展的不断进步,空间经济将在经过 4 个阶段的过程中日益复杂化和一体化。他对核心与边缘也没有明确的界定,只是一个相对的概念。弗里德曼定义的核心区域是指那些工业比较发达、技术水平较高、资本和人口相对集中、经济发展速度快的城市或城市聚集区。外围区域一般是指经济发展比较缓慢的地区。核心区与边缘区共同组成完整的空间系统,其中核心区在空间系统中居支配地位。

二、都市圈的概念

都市圈是区域城市化发展到一定阶段的产物,是一种特殊的地域空间组织形式,也是经济、社会、人文等各种因素共同作用的结果。学术界根据所在区域经济社会发展特征不同,对都市圈的概念进行不同内涵的阐述。整体而言,都市圈在概念上还没有统一的认识,在使用上也千差万别,出现都市圈、城市群、大都市带、都市连绵区等不同概念。有的学者认为这些概念都是同一个内涵，所以在不同地方交叉使用。有的认为两者还有较大的区别，并专门对其进行了研究和辨析。从国外对都市圈的研究看，其主要有日本和欧美两大独立的研究渊源。

(一)日本关于都市圈相关概念的研究

日本是最早明确使用“都市圈”概念的国家。日本对都市圈的研究始于20世纪50年代大城市迅速发展时期。日本行政管理厅将都市圈定义为：以一日为周期，可以接受城市(人口规模在10万以上)某一方面功能服务的地域范围。1960年日本又提出“大都市圈”，规定：中心城市为中央指定市，或人口规模在100万人以上，并且邻近有50万人以上的城市，外围地区到中心城市的通勤率不小于本身人口的15%，大都市圈之间的物资运输量不得超过总运输量的25%。据此，日本全国被划分为首都市圈、近畿圈等八大都市圈。70年代，日本总理府统计局对于都市圈的界定标准为：人口100万以上的政令指定城市，外围区域向中心城市通勤率不低于1.5%。研究者富田和晓提出离心扩大模式，该模式将都市圈分为中心城市、内圈和外圈，利用各圈层占都市圈总人口比例的增减指标确定发展阶段。其认为，中心城市的人口规模大于30万人，而外围地区到中心城市的通勤率不低于10%。到了80年代，研究者山田浩之和德冈一幸提出“标准大都市雇佣圈(SMEA—Standard Metropolitan Employment Area)”，这是由中心城市和郊外城市构成，二者合计人口在10万以上的都市圈模型。其中，中心城市(夜间)人口在5万以上，第一产业以外的就业者占总就业者的75%以上，向其他城市的通勤人口占全体的30%以上。郊外城市的标准为第一产业以外的就业者占总就业者的75%以上，向该中心城市流动的人口在10%以上，如表2-1所示。

在此期间，不同学者也从不同角度对都市圈进行了研究。如石水照雄(1965)对东京大都市圈人口集聚与扩散过程的研究。松田信(1966)对高速公路建设与都市圈形成的研究。板仓胜男等(1968)通过对阪神都市圈内工业企业分布的研究，推翻了日本都市圈是由大型重化企业控制的传统观点。龟山嘉大(2001,2002)、Dekleetal(2000)、八代达夫(1996)等学者从产业集聚带来的效率的下降和集聚的不经济方面对都市圈开展研究等。

表 2-1　日本都市圈界定标准

	时间（年）	中心城市的标准		外围地区的标准	
		人口规模	其他	城市化标准	到中心城市的通勤率
总理府统计局	1975	>100 万			1.5%
富田和晓	1975	>30 万	白天人口>夜间人口		10%
川岛	1978	>10 万	白天人口>夜间人口	非农户住户>75%	5%
山田浩之	1983	>5 万	白天人口>夜间人口	非第一产业人口>75%	10%

资料来源：李国平等：《首都圈——结构、分工与营建战略》，中国城市出版社 2004 年版。

(二)欧美关于都市圈相关概念的研究

美国是世界上最早对都市圈的界定标准做出规定的国家，设定标准包括三部分：第一是都市圈中心城市的人口规模标准；第二是外围区域的城市化标准；第三是外围区域和中心城市的经济社会一体化方面的标准。1910 年美国就已经提出过都市圈的概念和标准。都市圈一般指一个大的人口核心城市以及与这个核心城市具有高度的社会经济一体化的邻接社区的组合，通常以县级行政区域作为基本的构造单元。其标准规定为，都市圈内有一个至少 20 万人口的城市，在城市行政边界以外 10 千米范围内的最小行政单元的人口密度为 150—200 人/平方英里。1950 年又提出标准都市圈（SMA，Standard Metropolitan Areas）及 1960 年在人口普查中使用标准都市圈统计区域（SMSA，Standard Metropolitan Statistical Areas），规划每个 SMSA 应有一个人口至少 5 万以上的中心城市，外围区域的人口密度在 150 人/平方英里以上，75%以上劳动力从事非农业活动，向中心城市的通勤率在 15%以上。1983 年又改 SMSA 为都市圈统计区域（MSA，Metropolitan Statistical Areas）。1990 年以后又统一定名为都市圈（MA，Metropolitan Area），规定每个都市圈应有一个人口至少 5 万以上的城市地区（UA，Urbanized Area）作为核心，围绕这一核心的都市区地域由中心县和外围县构成。中心县是该城市化地区的中心市所在的县，外围县则是与中心县邻接且满足以下条件的县：非农业劳动力比例在 75%以上；人口密度大于 50 人/平方英里且每十年人口增长 15%以上；至少 15%的非农劳动力向中心县以内范围通勤或双向通勤率达到20%以上。

德国经济学奥古斯特·勒施，在其1939年出版的《经济空间秩序》中，最早提出“城市经济圈”这一概念。其论述了城市在区域经济发展中的突出地位和重要作用，揭示了城市经济圈的形成机理和发展过程：随着经济的发展，按照内在经济规律的作用，以大城市为中心，首先会形成单一的城市市场区域。然后又逐渐发展为连绵的市场网络，最后会进一步发展为以大城市为中心的若干城市组成的经济圈。

目前学术界通常认为都市圈的概念源于对大都市带（Megalopolis）的研究。1957年，法国著名地理学家戈特曼（Jean Gottmann）在对美国东北部大西洋沿岸的多个城市群进行深入研究后，发表了具有划时代意义的著名论文《大都市带：东北海岸的城市化》（*Megalopolis: the Urbanization of the Northeastern Seaboard*）。在文中，他首次提出了“大都市带”概念，他认为“大都市带是由很多在经济、社会和文化等方面密切联系相互交流的都市区连成的区域”。

（三）国内关于都市圈相关概念的研究

受城市化发展和经济发展水平的影响，我国都市圈的研究起步比较晚。中国学者借鉴西方相关研究理论，对我国大城市的地域空间组织形式进行广泛深入的研究，该领域的研究开始成为城市地理学、城市经济学、城市规划学、区域经济学等多个学科的研究热点。各个学者探讨了都市圈、都市区、城市群、城市密集区、城市连绵区、大都市带等有关大城市地域空间组织的概念，形成了我国研究都市圈的特色。

我国学者关于都市圈的研究始于八十年代中期。1983年，于洪俊、宁越敏在《城市地理概念》一书中首次使用“巨大城市带”的概念，向国内介绍了戈特曼的理论。

1986年，北京大学周一星教授，在分析中国城市概念和城镇人口统计口径时，借鉴西方城市不同尺度空间单元体系，较早提出了市中心—旧城区—建成区—近市区—市区—城市经济统计区—都市连绵区（MIR，Metropolitan Interlocking Region）这样一套中心城市的地域概念体系。他认为MIR是“以若干城市为核心，大城市与周围地区保持强烈交互作用和密切社会经济联系，沿一条或多条交通走廊分布的巨型城乡一体化区域”，并且阐述了都市连绵区形成的五个必要条件：(1)具有两个以上人口超过百万的特大城市作为发展极；(2)有对外口岸；(3)发展极和口岸之间有便利的交通干线作为发展走廊；(4)交通走廊及其两侧人口稠密，有较多的中小城市；(5)经济发达，城乡间有紧密的经济联系。

1992年，姚士谋在其出版的《中国城市群》一书中，提出了城市群(Urban Agglomeration)的概念：“在特定地域范围内具有相当数量的不同性质、类型和等级规模的城市，依托一定的自然环境条件，以一个或两个特大或大城市作为地域经济的核心，借助于现代化的交通工具和综合运输网的通达性，以及高度发达的信息网络，发生与发展着城市个体之间的内在联系，共同构成一个相对完整的城市集合体。”在此基础上，他们对中国城市群的地域结构特征、发展趋势等方面作了理论探讨，并对沪宁杭、京津唐、珠江三角洲、辽宁中部、四川盆地、中原地区、湘中地区、关中地区、福厦城市地带、哈大齐城市地带、武汉地区、山东半岛和台湾西海岸做了研究。

孙一飞提出城镇密集区的概念，即“在一定地域范围内，以多个大中城市为核心，城镇之间及城镇与区域之间有着密切联系，城镇化水平较高，城镇密集分布的连续地域”。并界定了城镇密集区范围包括三个方面：(1)两个或两个心上30万人以上的中心城市；(2)与中心城市相连的连片城市化地区；(3)与中心城市相邻，或为连片城市化地区所包围，但尚未达到城市化地区标准的个别县市。

顾朝林于1999年提出大都市标准，即大都市是以大城市为核心，与之保持密切社会经济联系的城市化地区，使中心城市与周边地区共同构成内部相互联系、有一定空间层次、地域分工和景观特征的巨型地域综合体。

此后，国内许多学者对都市圈定义和内涵都进行了深入探讨。

上海交通大学高汝喜教授在其出版的《城市圈域经济论》中，对都市圈的概念进行了定义：以经济发达且城市功能强的中心城市为核心，由与经济有内在联系和在地域上毗邻的若干个城镇所覆盖的区域共同构成的，其经济集聚和辐射能够达到且能够促进相应区域经济发展的最大地域范围，同时他认为都市圈是一个经济社会圈而非一个行政区。

张京祥、邹军等人对都市圈的概念及形成机理，都市圈的空间界定，都市圈的功能与空间组织，都市圈地域的管理等内容进行了研究探讨。其认为，都市圈是指一个或多个核心城镇，以及与这个核心具有密切社会经济联系的、具有一体化倾向的邻接城镇与地区组成的圈层式结构。

张伟对都市圈的概念、特征及其规划进行了探讨。其认为，都市圈由一个或多个中心城市和与其有密切经济、社会联系的临近城镇组成，是具有一体化倾向的协调发展区域。其是以中心城市为核心、以发达的联系通道为依托，吸引辐射周边城市与区域，并促进城市之间的相互联系与协作，带动周边地区经济社会发展的、可以实施有效管理的区域。构建都市圈的本质在于淡化行政区划。从区域发展的角度强化城市间的经济联系，形成经济、市场高度一体化的发展态势。都市圈更加强调区域基础设施的共建共享，构建都市圈一体化的设施网络；强调合理开发和利用各类资源，改善人居环境和投资环境，促进区域经济、社会与环境的可持续发展。

杨涛等认为都市圈是由强大的中心城市及其周边邻近城镇和地域共同组成的高强度密切联系的一体化区域。它是城市化、市场化两种力量共同作用的结果。城市化提供了相互靠近的若干城市，市场化密切了它们之间的联系，使其合为一体。都市圈是可以跨行政区域的。

李国平在其所著的《首都圈》中，将都市圈定义为跨越城市界限而和都市在景观上连为一体或在职能上具有紧密联系的区域。李国平提出都市圈的三个特征：在景观上和都市连为一体的城市化区域，在通勤等日常生活方面和都市联系紧密的区域，从经济活动以及流动人口等方面和都市关系密切的区域。

郭熙宝、黄国庆在综合国内外学者关于都市圈现象的研究和综述的基础上，提出了都市圈的概念：城市化发展到相当阶段时出现的，以一个或少数几个大型城市为中心，以圈域内若干大中小城市为次中心或节点，辐射周边腹地区域，依托发达便利的交通、通信网络，经济联系紧密，具有较高城市化水平和一体化特征的社会经济活动空间组织形态。

张颢瀚、张超认为大都市圈是指在可感应和可延伸的区域内，由一个国际性的核心城市和几个区域性中心城市及相应城镇群落，通过发达的交通通信网络连接所组成的规模层次分明、功能结构合理、经济联系紧密的一种相对独立并具有国际竞争力和影响力的空间发展实体。

(四)与都市圈相关的概念比较

在对都市圈进行研究的过程中,涌现了许多相似的概念,如城市群、都市区、大都市带、都市连绵区等,这些概念有的与都市圈联系紧密,有的在交叉使用。为更好地研究和运用都市圈的相关理论,有必要对上述几个概念内涵进行比较。

城市群与都市圈概念比较。城市群是比较常用的概念,主要由中国城市地理学界的学者使用较多。城市群与都市圈的主要区别是,城市群主要强调了城市的密度和空间组合形态,而且,一个城市群可以是若干中小城市的集合,不一定有十分突出的中心城市。而都市圈和大都市带则是以特大城市为中心的,是城市体系比较完整的城市复合体。此外,都市圈还十分注重内部各城市之间在产业、城市功能上的联系、协作、配合和依存,这些具有明显的一体化特征,而这些特征在日常生活中都表现得尤其明显。

都市区与都市圈概念比较。都市圈是由都市区及其周边联系紧密的地区共同组成的。都市圈由内向外表现出较为突出的圈层结构,以单中心都市圈,由内向外表现为"核心区(圈)—联系紧密圈—泛影响圈"。都市区强调的是与中心市有密切的日常社会经济联系,一般比都市圈具有更高的非农化和城市化水平。都市圈地域范围大于都市区,二者均没有确定的界线。也可以认为,都市区是以市区为核心的区域。

大都市带、都市连绵区与都市圈概念内涵比较。大都市带指多中心城市区域,具有高度的连续性和较强的内部相互作用。其中心城市具有门户位置、发展枢纽及高密度的特征。都市连绵区指以若干大城市为核心并与周围地区保持强烈交互作用和密切社会经济联系,沿一条或多条交通走廊分布的巨型城乡一体化地区。它一般是国家的经济核心区,并不是任何经济相对发达的城镇密集的地方都可以称为都市连绵区。由此可见,都市连绵区与大都市带本质上都是高度城市化的区域概念。都市圈由都市区及其周边联系紧密地区共同组成,包括一个或多个中心城市和其有紧密社会、经济联系的邻接城镇,受"距离衰减率"的影响,空间上呈现圈层状分布。

第二节　都市圈的类型

核心城市的大小及功能是划分都市圈类型的重要依据，通过对都市圈核心城市数量的分析，我们可以将都市圈分为单核心都市圈、双核心都市圈和多核心都市圈三种类型。

一、单核心都市圈

单核心都市圈是比较常见的都市圈类型之一。它是以区域内的某一中心城市为核心，以中心城市的周边市县为节点，形成的一个经济社会发展圈，如图2-1所示。其特征主要有：一是中心城市经济发展水平较高，城市发展能级也较高，城市业态类型多样，教育、医疗设施和科技研发等创新要素资源在区域内都有突出优势，是整个区域的创新源、辐射源，首位度极高。二是在交通联系上，

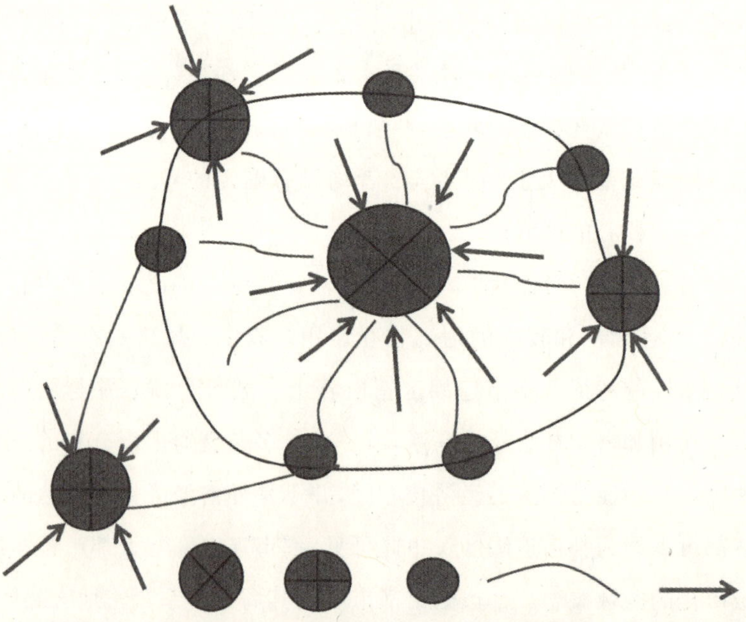

图 2-1　单核心都市圈城市空间结构图

基本上是以中心城市为核心，形成向周边县市的放射状道路网。三是在联系程度上，呈现与中心城市越近，经济社会联系度越高的特征。一般而言，紧邻中心城市周边的县市与中心城市经济活动联系紧密，接受中心城市辐射也比较多，与中心城市的联系意愿也比较强。从我国国内看，单核心的都市圈主要是以省会城市为主，如武汉都市圈、南京都市圈、杭州都市圈等。

二、双核心都市圈

双核心都市圈在我国并不多见，主要是以两个大城市为核心，其他县市以两个大城市为核心，分布于两大城市周边，所形成的区域空间组织形式，如图2-2所示。其主要特征是：一是两个中心城市在区域空间上比较接近，无论是城市规模、经济实力、业态构成、资源要素等方面都在区域内拥有不相上下的实力。没有一个城市有绝对的核心或在区域内具有绝对的“垄断优势”，两个城市之间在功能定位、发展方向有一定的差异性，彼此相互联系、相互制约，共同在区域中发挥引领带头作用。二是从都市圈的交通组织看，两大中心城市之间通过高速公路、高铁等交通方式紧密联系，各城市与周边县市也通过相应的高速公路、铁路等方式紧密连接，构成从中心城市到周边县市放射性的交通网。三是从联系程度看，与单核心都市相似，呈现出与中心城市越近，经济社会联系程度越高的特征。但是由于两大中心城市辐射半径有交叉，因此，处于两大中心城市之间的市县可以接收两大中心城市的双重辐射。而其他县市则依据与某一中心城市的空间距离，享受与之相关的辐射。并且，两大中心城市之间在经济社会等各方面也保持着较紧密的联系。从我国国内看，双核心都市圈代表有京津都市圈、沈大都市圈。

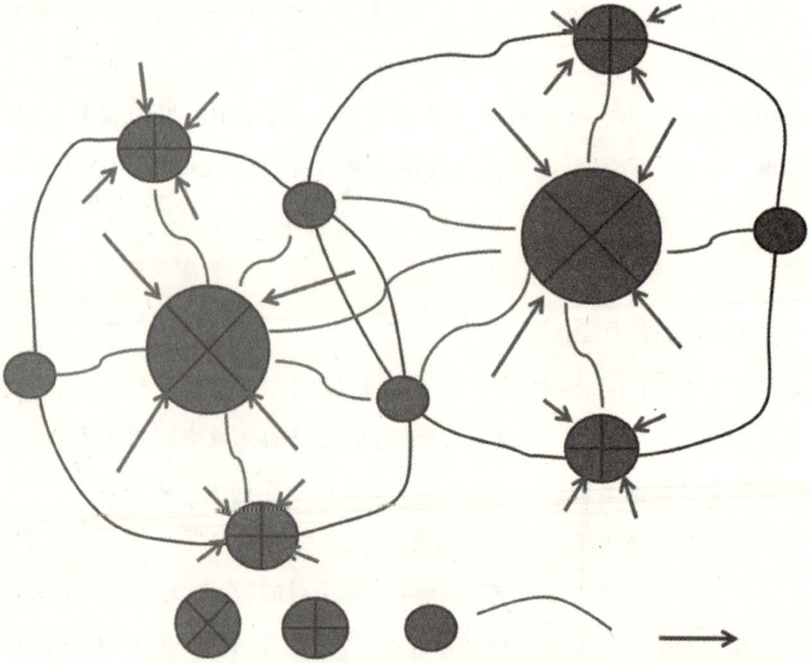

图 2-2 双核心都市圈城市空间结构图

三、多核心都市圈

多核心都市圈是指在一个区域范围内，由三个或三个以上的城市共同发挥核心城市功能，其他县市围绕中心城市所形成的区域空间组织形式，如图 2-3 所示。其主要特征是：一是中心城市数量由三个或三个以上城市共同构成，中心城市能级相当，经济实力、城市规模等“相差无几”“各有千秋”，彼此在某一方面都有优势，对其周边县市发挥经济辐射和带动作用。二是从交通联系看，由于多核心都市圈是由三个以上中心城市构成，交通呈现网状分布特征，中心城市之间通过高速公路、铁路紧密连接，中心城市与周边县也通过多种交通方式连接，在空间上呈现网络化的趋势。三是从经济联系程度看，距离某一中心城市空间距离近的市县，其相应的与中心城市的联系度比较高，相应的与其他几个中心城市的联系度相对偏弱。从我国国内看，多核心都市圈主要有苏锡常都市圈等。

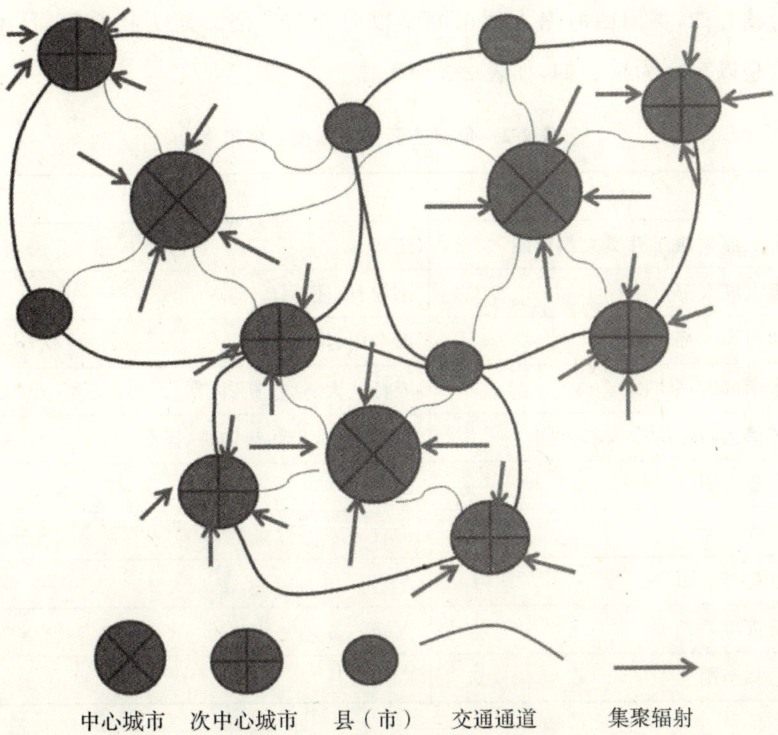

图 2-3 多核心都市圈城市空间结构图

第三节 都市圈的主要特征

都市圈是生产要素和产业在空间高度集聚所形成的空间组织形式，其发展具有典型的特征，主要表现在：

一、具有雄厚实力的核心城市

都市圈是围绕核心城市所形成的一种圈层发展结构。都市圈的显著特征是有一个足够强大的核心城市。中心城市的中心度越高，其经济吸引力和辐射力就越强，该都市圈的整体规模和经济总量就越大。世界上比较知名的几大都市圈都有一个以上的核心城市。例如美国的东北部大西洋沿岸大都市圈是以纽约为核心的,美国西海岸大都市圈是以旧金山和洛杉矶为核心的,日本首都经济圈是以东京为核心的,如表 2-2 所示。

表 2-2　世界主要都市圈核心城市

名　称	核心城市
美国东北部大西洋沿岸大都市圈	纽约
北美五大湖大都市圈	芝加哥、底特律
美国西海岸大都市圈	旧金山、洛杉矶
美国东南部大都市圈	亚特兰大、达拉斯、休斯敦、迈阿密
南美洲南大西洋沿岸大都市圈	巴西利亚、里约热内卢、圣保罗
巴黎大都市圈	巴黎
伦敦大都市圈	伦敦
日本首都经济圈	东京
长三角都市圈	上海
珠三角都市圈	广州

二、具有紧密的经济社会联系

都市圈从形态上看是由中心城市和周边县市组成的一种空间形态。从内在本质上看,都市圈是经济社会紧密联系的区域。从经济上看,都市圈的中心城市与周边县市存在经济上的密切联系,突出表现在:一是信息流、资金流、人才流等要素资源在都市圈范围内充分流动,经济的要素资源得到合理利用。二是都市圈内产业之间存在一定的经济联系,形成在产业链分工上的一种合作关系。三是企业之间出于成本、人力资源、市场开拓等方面考虑,会在都市圈范围内设立新的公司,进而形成一种企业之间的联系。从社会联系看,由于历史沿袭的原因,都市圈各城市之间在文化习俗等方面比较相近,都属于同一文化体系,人口之间存在许多的交流与合作,文化的认同感使得都市圈社会交流频繁。

三、具有发达的交通网络体系

都市圈紧密的经济社会联系需要发达的交通网络体系支撑。交通网络体系发达是都市圈的重要特征。发达的交通网络体系是都市圈城市网络中的重要“血管”，为城市间人流、物流、资金流等提供基础条件。从国外都市圈发展情况看，高速公路、铁路构成了都市圈空间结构的重要框架。以东京都市圈为例，东京都市圈基本形成以轨道交通为基础的交通体系，建设了以新干线为主的快速轨道交通网。东京都市圈目前约有3400千米的铁路网络，每天担负着6700万人次的旅客输送量，相当于全国轨道交通旅客运量的62%。

四、具有高度开放的经济体系

都市圈是一个开放的体系，具有高能级、开放型的经济发展特征。从历史发展进程看，都市圈首先是在历史发展过程中发挥过显著作用的区域，这些区域在历史上就是世界经济的发展中心，在世界上具有高度开放的特征。从区位条件看，都市圈一般具备濒临海洋、空港等区位条件，具有方便国际联系的对外交通条件，是一个国家对外发展的桥头堡。从市场条件看，都市圈本区域除具有广大的消费市场外，也具有连接海内外市场，可以较快进入海内外市场的优越条件。从世界知名的都市圈看，都市圈的中心城市本身就是世界经济体系某一功能的中心。例如，伦敦经济圈的核心城市伦敦是全球金融中心，在世界金融领域具有较高的知名度。同时，都市圈本身也是国际人才、国际机构等集聚区域，国际化程度比较高。

五、具有跨行政区的空间范围

从都市圈的空间范围看，由于都市圈是由核心城市和外围城市构成的，范围上具有跨行政区划的典型特征。例如美国的东北部大西洋沿岸大都市圈跨越10个州，包括纽约、波士顿、华盛顿、费城、巴尔的摩等5个大城市，以及40个10万人以上的中心城市。这种都市圈不仅跨越大城市的行政区划，而且跨越中心城市的行政区划。这种跨行政区划的空间范围一方面导致城市之间为某些利益会产生激烈的竞争甚至是恶性的竞争，另一方面，跨行政区划的存在也为各主体寻求到了区域发展的共同利益，推进了经济、社会、文化等各个领域的一体化进程。

第四节　都市圈的形成与发展机理

都市圈的形成与发展受多种条件的影响，自然、经济、交通等多种条件在推动都市圈形成与发展过程中的作用是各不相同的。研究都市圈协同发展，首先要研究都市圈的形成和发展过程。

一、都市圈形成与发展理论综述

在研究都市圈的形成和发展方面，地理学、管理学等不同学科，从自身专业背景出发，从专业化分工、空间集聚、制度创新、人力资本、发展阶段特点等不同角度，对都市圈的形成和发展进行了研究，形成了相应的研究基础。梳理相关文献，围绕都市圈的形成和发展，大致可以分为五大研究角度。

从专业化和分工角度阐述都市圈形成与发展机制。庞晶(2009)研究认为劳动地域分工、企业组织和企业区位选择促进城市空间结构的演变。李国平、杨洋(2009)详细分析了专业化与城市群之间的关系，认为当分工发展到专业化程度时，交易集中在同一地点要比在多个地点进行多个双边交易有效率；随着经济要素越聚越多，不可移动要素价格上升(如土地价格、拥挤成本)，抵消了专业化和市场专业化分工带来的好处，经济要素开始向周边转移，逐步促进城市群发育形成。杨小凯(1991)从专业化分工角度分析都市圈形成和发展的机制。苏雪串(2004)认为产业协调机制、区域协调机制、辐射机制以及区域内合理的城市等级结构、分工合作机制是城市群形成的主要机制。乔彬、李国平(2006)研究在新经济地理框架下，利用规模经济、范围经济分析了由聚集经济发展为城市群的内在产业机理，二人认为产业关联效应、产业技术扩散效应、产业转移效应是城市群空间结构演变的内在动力。

从空间集聚和扩散效应角度阐述都市圈形成与发展机制。江曼琦(2011)认为聚集效应决定着土地利用的空间结构，是城市空间结构演变的重要机制，城市空间结构本质上是由集聚形成的吸引力和聚集不经济所引起的排斥力综合作用的结果。张仁桥(2003)以南京城市圈为例,讨论了都市圈外围城市的形成机制。他认为外围城市与核心城市之间的经济落差、区位格局、区域分工模式以及交通通信条件是形成都市圈的机制。叶玉瑶(2006)以珠江三角洲城市群为例,研究城市群空间演化动力机制,其将城市群空间演化的动力归结为自然生长力、市场驱动力以及政府调控力,并构建了城市群空间演化动力模型以及城市群空间演化动力作用机制、合成原则、不同演化阶段主导动力与空间演化特征的关系等。

从制度学角度阐述都市圈的形成与发展机制。亨德森(Henderson)在假定存在着马歇尔型集聚、拥挤导致分散、产品和劳动的完全流动、大代理人(城市发展者)能够创造新城市等假设的基础上,用一般均衡的方法把阿隆索—穆特的模型扩展到具有有限产业部门的城市体系上,建立了城市体系形成的静态模型,模型中强调了地方政府或城市发展者在城市群形成中的作用。陈玉光(2009)认为城市化和工业化进程中,市场机制和政府调控的双重作用促进城市群的成长。许学强(1994)认为产业政策、权力下放、户籍政策和行政区划是珠江三角洲大都会区形成的重要机制。刘荣增(2003)强调了体制和政策机制在我国城镇密集区形成过程中的重要作用。高汝熹、杨勇(2006)认为,都市圈的形成过程中政府机制发挥了重要作用。一方面,政府要尊重市场规律,努力让市场机制在都市圈形成过程中发挥根本性作用。另一方面,要积极合理地发挥政府的主观能动性,积极培育和完善市场机制,强化中心城市功能,推动城市的发展。

从人力资本和知识在城市增长中的作用角度分析都市圈的形成与发展机制。Brezis 和 Kmgman(1997)认为,边干边学和地方化知识是集聚力的来源,新技术的获得必将导致新城市的产生和仍然使用老技术城市的衰落。范红忠通过构建两地区和三地区资本和人口流动模型,借鉴新经济地理学关于“核心—边缘区”经济地理结构的理论成果,将城市化、地区经济差距和西部生态环境三个问题联系起来,从资本与人口流动的视角,论证了“核心—边缘区”经济地理结构和城市以及多中心城市内生形成的多种力量,并对其进行了明确的界定和模型化分析。吴启焰(1991)分析了城镇群的特征以及从城市群向大都市带演变的机制:经济、技术与人口的聚集是转化的动力;交通走廊的形成是转化的前提；农村人口的城市化和大流动是转化的背景；从产业带到区域经济一体化是实质。

从发展阶段理论分析都市圈的形成与发展机制。国外 Yeates 研究指出，北美大都市圈的形成与演变可分为 5 个阶段：商业城市时期、传统工业城市时期、大城市时期、郊区化成长时期、银河状大城市时期。该研究对每个时期都市圈的形成与发展影响做出分析。陈小卉（2003）在研究江苏都市圈时提出了雏形期都市圈、成长期都市圈和成熟期都市圈的发展阶段观点。她认为，徐州都市圈是雏形期都市圈，核心城市辐射功能较弱，城市间联系较少，经济发展水平低，都市圈空间处于放射状空间结构过渡的阶段。南京都市圈是成长期都市圈，南京的核心地位已经为周边城市所认同，但都市圈内以交通为重点的基础设施缺乏统一规划建设，沿江岸线资源利用、都市圈旅游资源缺乏统一规划，产业亟待进一步合作。苏锡常都市圈是成熟期都市圈，区域城镇建设、经济水平很高，空间逐步走向均衡发展，但城市之间竞争多于联合，空间资源配套的矛盾相对突出，基础设施重复建设，环境污染严重。顾朝林（2002）认为大都市圈的形成一般要经历三个阶段：第一阶段是以集中型城市化为主的大都市形成阶段，第二阶段是集聚与扩散并行阶段，第三阶段是城市圈形成阶段。每个发展阶段的特征不同，对都市圈的形成与发展影响也不同。

二、都市圈形成与发展的机理

作为城市化过程中出现的一种特殊的地域空间组织，都市圈的形成是一个复杂的过程，是经济、社会、文化、历史等各种要素共同作用的结果，它的形成过程要受到诸多因素的影响。

（一）基础支撑条件

都市圈的形成与发展，不仅与区域自然生态环境条件密不可分，而且社会文化领域影响也不可忽视。自然条件和社会文化条件共同形成了都市圈发展的基础条件，为都市圈的形成和发展奠定基础。

自然条件。自然条件是都市圈形成的基础与载体，同时也是其持续发展的支撑。良好的气候、肥沃的土壤、丰富的水资源是人类集聚的重要前提，也是开展生产和生活的重要条件。自然地理条件主要反映在以下几个方面:一是在地形地貌上。都市圈形成和发展一般位于地势平坦的地区,这些区域地势条件良好、耕地资源丰富,便于农业耕作、居住和生活。二是在自然环境上,具有适合人类生存的大气、水、动植物等条件。三是有丰富的各类资源,人类可以就地开采这些资源,满足城市化和工业化的物质需求。特别是从人类漫长的历史发展看,人类活动大多是从有河流的地方开始的。这些地方不但很早就有人类活动的足迹,而且是城市产生和发展的空间基础。即使在科学技术日益发达的今天,地质、地貌、水文、资源等自然地理条件对城市的发展依然发挥着重要作用。特别是在城市向都市圈发展的过程中,地形和水资源条件尤为重要。世界上许多大都市圈大都位于开阔平坦的平原地区,并且该区域具有良好的水资源条件。

社会文化。社会文化条件在都市圈的形成与演进过程中扮演着重要角色。历史基础好的地方,经济发展潜力大。虽然经济的发展在都市圈发展过程中发挥着重要作用,但都市圈的发展也留下了历史发展的深深痕迹,并且随着时间的演进,社会文化因素对都市圈的影响作用越来越明显。这种文化因素的影响促进当地经济的发展,为都市圈的紧密合作发展增加了历史的延续感。文化条件相似的地区,在相互认同感方面就比较强。地域的文化总是和经济发展密切联系的,而且在不同阶段文化对都市圈的发展都起着关键的作用。文化条件相似的地区,人与人之间的交流比较顺畅,对共同事务的认知度也比较相似,容易增进城市之间的交流。一个地区对经济的认知程度,决定了其从事经济活动的动力,重商文化的区域和重政文化的区域,在经济发展的程度上是存在差别的。

(二)交流促进通道

都市圈的发展不是封闭的、固化的,而是开放的、流动的。经济社会发展各项要素资源的流动需要相应的设施支撑,伴随着经济的发展,基础设施条件不断改善,以交通、通讯为代表的基础设施支撑条件,为都市圈的形成发展提供了交流融合的基础,成为都市圈形成和发展的重要支撑。

现代交通设施。交通基础设施建设对都市圈的形成与发展具有重要促进作用。一方面,交通基础设施的建设为沿线周边区块的开发提供了条件。交通设施的规划建设，带动设施周边沿线的区域开发，形成了沿线经济发展带。并且，从人类经济活动的历史进程看，经济发达的地区基本上处于交通沿线周边。另一方面，交通基础设施是人流、物流、资金流等要素的重要流通渠道。交通设施的存在进一步增强了城与城市之间、城与乡之间的联系，加快了都市圈城市之间的交流与合作。特别是在现代交通技术和运输条件不断改善的条件下，高铁和高速公路等运输方式日益兴起，进一步拉进了城市之间的距离，都市圈的空间距离不断缩小。随着人类科技水平的不断提升，各类交通运输方式的出现进一步促进了都市圈的发展。根据西方城市地理学者对城市发展的历史研究发现，马车时代的城市用地范围从未超过 3 英里半径的圆。在这样的条件，不可能形成都市圈。直到汽车、火车等交通工具的发明和使用，人类的活动范围不断加大，城市空间的可达性才大大提高。特别是随着现代发达的铁路、公路、水路、航空等设施的发展，都市圈中心城市与周边城市的交通联系更加紧密。这种发达的交通网络提高了都市圈城市间的交通可达性，降低了城市间空间要素流动成本，从而促进城市间要素扩散和集聚，推动城市间的联系，进而推动都市圈的形成与演化。

通讯与信息传播。通讯和信息技术的不断发展，互联网、计算机、手机、云计算等技术方式的突飞猛进，使得城市之间、人与人之间的交流更加方便，联络成本不断下降，各个城市之间的经济联系更加多元和立体，这有利于都市圈的形成和发展。格雷厄姆(Graham)和马文(Marvin)(1996)将信息技术对城市的作用概括为四种效应，即协作效应、替代效应、衍生效应和增强效应。协作效应指信息技术的发展与城市发展呈现一种协同并进的趋势，在空间上表现为信息空间的扩展与城市空间延伸的复合。替代效应指通信技术的发展可以克服原本存在于人际交流中的一些时间和空间障碍，利用信息传递减少或取代人的来回通勤。衍生效应表现为信息技术的发展可以促进城市经济的发展。增强效应指信息技术的发展可以扩大原有物质形成网络，如路网、电网、水网等容量，提高它们的功效，使其更具有吸引力。

本书认为信息技术对都市圈形成与发展的主要影响有：首先是对都市圈形成与发展的空间形态的影响，促进都市圈空间布局结构由集聚转变为向集聚与扩散并重。通信信息手段的出现，打破了居民的工作、生活、娱乐等时空限制，使人们对办公地点、购物中心等的依赖性大大降低，对中心城市高度集中的功能组合依赖也大大降低，城市功能可以在空间上得到延伸和拓展，城市空间布局结构呈现扩散化趋向。同时，由于经济社会的发展，新的技术和通信手段的出现，促进了城市功能在扩散的基础上进一步向城市重新集聚，形成集聚与扩散双重作用功效。其次，信息技术手段进一步降低了都市圈信息交流与获取成本。都市圈的形成与发展过程也是信息不断交流、沟通、共享的过程。在信息通信手段不发达的过去，人与人之间、城市与城市之间交流成本比较高，影响了信息数量、速度、效率和质量，信息联系、沟通成本比较高，导致都市圈的形成和发展比较慢。而信息技术手段的不断发展，降低了各类信息搜索成本，间接地增加了城市间要素扩散效益和集聚效益。再次，信息通信技术的发展，促进了产业结构的进一步调整，更有利于产业分工与协作，为都市圈的形成与发展提供了支撑。信息技术手段的不断发展，促进了以信息技术为代表的新的产业的出现。城市作为都市圈形成和发展中心，是科技、信息等的中心，也是新技术新革命的产生和发展中心。相应的，信息产业的发展将基本上在中心城市产生，进而形成中心城市产业结构的不断调整，推动中心城市产业更新替换，进而促进其产业向周边城市转移，促进都市圈的形成与发展。最后，信息技术不断提高城市规划的效率与科学性。随着城市空间结构的不断变化，原来城市规划手段与方法越来越难以跟上城市规划的步伐。而信息技术的出现，对城市规划特别是都市圈的规划起到了极大支撑作用。将各类信息技术与手段运用到都市圈的规划过程中，对规划的整体性、系统性、科学性和有效性等起到了很好的助力作用。

（三）内在发展动力

都市圈的发展归根到底是经济的发展，是经济发展到一定水平之后的空间组织形态。自然条件、社会文化和基础设施为都市圈的发展提供了基础。而都市圈要继续发展，需要经济的持续快速发展，需要良好产业推动，也需要通过城市化的带动，进一步促进都市圈的形成和发展。因此，产业、经济、城市化共同构成了都市圈形成和发展的内在动力，成为都市圈形成和发展的核心。

产业发展。都市圈形成与发展的最基本动力是产业的空间集聚，城市产业发展变化过程也是都市圈形成和发展过程。而城市产业发展所形成的产业结构的调整和变化则进一步促进了城市空间结构变化，促进都市圈的形成与发展。可以说，经济发展主要体现在产业发展上，从最初的农业经济到后来的工业经济再到知识经济的发展过程，充分说明了产业发展特别是产业结构的不断调整和升级推动着经济的发展。从世界都市圈发展经验看，都市圈的发展总是伴随着产业结构高度化过程，其原因在于，任何产业都有自身的产业空间载体，而产业结构的高度化则离不开产业空间载体的变化。

产业发展通过三方面的效应，对都市圈的形成和发展产生促进作用。首先，产业规模的扩大对都市圈形成和发展起推动作用。在都市圈产生之前的城市，经济增长总是在一些条件较好的地区率先开始的，这种产业集聚可以共享那些具有技术上不可分性的公共基础设施，从而降低企业成本，同时，大量相同产业或相关产业在特定区域的聚集可以共享作为投入要素的多样性的中间产品。这样的集聚效益下，产业发展规模不断扩大，经济要素在空间的流动性不断加强，地区之间的分工与合作越来越紧密，这促进了城市空间结构的不断调整。产业集聚导致产业规模的扩大，进而促进城市间分工协作方式的演化，从而影响城市之间联系方式，并在空间上出现圈层结构。其次，产业结构不断调整和升级对都市圈的形成发展起推动作用。经济的快速发展，新技术新业态的出现，推动区域产业不断调整。最初为追求规模效益，产业不断向某一区域集聚，随着产业集聚的不断增强，规模经济逐渐向规模不经济方向发展。由于城市商务成本的不断增加，那些对资源、劳动力等成本比较敏感的产业逐渐向周边转移，而那些可以承受更高土地租金，又在城市里有很大市场的现代服务业逐步保留。这样就呈现出中心城市产业结构不断由第一、二产业向第三产业升级的态势。这种发展态势的持续进展推动产业不断由一个地区向另一个地区转移。在空间上，中心城市以高新技术产业和现代服务业为主，呈现以科技、研发等为中心的产业结构，周边地区以制造业为主，形成制造、生产等为中心的产业结构，再往周边形成以农业为结构的形态等。这种结构形态的形成过程，也是都市圈形成和发展的过程。最后，产业发展，进一步促进人口集聚。在中心城市形成与产业发展层次相应的人群，在周边地区也相应地呈现与产业相适应的人群。而随着产业转移的持续，相应的人口也跟随着产业在空间发展转移，产业和人口的不断转移与调整就在空间上形成了都市圈的圈层结构，促进都市圈内人类生产、生活的方式的改变，促进了都市圈的发展演化。

经济发展。经济因素是都市圈形成和发展的重要内在驱动力。从世界几大都市圈的发展经验看，经济发展水平越高的地区，城市化水平也越高，区域经济实力越强，都市圈的形成也越容易。例如世界上知名的东京都市圈、巴黎都市圈等，都处于经济发展水平比较的高的地区。经济发展水平的不断变化直接影响都市圈形成和发展。

经济发展水平与都市圈的形成和发展密切相关。其对都市圈形成和发展的影响主要表现在：首先，经济发展水平较高的地区，相应的城市规模就比较大，对城市空间形态的影响就比较强。在世界经济版块中具有影响力的城市，其周围就比较容易形成都市圈。以我国上海都市圈为例，上海市经济发展水平一直在全国处于领先行列，上海市的城市规模也在全国首屈一指，因而上海逐步形成了都市圈的发展格局，这对长三角地区发展起到了带动作用。其次，经济发展过程是各类产业高度集聚发展过程。经济发展水平较高的地区，产业活力能力也比较强，相应人口的集聚能力也比较强。随着人口的高度集聚，人与人之间往来就越来越密切，很容易在空间上形成一种紧密联系，这种由于人口紧密联系形成的城市之间的联系就成为都市圈形成和发展的推动力。最后，经济发展的速度与质量的不同，会产生不同城市发展水平的差异，进而影响到企业的空间布局。一些企业在中心城市与周边区域布局不同的发展环节，形成一种联系，这促进了区域空间形态的变化，即产生和促进了都市圈的发展。

城市化推进。都市圈是城市化发展的产物。城市化是人类社会的生产和生活方式由乡村型向地市型的转化过程，是乡村人口向城市人口的转移。根据世界城市化的发展规律，一个国家或地区的城市化按照城市人口不同比例可以划分为三个阶段，分别为城市化的初始阶段、城市化的中期阶段、城市化的后期阶段。在城市化的初始阶段，城市人口占总人口的比重在30%以下，这一阶段农村人口占绝对优势，生产力水平较低，工业提供的就业机会有限，农村剩余劳动力释放缓慢。在城市化的中期阶段，城市人口占总人口的比重为30%～70%，城市化进入快速发展时期，城市人口可在较短的时间内突破50%进而上升到70%左右。在城市化的后期阶段，城市人口占总人口的比重在70%以上，这一阶段也成为城市化稳定阶段，在这一阶段，城市化进程趋于平缓，城市与周围地区融合发展。

而从城市化进程的空间形态看，其一般是要经历集中型城市化、分散型城市化、广域城市化和再城市化四个阶段。这种城市化的不同推进阶段，会产生出相应的空间结构形态。首先，城市化的过程推进了乡村与城市的联系，使城市与周边的广大乡村结成了紧密的经济社会联系关系。其次，随着城市化进程向分散型城市化的进程跨越，在城市郊区地区出现“郊区化”和“后郊区化”现象，郊区地区得到了快速发展，从而进一步增强了城市与郊区的联系。最后，随着城市、郊区的不断发展壮大，其空间范围不断拓展，在空间范围上蔓延并连接成片，最终形成都市圈。同时，城市化水平的高低，影响着城市数量、城市规模、进而影响着相关都市圈的形成。城市化水平的高低不同，相应产生的城市规模大小和数量有差别，不同等级的城市会在大城市周边形成相对应的城市规模体系，这种规模体系不同的城市会形成彼此的联系，进而形成都市圈的结构。另外，城市化发展过程是农村人口向城市人口不断集聚的过程，随着大量的农村人口向城市的集聚，城市的空间结构进一步拉大，中心城市对周边城镇的辐射影响力也不断增强，进而在空间上形成一种紧密的联系，即都市圈的形态。

(四)政策保障机制

都市圈的发展虽然是自然形成的，但在其培育发展过程中，政府调控引导对都市圈的发展发挥着一定影响。在市场经济的推动下，政府有效地发挥政策、规划等方面引导作用，推动都市圈向良性发展轨道前进，保障了都市圈的发展。

政策制度。从都市圈的形成和发展影响因素看，市场机制在都市圈的形成和发展中发挥了重要的作用，市场机制促进产业集聚，推动城市的扩散，增加了经济活动交流的频率，对促进都市圈的形成和发展起到决定性的作用。但也应看到，市场不是万能，都市圈的形成和发展过程也与政府的积极参与和指导密切相关，政府各类政策制度的颁布实施有助于保障和完善都市圈的发展模式，促进都市圈的发展。施宏(2011)分析认为，自改革开放以来，我国已经经历了四次行政区划调整高峰，从 20 世纪 80 年代的地方化的分权取向，到当前的集权化改革，其基本逻辑依然是过于注重行政力量，而对都市圈成长中市场力量的内在规律性以及跨区域合作网络的重要性关注不够。他提出今后要更多地运用市场机制推动都市圈的发展。罗成书（2010）通过研究分析杭州都市圈形成与发展机制，提出行政区划变更对都市圈的形成发挥重要作用。整体来看，政府在都市圈的形成过程中的作用主要体现在行政区划调整和规划政策制定两个方面。

从我国的发展实践看，在计划经济发展时代，都市圈的形成和培育带有浓厚的政府行政体制的安排色彩。都市圈的发展被肢解为一个个的行政单元，经济发展活动过于行政化。在行政化的经济体制下，经济活动通过行政命令来发展。经济活动对成本与利润的重视没有市场经济活动强。在这样的制度安排下，都市圈的形成和发展是一种被动形式的发展。随着市场经济的兴起与发展，一系列制度政策设计服务于市场经济，计划经济所形成的城市之间的关系越来越被市场经济所替代，进而形成了市场推动都市圈形成和发展的一种机制。实践也证明，制度安排与政策设计在城镇化的过程中，特别是在都市圈初期的形成过程中发挥着重要作用。这种作用主体现在：一是政府通过行政政策的手段，不断平衡都市圈各主体的利益，促使都市圈的各主体都能基于共同的行为准则来推动实施发展项目，避免了都市圈内部的恶性竞争。二是政府通过制定包括基础设施建设、投融资、城乡一体发展等方面的政策，推动都市圈基础设施建设、城乡公共服务配置均等化，进而有利于进一步发挥都市圈对区域发展的带动作用，促进都市圈的形成和发展。三是政府通过制度的设计和政策的创新，一方面要努力发挥市场在资源配置中的决定性作用，充分发挥市场对都市圈形成和发展的促进作用。另一方面，政府也不断通过制度安排，促进城镇基础设施及房地产业的开发，从而促进了城镇非农产业和人口不断集聚，进而促成都市圈形成更有发展效率的体制机制。例如，在京津冀都市圈形成的过程中，地方政府通过行政区划的调整，将一些原来属于周边县市的空间纳入都市圈的核心区域，这进一步增强了都市圈核心城市的功能，提升了都市圈的集聚辐射能力。

当然，在都市圈形成和发展过程中，也存在一些不利于都市圈的发展的制度和政策。例如随着国家一系列政策的落实，都市圈各地争相扩大自身城市建设规模,大量农田被推平占用,甚至有些“科技园区”最终被荒废。这种“土地城市化”现象导致建设用地的城市化大大快于人口城市化,同时也导致大量土地不能被合理利用,造成土地资源的严重浪费。另一方面,由于受到行政区经济的影响,地方政府出于自身利益最大化的选择,使城市基础设施建设缺乏与周边地区的共享机制,从而导致都市圈内部存在大量的公共基础设施重复建设,这在造成了巨额投资浪费的同时也使得大量基础设施供给过度而闲置。但是通过制度和政策的不断修正调整,从长远看,地方政府将对都市圈的形成和发展起到促进作用。

规划保障。都市圈的形成和发展过程是经济发展的过程,更是一个需要统筹协调一起推进的过程。政府的规划和管理在都市圈的形成和发展过程中发挥着重要作用。政府通过土地、资金等资源要素的规划管理和实施机制设置,推动都市圈一些跨行政区划的项目推进,有力保障都市圈的发展。同时,政府通过规划管理方式和途径,不断调整人口、经济等的空间选址,促进都市圈的形成和发展。国外都市圈发展比较成熟的国家和地区,都将科学的规划作为推动和指导都市圈发展的重要手段。

都市圈规划是为了解决都市圈形成和发展过程中的各类问题而产生出的对都市圈科学规划协调管理的过程。都市圈规划是一种战略性的空间规划,其基于都市圈这一空间尺度的规划和安排。其基本特点是:第一,规划的范围以核心城市经济、社会影响范围和区域整体发展的需要为依据;第二,规划侧重解决问题,而非系统规划,规划的重点以都市圈内各城市需共同解决的问题为主,如重视都市圈的快速交通体系建设以及加强生态环境保护等;第三,规划重视跨行政区划的协作和多元协调。都市圈的本质在于:淡化行政区划,从区域角度强化城市间的经济联系,形成经济、市场高度一体化的发展态势;协调城镇之间发展的关系,推进跨区域基础设施共建共享;保护并合理利用各类资源,改善人居环境和投资环境,促进区域经济、社会与环境的整体可持续发展。

都市圈规划可以不断协调和沟通都市圈内各成员主体的利益,对都市圈的发展起指导作用。同时,都市圈规划作为一种问题导向性的规划,具有宏观性、综合性、协调性和空间性的特点,其对都市圈形成和发展提供重要保障,主要表现在四个方面:一是都市圈规划在客观分析现实发展环境的基础上,综合考虑经济发展基础、产业联系、空间开发、生态环境和社会民生等因素，从都市圈的发展问题角度出发，明确了都市圈今后发展的主要目标、建设原则等，并通过定量和定性的设定，为都市圈各成员推动都市圈规划的落实提供了保障。二是都市圈规划进一步明确了今后各成员主体要实施和推进的各项重点任务。根据科学合理的规划理念，推动空间结构的优化调整，实现区域之间的功能互补；进一步推动产业分工合作，进一步提升产业整体竞争力；推动基础设施共建共联，提升设施整体效率等。这些重要的规划内容有利于都市圈的形成和发展。三是规划的过程也是不断调整体制机制过程，规划当中会在体制机制方面有所创新，这些创新是保障都市圈规划顺利实施的重要保障。四是科学规划的过程本身就是协调各主体利益，推动规划落实。规划中一批跨行政区划的重大项目实施的过程，也是各方主体达成共识，共同推进的过程。这种因科学规划而形成的各方主体利益共识也是都市圈形成和发展的重要保障。因此，科学的规划和管理与都市圈的形成和发展密切相关。科学合理的规划体系有利于促进都市圈城市体系的形成，从而有力保障和促进都市圈的发展。

第三章

都市圈协同发展理论框架

协同发展强调将发展，特别是一个区域的发展看成是一个系统工程，通过系统工程中各主体之间的密切分工合作，形成一个分工合理、互促共生的发展态势。将协同理论运用于都市圈的发展过程中，有利于更好地实现都市圈持续性发展，增强都市圈内部联动发展能力。

第一节　协同理论来源及内涵

协同理论一词来自希腊语，意指关于“合作的科学”。协同理论由德国著名物理学家斯图加特大学教授哈肯（H. Haken）创立，他于 1969 年在斯图加特大学讲课时开始使用协同理论的概念，1971 年他发表文章初步阐述了协同理论的基本思想和概念，1972 年他举行了有关协同理论的国际学术会议，随后几年协同理论取得了迅速进展。1977 年哈肯发表《协同理论导论》，建立了协同理论的理论框架，标志着这门学科的诞生。该理论是以系统论、控制论、信息论及结构耗散理论等为基础发展起来的一门新兴学科。协同理论运用数理统计学和动力学相结合的方法，研究各种完全不同的系统在远离平衡时通过子系统之间的协同合作，从无序态转变为有序态的共同规律。在这种转变中，时间结构或空间结构在宏观尺度上以自组织的形式产生出来。协同学主要提出了三个方面的原理：

一、不稳性原理

不稳定性原理是指某一系统中，当原来的旧系统向新系统演变控制数值达到阀值时，系统就会进入不稳定状态，这也意味着另一个新的稳定状态即将出现，这是协同学研究中系统由无序向有序转变的第一步。任何一个系统都是由大量的子系统组成的，系统的整体行为取决于系统内子系统间的相互作用，当子系统间的相互作用较大，而其独立性较小时，系统的整体在宏观上显示出稳定的结构特征，这样的系统是有序的。反之，当子系统之间的相互作用较小，使子系统的独立性占主导地位时，它们便处于杂乱无章的“热运动”状态，使系统在宏观上没有一个稳定的结构，这样的系统就是无序的。由于系统的有序与无序都是由一定的内外部条件决定的，因此，处于某一种状态的系统在一定的条件下又可以转化为一种新的状态，即系统的有序与无序在一定条件下是可以相互转化的。

二、序参量原理

协同理论借助相变热力学中的序参量概念，来描述系统进化中从无序到有序的演化过程。一般的相变是子系统间具有不同聚集状态之间的转变。而当某一系统由旧系统向新系统转变的过程中，不稳定状态即临界现象是突然发生的，此时标志出现的参量就是序参量。序参量一旦形成，就会支配子系统的一切因素，子系统必须按照序参量的指令活动。序参量在协同论中是相当重要的，系统在发展过程中会发生无穷的由无序到有序的转变，只要掌握了序参量，也就把握住了系统的发展方向。同时，序参量又可以支配系统，因此，控制住了序参量就可以把握和了解系统中无数复杂子系统的行为。对于只有一个序参量的情况，系统的结构将由此序参量决定；对于几个序参量共处在一个矛盾竞争的系统的情况下，每一个序参量决定着一种宏观结构以及它对应的微观组态。也就是说，系统在不稳定点孕育着几种宏观结构的“胚芽状态”，最终能出现哪一种结构，这要由序参量的合作与竞争的结果来定。一般说来，序参量的合作会形成一种宏观结构，而序参量的竞争终将导致只有一个序参量起主导作用，这使系统处于由该序参量所决定的状态。

三、役使原理

序参量的产生又会导致役使原理，又译为伺服原理。在系统中，特别是临界行为出现时，系统中有两种变量。一种变量对于系统的演化、前途等不起明显作用，只有在临界行为发生时短暂起作用。系统中的绝大多数变量都是这种变量，称之为快弛豫参量。而另一种参量只有少数几个或一个，他们在系统的深化过程中始终起作用，我们称之为慢弛豫参量。而伺服原理是指为了抓住对系统演化起主要作用的慢弛豫参量，忽视快弛豫参量，使快弛豫参量服从慢弛豫参量，序参量支配子系统的行为。它从系统内部稳定因素与不稳定因素间相互作用角度描述了系统的自组织过程。其实质在于规定了临界点上的系统简化原则，即“快速衰减组态被迫跟随于缓慢增长的组态”。

第二节 区域协同发展内涵

区域发展也是一个从无序到有序的发展过程。区域发展是一个大系统，包括自然、经济、社会、科技等各个子系统。将协同发展原理与区域发展有机结合，能使区域发展的各项系统得到更好的调控与引导。

一、区域协同发展的理论依据

区域协同发展理论与地理学、物理学等密切相关，其构成了区域协同发展理论渊源，区域协同理论的主要依据有：

(一)地域分工理论

地域分工是区域间经济联系的一种形式。地域分工的概念首先是由经济学家托伦斯提出的。他认为地域分工是“由于与不同的生产增长相适应的不同土地和气候所引致的”，由此导致了产品的地区专业化生产。由于产品与“不同的土地和气候”最相适应，将地区分工的优势运用于地区之间贸易，可以扩大劳动生产力，并且增加国家的财富。其理论基于不同区域在发展基础、资源禀赋、发展条件等方面的差异，而这种差异并不能很快地随着条件的改变而发生较大改变，不能达到完全与自由流动。为了实现发展，区域将以更加有利的基础条件，最低的成本和最佳的效益来组织安排生产活动，增强区域竞争力。地域分工理论的最大意义就在于能发挥不同地区的比较优势，进行专业化分工与协作，提高生产经营效率。其理论主要分为绝对优势理论和相对优势理论。

绝对优势理论。1776 年亚当·斯密在《国民财富的性质和原因的研究》一书中，阐述了地域分工理论，即绝对分工理论。该理论认为，各个地区的经济专业化能够提高生产效率，从而增加国民收入。每一个地区都有生产成本最低的产品，各地区以其生产成本最低的产品为专业化生产领域，地区之间相互交换其专业化产品，能够使各地区的资源、劳动力、资本得到最有效的利用。“一国只要专门生产本国成本绝对低于他国的产品，用以交换本国生产成本绝对高于他国的产品，就会使各国的资源得到最有效率的利用，获得总产量增加，消费水平提高和节约劳动时间的利益。”斯密的绝对优势理论是建立在劳动分工的基础上的。斯密认为区域优势包括两类：一类是自然优势，如气候、土地、矿产等处于相对固定状态的优势，另一类则是获得性优势，主要是指工业发展所取得的经济条件，如资金、技术等。如果各国按照各自最有利的优势条件进行分工和交换，将会使各国的资源、劳动力和资本得到最有效的利用，这也会大大提高劳动生产率，增加物质财富。但是这种理论也有其缺陷性，表现在，它只能说明在某些产品的生产中具有绝对优势地位的国家，参与国际分工和国际贸易才能获得利益。现实中，世界上有很多国家在任何产品的生产中都不存在比别国具有绝对优势的地位，他们生产的所有产品效率都低，成本都高。那么，这类经济落后的国家是否应该参加国际分工和国际贸易，如果参加，他们是否能够从中获得利益？同时，斯密关于交换的倾向产生了分工的观点是错误的。他认为，交换是人类固有的天性，正是由于人类有了交换的倾向，才产生了社会分工，这颠倒了分工和交换的关系。

比较优势理论。1817 年大卫·李嘉图在《政治经济学及赋税原理》一书中提出了比较成本优势理论。他认为，任何区域都有其相对有利的条件，即相对优势或比较优势，即使一国在两种商品的生产上较之另一国均处于劣势（即无绝对的优势），仍有可能有互利贸易，一个国家可以专门生产、出口它的绝对劣势相对小一些的商品（其有比较优势的商品），同时进口其绝对劣势相对大的商品（其有比较劣势的商品），这样两国都可以突破本国资源条件的限制，更多地消费自己不能生产的产品，提高自己的福利水平。同时，两国的生产资源也能够得到最充分、最有效的利用，促进两国的经济发展，世界的产出水平也将达到最高水平。但是，李嘉图的比较优势理论是建立在一系列较为简单的假设前提下的，他简单地把动态的经济世界抽象成静止的世界，因而得出的结论为参加贸易各国所获得的利益都是短期的利益，没有说明这种利益是否符合一国的长远利益等。

（二）要素禀赋理论

要素禀赋理论是由瑞典经济学家俄林受其老师赫克歇尔的影响而创立的。1919年，赫克歇尔发表了题为《国际贸易对收入分配的影响》的论文，对要素禀赋理论的核心思想——要素禀赋差异是国际贸易比较优势形成的基本原因做出了初步的分析。1993年，俄林出版了著名的《区域贸易与国际贸易》一书，书中对其老师的思想做了清晰而全面的解释。该理论认为，在要素的供求关系中，要素供给是主要的。在各国要素需求一定的情况下，各国不同的要素禀赋对要素相对价格产生不同的影响：相对供给较充裕的要素的相对价格较低，而相对供给较稀缺的要素的相对价格较高。因此，国家间要素相对价格差异是由要素相对供给或供给比例不同决定的。其结论认为：一个国家生产和出口那些大量使用本国供给丰富的生产要素的产品，价格就低，因而有比较优势；相反，生产那些需大量使用本国稀缺的生产要素的产品，价格便贵，出口就不利。各国应尽可能利用供给丰富、价格便宜的生产要素，生产廉价产品输出，以交换别国价廉物美的商品要素。根据生产要素禀赋理论，在各国生产同一产品的技术水平相同的情况下，两国生产同一产品的价格差别来自于产品的成本差别，这种成本差别来自于生产过程中所使用的生产要素的价格差别，这种生产要素的价格差别则决定了该国各种生产要素的相对丰裕程度。

（三）系统理论

系统一词，来源于古希腊语，是由部分构成整体的意思。其理论创始人为美籍奥地利人、理论生物学家 L. V. 贝塔朗菲（L. Von. Bertalanffy）。他在1932年提出“开放系统理论”，确立了系统论的思想。1937年他提出了一般系统论原理，这奠定了这门科学的理论基础。1968年贝塔朗菲发表了专著《一般系统理论：基础、发展和应用》，该书被公认为是这门学科的代表作。系统论主要思想认为，整体性、关联性、等级结构性、动态平衡性、时序性等是所有系统的共同基本特征。这些，既是系统所具有的基本思想观点，又是系统方法的基本原则，表现了系统论不仅是反映客观规律的科学理论，还具有科学方法论的含义，这正是系统论这门科学的特点。系统理论主要有如下原理：一是整体性原理。其强调要素与系统之间是一个整体，不可分割。系统的各组成部分不是可以分离的简单集聚，而是按一定规律、一定方式组成的整体。二是联系性原理。其强调系统内部各要素之间的联系，并通过这种联系与相互作用来实现其整体功能，体现其整体属性；强调系统与外部环境之间的联系，并认为一定的环境是系统存在、发展和发挥其功能的重要条件，且系统在和外部环境相互联系与作用的过程中必然会发生物质、能量和信息的相互交换。三是动态性原理。其强调系统随时间而发生变化的规律，要求人们必须以动态的和发展的眼光及思维去认识、考察和把握一个系统及其分要素和子系统。四是有序性原理。其认为系统的有序性是由纵向有序、横向有序和动态有序过程共同综合构成；任何系统都是多级别、多层次的有机结构，不同层次系统具有不同性质并遵循不同运动规律。五是调控性原理。其认为系统的(相对)稳定性是系统存在的基本条件，而系统的这种稳定性是通过调节、控制实现的，任何有序的稳定性系统都具有自我调节、自我控制的能力。六是最优化原理。其认为达到最优是系统理论的根本目的。

二、区域协同发展的概念

根据协同理论，将协同理论的相关原理应用到区域发展当中，即形成区域协同发展概念。本著作认为区域协同发展是指不同区域之间以及各区域内部之间，由于共同的发展目标，所形成的一种自发协作，合力推进的发展机制。区域协同发展的典型特征包括：

在行动主体上：具有强烈的主动协同发展意愿。区域协同发展是区域之间和区域内部不同主体的发展需求，从协同主体意愿上看，区域协同发展的主体意愿比较强烈。以政府主体为例，如果区域是跨行政区划的区域，各行政区划主体是基于共同的发展需求主动参与协同发展的。突出表现在政府之间会强化联系与交流，主动对接，寻求共同难点和障碍的解决。而且这种关系不是被动的，而是具有很强的主动性。

在效用目标上：区域协同发展具有最优的系统组合功效。区域是由人口、产业、设施、环境等许多不同功能，不同类型的子系统组成的。由于各子系统要素的影响因子不同，系统的功能组合及相应的成效也不同。区域协同发展是将各子系统看作是一个有机融合的整体系统，通过发挥整体系统的协调推进机制，更好地指导和推动各子系统的有机融合发展，实现各子系统的功能最大化。并且，子系统功能的发挥也与整体系统密切相关，子系统达到最优的功能效果，并促使区域整体的功能效果也达到最优。区域协同发展的高效性是区域协同发展的最终目的之一，区域发展也因为协同发展而实现从量到质的飞跃，形成高效的区域发展系统。

在运作机制上：区域协同发展具有严谨高效的组织协调与运作机制。区域协同发展强调为共同发展目标进行合作，在操作实施层面具有严谨且高效的组织协调与运作机制。突出表现在：区域之间会为共同的发展，建立一种强有力的推进实施机制，这种机制不仅仅是为了推动区域发展而进行的一种协调和反馈，而是在协调发展的基础上的一种双向反馈机制，即对没有完成的相关任务要进行剖析，找准问题，加快完成。对完成的任务进行评价、评估，以期更好地组织实施。并且这种高效的组织协调和运作机制具有很强的操作性和实施性，各主体都会在这种机制下，合力推进实施。

在协同领域上：强调各方面各领域的全面协同。区域是由多种要素组成的，区域协同发展必须注重区域各个方面协同发展和不同领域协同发展。从区域发展角度出发，重点对三个方面强化领域协同发展。在经济方面，突出强化产业之间协同发展，构建合理的产业分工体系；在社会方面，强调教育、医疗、科技、文化等领域的协同发展，构建民生普享的机制；在政府方面，强化不同行政区划政府以及条线行政机构的协同，构建高效的服务型政府等。

在协同发展路径上：强化动态化的推进。区域协同发展的过程是一个动态演进发展过程，有不同的发展阶段。在这个过程中所有要素都在动态地变化，无论是区域内的各个系统还是区域间的各个系统，都随着区域外部条件的不同发生不同的变化。不同的发展阶段之间需要协同，发展的内容和重点不一样，相应的为推动区域协同发展需要提出的针对性的对策建议也不一样。因此，区域协同发展过程是一个不断变化的动态发展过程。

三、相关概念辨析

当前在研究都市圈发展方面，涌现了区域协调发展、区域一体发展两个与区域协同发展相似的概念，为此，有必要在研究都市圈协同发展时，将区域协同发展与区域协调、区域一体发展进行辨析，明确其差异。

(一)区域协调发展

研究分析区域协调，首先要对协调概念进行梳理。“协调”是在学术中被广泛应用的一个术语，在经济学、管理学、系统学、控制论等学科领域都有涉及。不同领域的学者对其有不同的定义。可以说协调具有两方面的含义：其一，协调是一种状态，是系统内部、系统之间及系统的各功能之间相互融合的关系，这能使系统功能得到最大化。二是协调可以作为一种调节手段，是一种管理或控制的职能。从区域经济学研究角度看，协调的目的和实质就是要推进和加速经济社会发展从不平衡到平衡再到新不平衡和新的平衡。

区域协调发展即是将区域看作是一个大的系统，在这个系统中由于人类活动的参与，形成了包括人口、经济、产业、社会等多种子系统。而协调发展就是将各系统功能进行整合提升，放大各系统的最优功能，形成不同系统相互适应、有机联系、融合发展的动态，推进区域持续稳定健康发展。区域协调发展可以是区域间的协调发展，也可以是区域内部个体间的协调发展。区域协调发展的概念也有广义和狭义之分，广义的区域协调发展是指相关区域之间在经济、政治、文化、生态发展上相互联系、关联互动、正向促进，区域利益同向增长，区域差异趋于缩小的过程和状态。狭义的区域协调发展主要是指一定区域范围内的一个或多个个体为追求更多利益而需要与其他个体进行协作，或与其他个体发生矛盾冲突时，需要通过协调调解，使个体利益得到满足的同时，促进区域整体的发展。区域协调发展的主要特征有：

在行动主体上：基于协商发展基础上。区域协调发展建立在区域竞争发展基础之上的一个更高阶段。在区域竞争的环境下，各主体为了自身利益的最大化，以自身区域为主体，从事经济主体活动。然而由于区域发展是建立在自我发展基础上，造成了区域之间产生了严重的恶性竞争，区域之间的资源利用效率没有达到优化，进入了区域发展不经济状态。在这样的环境下，区域主体基于竞争的外部影响角度，通过协商的方式，建立一种协调的机制，通过这种协调机制，来实现区域之间的互促发展。因此，从行动主体上看，区域协调发展是一种由被动引发的一种“谈判”。而这种协商也要基于双方都有相似的意愿，一方没有此意愿，区域协调发展将不成立。

在效用目标上：追求一种整体运行功效的提升。区域协调发展的目标是为了解决行动主体各自竞争发展的不经济，从主体的共同需求角度进行的一种合作共进发展。区域协调发展将原来区域独立的运行发展机制转化为区域之间相互联系的运行机制。在这种机制下，原来独立的区域发展将放在整体发展的框架下运行，区域在追求各自发展最大目标的前提下，也积极推动着整体经济运行效率的提高。因此，通过区域协调发展，区域整体运行功效大幅提升，各区域也从区域整体发展中得以实现自身目标。

在运作机制上：组织协调机制发挥重要作用。区域协调发展也强调组织机制在区域协调发展中的作用。区域之间由于共同的利益建立起一种协调发展机制。这种机制建立在协调基础上，通过不同区域的共同友好协商，共同解决一些共性的问题。这种协调机制不具有很强的实施性，更多的是进行一种自我约束和自我调节。在这种机制下，不同区域主体会针对某一问题或障碍共同商讨，寻求对彼此都有利的解决途径。

在协调领域上：更注重共性的领域。区域协调发展是问题基础上的发展协调，是强调针对双方都有利的领域进行相互协商。区域协调领域中，更多的是共性的领域。如区域双方在跨区域的交通设施上因为土地、资金等原因造成工程停滞，并且这条交通设施对双方都有利。在这种情况下，区域之间就会出于较快完成工程需要，开展协商，共同协调解决土地、资金等问题。因此，区域协调的领域不是固定的，是基于共同需求角度比较随机的发展协调的过程。

在协调发展路径上：强化动态化的协调。区域协调发展过程也是一个动态过程。这种动态过程不是基于不同发展阶段而产生的，而是基于不同的发展问题而产生的。在某一阶段，突然碰上需要协调解决的问题，协调方法和途径相应的就会产生。同时，协调的过程也是各主体利益达成共识的过程，协调过程中各主体可能从自己最大化的利益角度出发，对协调的内容进行权衡，很有可能会产生经过协调也解决不了的问题，需要在下一个时间进行再次协调。但总的来看，区域协调发展过程是动态的过程。

由此可见，区域协调发展与区域协同发展的差异主要有：一是发展阶段不同。区域协同发展是基于区域协调发展阶段之上的更高阶段。二是主体意愿差别较大。区域协同发展主体意愿是自发的、主动的;而区域协调发展主体意愿是被迫的、被动的。三是运作机制力度不同。区域协同发展组织协调机制力度比较大,具有很强的推进实施性;而区域协调发展更强调协商,推进实施性偏弱。四是整体计划性不同。区域协同发展在关注的领域和层次上具有持续性,协同发展的领域比较广;而区域协调发展在关注的领域和层次上具有偶发性。

(二)区域一体化发展

一体化(integration)一词最初来源于企业的组合,如纵向一体化。20 世纪 50 年代以来,当国家之间的经济联合(或者说区域经济集团化)开始出现时,这一词被赋予了新的含义。20 世纪 20 年代以来,世界经济一直朝着一体化的方向发展。世界经济一体化的表现有两个方面:一是经济全球化,即生产要素在全球范围内实现更加自由的流动,进而实现更加优化的配置,同时,市场经济的运行规则被越来越多的国家所认可和采纳;二是区域经济集团化,也就是区域经济一体化。经济全球化的核心是资源配置的全球化和市场的一体化,它有力地推动着全球经济合作和贸易的深化。

本著作认为区域一体化发展是在一定的范围内,为了推动区域商品、要素、服务等自由流动,促进经济社会的发展,区域之间通过经济或行政的力量消除区域发展的某些障碍,促进区域统一且可共享市场的形成,最终形成各成员在产业、设施、环境、财政等方面无国界、无地界地进行资源自由流动的,更高级的地域空间结构。区域一体化发展的主要特征有:

在行动主体上:基于强烈主动的发展意愿。进入区域一体化发展阶段,区域主体具有更加强烈的主动一体发展意愿。这主要出于以下的原因:一是区域之间或区域内部存在分歧的问题和障碍已经基本通过协调、协同两个发展阶段得到消除,进入了更深层次的体制机制协调阶段。二是区域各主体基本形成发展共识,即更加一体化的市场体系有利于区域竞争力的更大提高,并且资源自由流动机制建立,更有利于区域发展。因此,在这样的现实背景下,区域主体都具有强烈的主动靠近,共同分享的意愿,不需要“牵线”“搭桥”即可相互之间达成共识。

在效用目标上:追求最优的一体化效应。区域一体化发展的目标是追求用最小的投入获得最大产出的经济效益。简单而言,就是力求实现区域发展的最优成效。这种成效突出表现在:区域人才、科技、资金等要素可以实现自由的流动,不会因区域主体不同而产生流通不畅问题;区域经济实现更好的发展,随着一体化的推进,区域经济发展水平稳步提升,区域经济发展动力更加强劲;区域社会民生得到大幅度提升,在区域一体化发展的推动下,公共服务加速在区域均衡布局,区域居民都能享受到同等的公共服务,公共服务水平普遍提升;区域发展更加均衡,区域差距不会拉大,反而形成先进地区强力带动后进地区的发展机制。

在运作机制上:具有高效的组织实施推进机制。进入区域一体化发展阶段后,为推进区域一体化的深入实施,区域之间或区域内部会基于共同的发展需求,建立一种高效的组织实施推进机制。这种机制主要由政府和市场双重作用机制联合构成。在区域经济发展阶段,充分发挥市场在区域一体化发展中的决定性作用,推动各类资源在市场机制作用下得到更加高效的利用。同时,市场充分发挥调节功能,调节各类经济主体活动,促使市场效用得到充分发挥。在市场无法发挥作用的领域或市场还不够健全的领域,要充分发挥政府的调控性作用,有效地约束市场主体活动,扼制那些不按市场规律办事、不按运行机制办事的行为,保障各主体在公平公正的环境下开展经济活动。

在一体化领域上:突出各领域的一体化。区域一体化发展强调各领域各方面的一体化。即要打破各条线上的分割,通过区域一体化的运作机制,更好地推进各领域和各方面的全面一体化发展。典型的区域一体化领域包括区域基础设施的一体化、区域产业发展一体化、区域市场一体化、区域环境建设一体化、区域社会民生的一体化、区域政策一体化、区域科技发展一体化等。通过这种各领域,多层面的一体化,构建形成一体化的发展空间。

在一体化发展路径上:强调由动态性向静态性的发展过程。区域一体化发展也是一个动态过程,是从一个层次向另一个层次不断推进的过程。随着区域一体化发展的深入推进,原来需要一体化发展的领域不断的完成一体化过程,区域一体化的发展也相应地进入了相对静态的发展阶段。在这一阶段,各个领域都完成了一体化的发展,处于一种在公平规则下动态运行的静态过程。

由此,区域一体化发展与区域协同发展的差异主要有:一是发展阶段不同。区域一体化发展是基于区域协同发展基础之上的更高阶段;二是主体意愿稍有差别。区域一体化的各主体的意愿更加强烈,主动作为的意愿也比较强烈。三是运作机制力度也不同。区域一体化发展运作机制更加高效,实施推进更有操作性。四是在关注的领域和层面不同。区域一体发展关注更多的发展领域,涉及各个层面,不区分重点和非重点。三者之间的区别如表3-1所示。

表3-1 区域协同发展、区域协调发展、区域一体化发展差异

类型	发展阶段	市场与政府作用程度	推进力度上	运行机制上
区域协调发展	中期阶段	政府作用程度比较强	被动推进	以协商为主
区域协同发展	中后期阶段	市场与政府作用程度相当	主动推进	建立实施推进机制
区域一体化发展	后期阶段	市场作用程度强	积极推进	建立实施监督推进机制

第三节 都市圈协同发展体系框架

都市圈作为区域空间结构的重要形态之一,在统筹区域要素资源、实现区域协调发展方面发挥着重要作用。都市圈协同发展是在基于区域协同发展的基础上对都市圈内部各主体单元进行协调和沟通,国内外大批学者对都市圈协同发展进行了研究。

一、都市圈协同研究综述与概念

都市圈的协同发展是将空间范围收缩于都市圈的区域范围内,研究都市圈的协同发展机理。从国内外研究进展看,都市圈的协同研究主要是基于都市圈协调发展、都市圈一体发展的理论基础上的。

都市圈协同发展概念研究。唐燕(2011)在研究德国大都市地区区域治理与协作中,提出大都市带的"区域协作"主要是指为达到某些特定的目的,相关政府、公众、私人机构、非营利组织等不同行为主体,为解决共同的问题或实现一定的目标所进行协调配合及一致行动的行为。王力年(2012)在综合研究前人的理论基础上对区域经济系统协同发展进行了定义,即各个经济要素独立发展又相互配合、协作,进而主导整个区域经济系统的发展趋向,由旧结构状态发展为新结构状态。

都市圈协同发展的相关模型研究。格罗斯曼(Grossman)和克鲁格(Krueger)、莎菲克(Shafik)、安德瑞斯(Anderies)等学者利用统计学、概率论知识构建模型,分析和观察区域系统数据,定量分析、总结了区域协调发展的作用机制。姆恩(Moom)则通过内生经济增长模型,在分析能源消费与经济增长关系的同时,强调政府的宏观调控作用。卢兹(Lutz)和薛波弗(Scherbov)运用系统动力学方法,以交互式计算机仿真模型为基础,探讨了人口、环境、社会经济发展及农业之间的交互作用关系及其反馈机制。

影响都市圈协同发展相关因素研究。Beaverstock, Doel, Hubbard 和 Taylor(2002)等人,认为网络联系中的协同因素包括企业、部门、城市和国家,其将城市的形成看作是一种网络现象,认为城市群协调发展的重要手段在于维持全球网络的合作性。顾朝林(1999)、姚士谋(2001)、闰小培(2002)、崔功豪(2003)等学者对经济全球化与信息化对城市群协调发展的影响予以重点研究。

都市圈协同发展典型案例的研究。杨开忠(2015)梳理了京津冀协同发展探索历程,论证和提出功能主导、空间一体化、创新驱动、生态环境保护优先和引导人口、经济向滨海地区转移的战略主张。袁莉(2014)以长株潭城市群为例,研究城市群协同发展机理、实现途径及相应的对策建议。孙淮中(2009)以苏锡常城市群为例,研究该城市群如何实现协调发展。韦克游、程启原(2009)对广西北部湾城市群内部协同程度进行了评价,提出了区域行政体制创新、建立复合型区域行政体制的对策建议等。刘升学(2012)在分析湖南城市群与产业群协同发展现状的基础上,借鉴国内外城市群规划建设理论与产业群协同发展理论,提出了城市群圈层结构体系并探讨了其与产业群协同发展的内在关系。

总体来看,国内外关于都市圈协同发展的研究在内涵、模式、影响因素以及具体的对策等方面进行了全面分析,取得了丰硕的成果。然而,这些研究成果大部分从区域角度入手,对都市圈协同发展进行了一定研究和阐述。从整体来看，大部分研究还没有对都市圈协同发展概念和内涵进行界定，特别是对都市圈协同发展的理论框架的研究也比较少。为此，本著作在以往学者研究基础上，通过辨析协调、协同、一体化发展三大概念，提出都市圈协同发展的理论框架。本著作认为都市圈协同发展是指在合理分工与充分协作的基础上，通过市场与政府双重手段的调控，不断消除各种不利因素，在产业、基础设施、环境、社会民生等重点领域形成合理化分工与合作机制，在这种机制下，区域内各经济主体都能分享都市圈协同发展的红利，最终实现都市圈的更好发展。

二、都市圈协同发展基本框架

为研究和分析都市圈协同发展，我们必须根据都市圈协同发展的规律，提出和建立都市圈协同发展的体系框架。根据都市圈协同发展的原则，我们按照都市圈协同发展的经济主体、都市圈协同发展的运行机理、都市圈协同发展保障机制三个维度，建立起都市圈协同发展的基本框架。每个维度都从自身在都市圈协同发展的角色出发，按照自身的发展规律，对都市圈协同发展发挥作用。同时，三个维度之间也是紧密联系，互相促进的，如图 3-1 所示。

都市圈协同发展的经济主体。都市圈协同发展的经济主体是都市圈内部对都市圈协同发展起重要影响的行为主体。从国内外都市圈发展的经验看，都市圈协同发展的经济主体主要有政府、企业、居民和社会组织四个主体。每个主体通过发挥各自的特点，发挥主动性，不断地促使都市圈协同发展，进而对都市圈协同发展产生影响。

都市圈协同发展的运行机理。都市圈协同发展，要通过各个领域的传导作用，实现都市圈最终协同发展。从都市圈协同发展的作用领域比较广，涉及经济、社会等方方面面。为此，都市圈协同发展的作用机理是选择那些对都市圈协同发展作用影响大，带动性强的领域，通过协同发展的机理，发挥示范先行。都市圈协同发展的运行机理主要包括交通体系协同、产业体系协同、创新体系协同、生态环境协同、公共服务协同等。

都市圈协同发展的保障机制。都市圈协同发展不是无序的过程，而是有组织的分步推进过程，这个协同发展过程需要相应的保障机制。规划体系、政策制度、法制环境等，都通过其强有力的约束或指导机理，作用于都市圈协同发展过程，对都市圈协同发展起到保障作用。

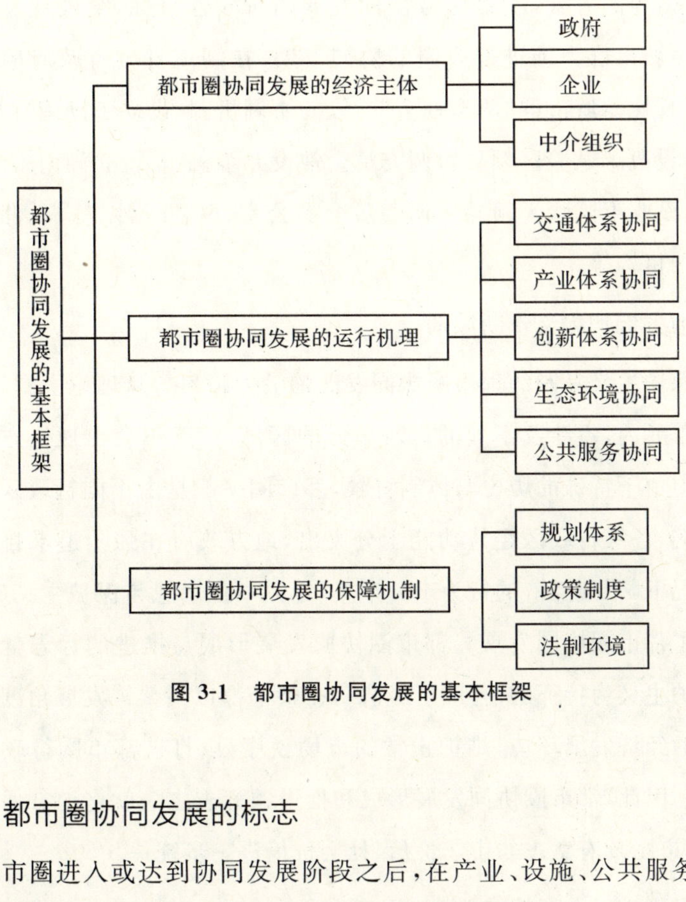

图 3-1　都市圈协同发展的基本框架

三、都市圈协同发展的标志

当都市圈进入或达到协同发展阶段之后，在产业、设施、公共服务等方面会出现比较鲜明的特色，这成为都市圈协同发展的重要标志。

（一）建立了都市圈内各政府的协调治理机制

"治理"一词来源于拉丁文和古希腊语，原意是控制、引导和操纵，长期以来，它与统治一词交叉使用，并且主要用于与国家公共事务相关的管理活动和政治活动。自 20 世纪 90 年代以来，西方政治学家和经济学家赋予了"治理"新的含义，不仅其涵盖的范围远超从前，而且其含义也与统治相去甚远。都市圈协同发展形成或推进的一个显著标志是是否建立了都市圈内各政府的协调治理机制。都市圈内各个地方政府之间建立起协调推进组织，加强各个地方之间的双向互动，这对于推进都市圈各类问题的解决，提升区域整体发展水平具有重要作用。例如长三角城市群为推进区域协同发展，建立了两省一市的三地高层领导有关长三角发展专题协商制度，通过三方主要领导就区域发展重大问题直接会谈、协商的方式，明确区域协同发展的阶段性目标，突破现有的瓶颈问题。长株潭城市群为推进都市圈的协同发展，在湖南省委省政府的直接领导下，构建了长株潭城市群“两型社会”建设的协调机制，设立了湖南省长株潭“两型社会”建设改革试验区领导协调委员会常设办事机制：设立湖南省长株潭“两型社会”建设改革试验区领导协调委员会办公室，并在长沙、株洲、湘潭三市设立了对应的机构等。

（二）地方保护主义不断减弱

地方保护主义是制约都市圈协同发展的最大障碍。从理论上看，在一个独立的行政单元内，不涉及不同的行政单元的区域，一般不会出现地方保护主义的现象。但由于特殊的历史与体制背景，都市圈一般是由不同行政区划单元的主体构成的，各级行政区经济功能十分突出，地方政府在强烈追求自身利益最大化的情况下，干预经济的行为十分严重，地方本位思想与保护主义广泛盛行，从而阻碍了都市圈协同发展。都市圈协同发展形成与推进的标志就是要打破以地方保护主义为特征的“行政区经济”，在整个都市圈整体发展角度建立一个公平公正的经济发展环境，维护正常的市场秩序，以打破都市圈行政区经济的刚性束缚。因此，都市圈协同发展形成和推进的标志之一就是地方保护主义不断减弱，都市圈政府意志与市场价值、社会价值进一步统一。

（三）形成相对合理的产业分工体系

产业是都市圈经济发展的最主要内容和根本，正是由于产业的发展和推动，才使都市圈经济由低向高不断演进。构建相对合理的产业分工体系是都市圈协同发展的重要内容。合理的产业分工体系就是综合考虑都市圈不同城市的资源禀赋、产业发展基础、经济结构、生产效率等条件，建立适合不同城市、不同区域的特色产业。都市圈实现产业协同发展的方向就是寻求高度社会劳动分工与协作，形成自己的市场规模，最大限度地降低内部的市场交易成本，提高生产效益，从而赢得整个区域竞争优势。都市圈的协同发展不但在于可以消除都市圈内部经济发展中的不合理的布局与分工、相互之间恶性竞争以及资源浪费等内耗现象，更重要的在于能够强化都市圈经济要素的流动和配置效率，带动都市圈经济的整体协调发展。因此，形成相对合理的产业分工体系是都市圈形成和推进的重要标志之一。

（四）运行高效的交通设施网络基本形成

交通运输是社会经济活动中的基础构成和重要方面。交通基础设施有利于改善区域间人、财、物等要素的流动方向，也有利于优化提升所在区域的投资环境。基础设施体系的空间网络的不断发展，增强了特定地点或地区空间的连通性和可达性，引进空间区位优势的变化，为空间经济集聚与扩散提供了必要条件。都市圈协同发展，必须有运行高效的交通基础设施网络。一方面，在中心城市，要通过建设地铁、公交等公共交通设施，形成与航空、铁路等站场紧密的联系和最优的换乘。另一方面，城市与城市之间，要通过城际铁路、高速等设施，争取构建1小时交通圈。并且，所有的交通设施要形成网络，有效连接。因此，都市圈协同发展的标志是都市圈内部以及中心城市之间形成一个运行高效的交通设施网络。

（五）城市特色功能不断彰显

都市圈协同发展过程，就是城市特色功能不断强化和凸显的过程。都市圈是由中心城市、城市、县（市）等不同层级的城市单元组成的。每个城市单元的特色不同，相应的在都市圈内承担的功能角色也会有差异。都市圈协同发展过程不是要推动每个城市都向同一产业体系、同一城市风貌、同一功能角色等方向发展，而是在都市圈协同发展过程中更加强调特色功能的发挥。即在都市圈的城市结构中，形成中心城市以现代服务和高新技术产业为特色的城市功能，周边县（市）形成高新技术研发转化基地等。其他具有特色功能的城市继续保持自身城市功能，成为都市圈城市功能体系的重要组成部分。因此，各具特色的城市功能也是都市圈协同发展形成的重要标志。

（六）公共服务体系基本建立

区域协同发展的最终成果是让老百姓充分享受发展带来的福利。都市圈协同发展过程就是注重公共服务体系在都市圈范围内优化布局和服务共享的过程。都市圈协同发展，就是要推进教育资源在都市圈范围内均衡布局，让老百姓都能充分享受到优质教育资源；要结合医疗资源的现状基础，在都市经济圈内合理规划医疗机构的功能、层次和布局，逐步形成布局合理、方便群众的卫生服务网络；要适应都市圈日益增长的文化需求，完善科技、文化、体育等设施的有效配置和合理布局，构筑社会服务设施网络。因此，都市圈协同发展过程，是公共服务体系在都市圈范围内优化布局不断形成的过程。

（七）都市圈创新共同体基本形成

区域的发展越来越强调创新在经济发展中的动力作用。都市圈作为区域参与国际或地区竞争力的重要平台与载体，其创新发展成为衡量都市圈竞争力的重要因素。并且现在的创新越来越强调协同创新，从封闭式创新向开放式创新转变。都市圈创新系统作为一种区域创新网络，是创新主体之间互动、结网和协同的社会过程，通过区域内的合作机制、互补机制、扩散和放大机制可以实现协同创新。都市圈协同发展过程，也是都市圈协同创新过程。通过更加注重创新主体之间的产业互补、制度互促等，进一步提升都市圈创新能力。都市圈协同创新最终结构就是在都市圈内构建创新共同体，每个主体都是都市圈协同创新的成员。因此，都市圈协同发展的过程就是协同创新的过程，也是创新共同体基本形成的过程。

第四章

都市圈协同发展的经济主体

都市圈协同发展是指各个参与者发挥自身优势参与经济社会活动,并对都市圈协同发展产生各类影响,进而影响都市圈协同发展的效果。从都市圈协同发展的经济主体看,都市圈协同发展的参与者主要包括政府、企业、居民、社会组织等经济主体。不同的经济主体按照各自在经济社会活动中的角色,顺应自身发展的规律,在都市圈协同发展中发挥作用,进而影响都市圈协同发展的成效。

第一节 政府层面

在都市圈的协同发展过程中,政府作为一个重要的角色,在推动都市圈协同发展方面发挥着重要作用。由于都市圈是由不同行政区划单元组成的,这种由行政区划单元划分而形成的所谓的行政区经济,即由于行政区划对区域经济的刚性约束而产生的一种特殊区域经济现象,是我国在从计划经济体制向社会主义市场经济体制转轨过程中,区域经济由纵向运行系统向横向运行系统转变时期,出现的具有过渡性质的一种区域经济类型。在行政区经济发展中,地方政府扮演了非常重要的角色。政府在参与区域经济活动中,通过规划、政策等的引导,对都市圈的协同发展产生影响。在政府参与都市圈协同发展的过程中,政府主要通过都市圈协同发展中政府间的关系,政府自身在都市圈协同发展中的定位两个角度,对都市圈协同发展发挥作用。

一、都市圈协同发展中政府间的关系

政府间关系(Intergovernmental Relations)在国外公共管理与政策制定中运用比较多,其植根于国家的整体政治社会体制中,其形态特征由政府体制、经济体制等决定。林尚立教授较早开展对政府间横向关系的研究,他认为政府间关系大体包括各级政府间关系和各地区政府间关系两种,即纵向的中央政府与地方政府间的关系、地方各级政府间的关系以及横向的各地区政府间关系。谢庆奎教授也通过其研究,认为"政府间关系包括中央与地方的政府之间、不同地

方政府之间、政府部门之间的关系”。从我国都市圈协同发展的情况来看，中央政府与地方政府在都市圈协同发展方面的关系紧密度低于地方政府与所在的省级政府的关系紧密度。以一个省的都市圈协同发展的情况来看，中央在省级层面推动都市圈协同发展是否产生作用在于是否将都市圈的协同发展上升至国家战略层面并予以推动。如果都市圈的协同发展成为国家战略，成为体现国家意志的平台，那么都市圈的协同发展，将从国家层面予以推动。国家各个部委将各类资源整合投入都市圈的协同发展过程中，进而提升都市圈协同发展水平，从而使地方政府与所在的省级政府关系更加紧密。由于所在的都市圈是位于一个省的行政区划范围之内的，省级层面如果能与地方政府在都市圈协同发展方面达成共识，将相对集中的省级资源投入都市圈协同发展中，一些制约都市圈协同发展的难点、障碍将通过省级层面的推动实施得到加快破解。而省级层面制度的设计、政策的倾斜、项目谋划、体制的创新等方面的突破，将更加有利于地方政府与省级政府在都市圈协同发展方面建立合作关系。地方政府之间的关系是都市圈协同发展关系中最为敏感，也最为重要的关系。由于都市圈是由不同行政主体组成的空间结构形态，地方政府出于自身经济利益角度考虑，在都市圈协同发展方面追求利益最大化，一些对自身有利的协同发展措施，地方政府乐意推动实施，而那些对自身不是很有利的措施，地方政府则会采取消极的态度，对都市圈协同发展不太投入精力。因此，在都市圈协同发展方面，地方政府间的关系对都市圈协同发展影响至深。

目前，在都市圈协同发展政府治理方面，学者也在积极地尝试探索。有的学者认为在都市圈协同发展上，应建立起政府的“伞状层级结构”，保留现有都市圈内的各个城市独立性，但各个城市都需让渡一定程度的权力以建立更高层级的都市圈政府，在不同地方政府间实现更大范围的合作。这种理论是将都市圈内地方政府与都市圈政府在社会管理的范围上进行了划分，主张地方性的事务由区域内的地方政府来解决，区域性的事务由都市圈政府来解决。有的认为要建立起以“国家干预”为主的“政府模式”，强调取消区域内各个独立的市政府，通过县合并等方式将它合并成为一个庞大统一的大都市圈政府，以期获得区域内社会治理的公正和公平。这一模式认为，可以更好地减少经济外部性。还有一种观点认为可以通过谈判形成都市圈不同层级政府、社会团体和私营部门间的协作机制，以此来共同解决区域公共事务。但从我国实际情况来看，在行政区划无法很容易调整的背景下，都市圈协同发展政府间的关系更应该是一种协调合作共享的关系机制。都市圈的协同发展，不仅需要中央政府的指导、协调和支持，更需要强化都市圈省级政府与地方政府、地方政府之间的协调合作。在推进都市圈协同发展过程中，政府间要建立起紧密协调的合作关系，要从都市圈协同发展的大局出发，克服政府间信息不对称和各自为政的局面，提升都市圈协同发展的整体功能。

二、政府自身在都市圈协同发展中的定位

随着都市圈在形成、发展、协调、协同等阶段的不断发展，政府在都市圈中的定位也在不断调整。从都市圈发展过程也可以看出，作为一种区域经济的形态，政府始终在都市圈的发展中扮演着重要角色。进入都市圈协同发展阶段，政府如何更好地处理自身在都市圈协同发展中的定位问题，对都市圈协同发展具有重要作用。在传统的古典市场经济条件下，由于社会普遍推崇与倡导自由，古典市场经济比较排斥政府对社会经济活动的干预和介入，认为其应更多发挥市场机制这种“看不见的手”来达到资源的优化配置，在这样的环境下，政府的角色是充当“守夜人”和“看门人”。随着生产力的发展，新的科学技术的突飞猛进，传统的古典市场经济逐渐被现代市场经济代替，政府在经济运行中的角色也发生了质的变化。更多的发展经验表明，现代市场经济是一种市场经济机制与政府干预机制融合发展的模式，现代市场经济的高效运行离不开政府有效的调控，政府应该发挥恰当的功能，推动市场经济的发展。从西方行政发展史来看，政府的角色经历了三个阶段的转变：划桨者（控制者）、掌舵者和服务者。韩永军、许倍慎等对三峡城市群发展中的政府角色定位进行了研究，认为政府在参与式治理中的角色定位应该是引导者、服务者和合作者。政府的能力建设是参与式治理中政府角色定位的关键，包括制度能力、网络治理能力和公务员胜任能力建设等。刘志甫研究南京都市圈在形成过程中的政府定位，认为政府应该从有限政府向服务型政府转变，应协调建立都市圈的信任机制，政府主导基础设施建设全局等。从都市圈协同发展实际情况来看，政府角色定位具

有双重的影响,如果政府没有明确自身在都市圈协同发展中的功能定位,就可能会造成政府在都市圈协同发展方面职能范围不清晰,在一些重大决策过程中做出与市场经济发展相违背的决定,容易造成人力、物力、财力的极大浪费,从而导致都市圈协同发展效益低下,成果不显著。当前,我国许多都市圈在协同发展方面,由于政府不合理的角色定位,导致基础设施、招商等方面的恶性竞争,不利于都市圈协同发展。相反,如果政府合理地确定自身在都市圈协同发展中的角色定位,就会采对针对性的措施,创造最优的环境,更好地促进要素的优化配置,进而发挥市场机制在都市圈协同发展方面的作用。

本著作认为,作为都市圈协同发展的主要参与者,政府在都市圈协同发展中的角色定位应该从两个方面确定。一是政府如何在都市圈的协同发展中,在市场对资源配置起决定性作用的同时,更好地发挥自身的作用。从表面上看,政府在都市圈协同发展中扮演了重要的推力角色,然而透过表面可以发现,都市圈的协同发展演进过程依旧是市场机制充分发挥作用的过程。市场通过“无形的手”推动各类资源要素在都市圈协同发展中进行优化配置。因此,在市场机制起决定性作用的前提下,政府应从都市圈协同发展角度,找准自身定位。从这个角度出发,政府的角色定位可以是在基础设施建设、优化投资环境、保护环境资源中充分主导;在培育统一市场体系,消除行政壁垒中发挥主体角色等。二是从如何更好地实现政府扮演“协调人”的角度出发,明确政府的角色定位。都市圈协同发展是基于协调合作基础上的,在都市圈协同发展的过程中,由于信息不对称,导致不同主体在追求自身利益最大化的同时,影响都市圈协同发展成效,造成了很多“扯皮”“争吵”的现象。在这样的背景下,政府作为“老娘舅”,应更好的发挥协调人的作用。从这个角度出发,政府的角色定位可以是:在协调解决一些跨行政区的重大项目建设上发挥主体作用;在利益的科学合理分成上发挥主体作用等。

第二节 企业层面

企业是指一切从事生产、流动或者服务性活动以谋取盈利的经济组织。按照企业财产组织方式的不同，企业可以分为独资、合伙、公司三种类型。企业是都市圈协同发展的重要经济主体，都市圈协同发展的联系很大程度是企业在市场经济中发挥重要作用的结果。在都市圈形成的发展过程中，正是因为企业向周边的扩散，促进了企业空间布局区位的调整，进而在不同城市之间形成了一种紧密的经济联系，随着这种联系和分工的扩大，进而促进了都市圈的形成。而到了都市圈协同发展阶段，企业越来越成为都市圈协同发展的推动力。科学合理的企业经营战略、具有远大发展战略眼光的企业家等是都市圈实现协同发展的关键。

一、企业经营战略

企业经营战略是企业为适应环境变化和实现长期发展而进行的整体性谋略。它是企业一切行动的指南，是企业各项工作的总纲，是企业持续、快速、健康发展的根本保证。具有前瞻性、务实性的企业经营战略可以促进企业加强对资源的合理配置，优化资源特色，最大限度地利用和发挥资源效能，在必要时追加新的资源投入，推进企业整体规模的扩大和效益的提高。通过不断审视企业当前的决策效应，提出更加符合企业发展导向的战略是企业战略持续发展的关键。企业作为都市圈经济活动主体之一，其经营战略、布局谋划、发展方向等对都市圈协同发展都有着至关重要的影响。在都市圈协同发展阶段，企业经营战略如果着眼于在都市圈内开展企业布局，就会与都市圈协同发展的方向相一致，与都市圈协同发展背景下的产业空间布局相适应。那些适合在都市圈中心城市发展的总部、商务等企业经营战略将会布局在中心城市，而那些对商务成本敏感度高、对人力资本敏感度高的企业发展环节将布局在都市圈外围商务成本低的区域，这样就整体形成企业的合理化选址结构，进而对都市圈协同发展起到促进和推动作用。另一方面，企业经营战略特别是在产品、产业等发展环节方面的战略决策，在都市圈协同发展方面的作用与地位也比较突出。如果企业的经营战略特别是今后企业产品选择方面的战略是符合区域发展方向的，在都市圈协同发展方面相应的发展空间就比较大，就比较符合都市圈协同发展的方向，这些企业在区域中就具有较强的生命力，企业规模就会越来越大。

本著作认为，企业经营战略是企业今后发展的重要方向性指导。企业经营战略的优劣已成为企业能否持续发展的重要衡量标准。从都市圈协同发展角度看，企业经营战略对都市圈协同发展的策略重点突出在两个方面。一方面，在都市圈协同发展过程中，要积极发挥企业经营战略在区域资源整合方面的突出优势，通过企业经营战略的强化与调整，不断推动资金、人才、技术等要素随着企业经营战略的调整而实现在都市圈的快速流动。另一方面，企业经营战略在结合都市圈各区域资源禀赋条件的基础上，要适合不同区域企业各环节的发展特色，可以在产业链的打造、优势发展环境的培育、核心竞争力的提升等方面，发挥比较优势，在空间上形成功能互补，资源利用高效、产业链整合能力突出的企业发展整体链条，推动企业向大企业大集团方向发展，进而发挥大企业大集团在都市圈协同发展方面的引领和示范作用。

二、企业家

企业家一词(Entrepreneur)源自于法文，首见于16世纪初，最初的含义是指领导军事力量远航海外进行军事远征的人，带有冒险家的意思。到了1700年以后，这个词开始用于表示工程承包人。给Entrepreneur首先下定义的是18世纪中叶的法国作家贝利亚德(Belliard)，他将“企业家”定义为“按不固定的价格购买劳动力和物资，而按合同出售产品的人”。此后，企业家这一概念一直存在争辩。法国经济学家萨伊认为，企业家就是冒险家，是继土地、劳动、资本之后的第四个生产要素，企业家将这三个生产要素结合在一起进行活动，承担着破产的风险。此后，不同学者从不同角度对企业家的概念进行界定，例如英国经济学家阿弗罩德·马歇尔认为，企业家是以自己的创造力、洞察力、统率力来发现或消除市场的不均衡性，创造交易机会和效用的人。陶子毓、陆根尧(2006)指出，现代企业家，即职业企业家，是所有权与经营权相分离的条件下专门从事经营管理的专家，或者说是在以多层级、多法人为特征的现代工商企业中，以经营管理能力取得控制权的中、高层经理所形成的一个新的企业家阶层。任霞(2007)认为企业家是具备企业发展所必需的各项能力的人，且在经营管理的过程中创造出利润和价值。综合来看，企业家是直接经营企业、调配企业资源、影响企业决策、对企业行为起着关键作用并且在很大程度上决定企业命运的经营者。企业家在一定的约束条件下，以企业发展、企业经营管理、企业决策等表现出来的行为来影响企业的发展。

企业家之所以能够通过其自身行为来影响都市圈协同发展，这与企业家行为、企业家的精神等密不可分。企业家的行为是企业家运用自身在企业方面的决策管理能力，对企业经营发展战略实施调整优化的一种行动。企业家敢于冒风险，不断开拓新市场，实现技术创新，不断打破束缚生产发展的内在矛盾，并开拓新的商业模式，构建企业的社会资本网络。企业家行为如果科学规范，并引领和适应区域发展的方向，将会带动区域的发展。具体落脚到都市圈协同发展层面，企业家行为如果不断追求创新，追求突破，企业就会不断出现商机，一旦捕捉商机，就能为企业规模的扩大和资源整合力的提升创造条件，进而有利于企业在都市圈范围内统筹资源，实现企业的发展壮大，最终对都市圈协同发展起到推动作用。而企业家的精神是企业家独特的精神特质，企业家如果具有社会责任感，具有开放包容和与时俱进的创新精神，企业就能在跨区域的经营发展中发挥融合作用，实现企业跨区域融合发展。并且，在都市圈协同发展的方面，特别是在经济活动推动层面，除了需要一批具有国际视野的企业家群体外，更需要一批具有合作精神、诚信责任的企业家，与都市圈协同发展相承相映，在都市圈协同发展过程中实现企业家自身的价值。因此，在都市圈协同发展上，要特别重视企业家队伍的建设，要积极营造良好的企业经营和投资环境，吸引更多的优秀企业家集聚。同时，要为企业家开展跨区域经营、企业兼并重组提供政策支撑，建立有利于企业跨区域整体的政策制度。在都市圈协同发展方面，要更加注重企业家群体的打造，通过各类沙龙等活动，为不同企业家建立起沟通交流的平台，为企业家更好地沟通提供服务。

第三节 居民层面

居民是都市圈发展的重要参与者，也是都市圈发展成效如何的最终体验者。在都市圈的形成阶段，随着城镇化发展的速度加快，一批农民加快向城市转移，就形成了城市居民。城市居民也称为城市市民。概念非常丰富，一般而言，要成为我国市民的基本条件是，具有城市户口（身份）、居住在市区内（地域）、从事非农生产劳动的合法公民。就本书而言，居民是在都市圈内部长期或固定居住，属于都市圈内部相关城市的市民。

从都市圈协同发展角度，作为主要参与者之一，居民对都市圈协同发展的影响主要体现在四个方面：一是对都市圈协同发展的认同度。都市圈协同发展的认同度是指随着都市圈的形成和发展，居民对都市圈发展的认知和自我感受度，是居民对都市圈的依恋感、文化归属感，它不仅表现为一种社会心理，也表现为一种社会理论、城市公共理性等。在都市圈协同发展阶段，不同城市的居民通过不断强化跨区域发展与合作的认同度，加强对都市圈协同发展正面的认识，进而自觉和不自觉地投入到都市圈协同发展当中。二是对都市圈协同发展效应的感知度。都市圈协同发展效应的感知度是居民在都市圈协同发展效果不断呈现的基础上，对自身在享受都市圈协同发展效应的一种自我感受。都市圈协同发展效果明显，特别是在教育、医疗等与居民自身感知度比较敏感的领域，居民已充分感受到都市圈协同发展的效果，相应的居民对都市圈协同发展的感知度就比较高，相应的其在推动都市圈协同发展方面的融合度也比较高。三是对都市圈协同发展的文化融合度。不同城市居民的最终发展是融合发展，都市圈协同发展过程就是文化的不断融合过程，文化融合度成为都市圈协同发展的重要标志之一。文化迥异的地区，如果随着都市圈的协同发展，特别是在语言、文字、建筑、服饰、行为方式、宗教信仰等方面的融合发展不断提升，都市圈协同发展的效应就会更加明显，会更有利于都市圈协同发展。四是对都市圈协同发展的宽容度。对都市圈协同发展的宽容度是居民在都市圈协同发展阶段，对那些涉及自身利益或与自身利益无关但暂时性地影响到居住、生活等活动方面的包容度。都市圈协同发展过程，不可避免地会使一部分利益为了大局的利益而受损，另一方面，在都市圈协同发展过程中，也会因为发展的需要造成一时的不利于生产和生活的行为和举措。居民对这些行为和举措的包容度对都市圈协同发展至关重要。如果居民只从自身利益出发，对那些长远而言对区域发展有利的措施起抵触，将不利于都市圈协同发展，会影响整体发展的大局。而那些具有较高包容度的居民，则从大局出发，以牺牲自我利益为基础，来推动都市圈的发展，则会对都市圈协同发展起推动作用。特别是那些涉及跨区域交通基础设施建设所带来的拆迁等问题，尤其体现居民的包容度。

第四节　社会组织层面

社会组织是由西方引入的概念。19 世纪初，法国政府思想家托克维尔在《论美国的民主》一书中，就详细介绍了在 1831 年的美国所存在的形式多样的社会组织。美国学者萨拉蒙(Lester M. Salarmon)认为社会组织有五个基本特征：一是组织性，即这些机构都有一定的制度和结构；二是私有性，即这些机构都在制度上与国家相分离；三是非营利性，即这些机构都不以营利为目的；四是自治性，即这些机构都基本上是独立处理各自的事务；五是自愿性，即这些机构的成员不是按法律要求而组成的，这些机构接受一定程度的时间和资金的自愿捐献。我国在 2007 年 10 月党的十七大报告中，启用了社会组织这一新的概念，当前社会组织在我国一般分为社会团体、民办非企业单位、基金会三大类。社会团体是中国公民自愿组成，为实现会员共同意愿，按照章程开展活动的非营利性社会组织。民办非企业单位，即企业事业单位、社会团体和其他社会力量及公民个人利用非国有资产举办的，从事非营利性社会服务活动的社会组织。基金会，即利用自然人、法人或者其他组织捐赠的财产，以从事公益事业为目的，按照《基金会管理条例》的规定成立的非营利性法人。

本著作认为，社会组织作为参与政府治理的一类群体，已然成为世界主要国家推动公共治理的重要组成部分。社会组织无营利性的特点，决定了其在考虑各类问题时，多从社会大众的角度出发去解决问题。当前，在环境保护、交通运输、公共卫生、水资源保护等领域，形成了许多专业性的社会组织，这些社会组织有很强的专业知识和丰富的实践经验，在解决一些政府难以处理的问题上具有明显的优势。在都市圈协同发展阶段，要充分发挥社会组织的作用。一是要建立跨行政区划的一些社会专业性组织如行业协会、产业联谊会、法律协会等，在推动跨区域产业协作、法制、行业发展等方面发挥协调作用。其次，社会组织作为政府与市场的中间地带，在配置社会资源，推动生产力水平的提高，推进国民经济持续快速健康发展方面可发挥积极作用。同时，在都市圈协同发展阶段，都市圈内的居民面临着就医、住房、就业、教育等诸多问题，这些民生问题涵盖面广，政府只能解决最基本的的公共服务，而较高层次和差别化的民生需求超出了政府职责范围，而社会组织可以填补这一空白。因此，在都市圈协同发展阶段，政府要加大对区域内跨区域社会组织的扶持力度，将一些微观领域的职能转交给社会组织，发挥其在跨区域协调方面的作用。

第五章

都市圈协同发展的运行机理

进入都市圈协同发展阶段，此阶段与都市圈形成阶段推动重点有差异。特别地，随着交通基础设施、产业、创新、环境、民生等方面已有协同发展基础，在新的发展阶段，都市圈面临着更加紧迫的协同发展需要。为此，研究都市圈协同发展，要对都市圈协同发展运行机理，特别是重点领域的运行机理进行研究。从都市圈协同发展经验看，我们需要研究都市圈交通、产业、创新、生态、民生等领域的作用机理，建立相应的协同发展体制机制，实现都市圈各领域的协同发展。

第一节 交通体系协同机理

交通基础设施的建设作为政府有效调控的重要组成部分，在推动都市圈协同发展方面，发挥着基础性的作用。都市圈进入协同发展阶段后，交通在都市圈协同发展方面的作用和地位更加明显。为此，需要在都市圈协同发展阶段，更加注重交通体系的协同，以期通过构建科学合理的交通协同体系，为都市圈的协同发展提供支撑。

一、交通体系协同发展的概念与内涵

交通作为都市圈发展的基础，在都市圈的不同发展阶段均发挥着重要作用。从都市圈发展历程看，交通从单一交通方式、单一交通工具向综合性的交通方式、多样化的交通运输工具不断演变。随着科技与技术的进步，大量的科技与技术运用到交通发展领域，对交通发展产生了重大影响，促进交通向综合性的交通体系发展。交通体系协同发展是指基于现代科技与技术发展的基础上，从都市圈的空间范围出发，构建适应都市圈发展的综合性交通体系，实现不同城市之间、不同区域之间、不同运输方式之间的有机联系，提高都市圈物流、人流、信息流等的流通效率。其主要有四个特点：一是交通方式的多样性。在交通体系协同发展方面，交通运输方式已由单地面公路、水路运输向铁路、航空等交通运输方式拓展。不同交通方式的组合运用成为交通体系协同发展的重

要标志。二是交通换乘的“无缝”对接。交通体系协同发展要实现不同交通运输方式更快速更便捷地换乘，特别是在机场、站场、站点之间，构建起便捷的换乘体系。三是交通结构的网络化。交通是都市圈发展的“毛细血管”，将交通在都市圈范围内串成网络，既容易在都市圈内部实现快速流通，也有利于与都市圈外部区域实现快速连接。网络化交通体系可以实现不同城市节点更快地参与到交通体系当中。四是公共交通主体化。都市圈交通体系协同发展，要实现以公共交通为主体的交通运输方式，就要在地铁、公交、公共自行车等方面，特别强化对接与联系，以公共交通串联起都市圈发展。

二、交通体系协同与都市圈协同发展的关系

交通是都市圈发展的框架与脉络，也是都市圈健康运行的先决条件。都市圈的形成和发展都离不开交通的基础作用，综合交通体系的构建有助于提升都市圈整体发展水平。都市圈交通体系是一个开放的系统，它与区域经济社会紧密联系。一方面，都市圈交通发展水平的高低间接地反映了都市圈经济社会发展水平的高低。另一方面，交通成为都市圈不同等级城市经济社会联系的重要通道，都市圈内各种人流、物流、资金流、信息流等相互交织在一起，形成互相交流的强大作用力，而交流的方式之一就是交通运输。从都市圈交通体系看，都市圈交通体系大致可分为两大体系，即都市圈内部交通体系和中心城市交通体系。都市圈内部交通体系是都市圈各城市之间的交通联系方式与通道。中心城市交通体系是都市圈核心城市的交通体系建设。交通体系具有多元性、多层次性、互补性、动态性特征。所谓多元性，即居民选择交通的方式是多元的，依靠单一交通运输方式系统往往难以满足出行活动需求。多层次性即都市圈交通体系不仅包括城市间的交通、还包括城市内的交通等。互补性指交通体系将各种交通方式整合到一起，形成综合性的交通体系，可以充分发挥各个交通方式的优势，取长补短，互为延伸。动态性是指交通运输方式也会随着科技进步而发生变化，新科技出现导致交通运输方式也相应地变化。从交通系统的组成看，一个完整的交通体系是由交通运输工具、交通运输媒介、交通衔接系统、交通管理系统等组成。交通运输工具是指乘客或货物在完成位移过程中使用的

工具。不同的货物、不同的客户需求,对交通运输工具的需求也不一样。我们以人的空间位置转移为例,其涉及陆地交通、水上交通、空中交通等方式,并且每种方式所使用的工具也不一样。从世界主要城市看,欧洲已经形成了主要城市以轨道交通为主,市郊以汽车为主的交通模式。人口密度大的东京,则形成了以轨道交通为主的运输模式等。因此,不同地区根据区域特点,会因地制宜地选择交通工具。交通运输媒介是人或物完成空间移动所经过的中间介质。当前,普遍用于人为生产、生活的交通运输方式主要是铁路、公路、水路、航空及管道等,还有一些特殊的设备如电梯、索道等。都市圈内部,由于涉及生产物资、生活物资、居民的空间移动,相应的也需要多种交通运输媒介的支撑。交通衔接系统是指不同交通运输工具在换乘时的衔接。良好的交通衔接系统,能够提高货物或人流的转换效率。当前,我国交通衔接系统主要包括航空港、火车站、港口码头、公交、停车场等区域的换乘系统等。通过这种交通衔接系统,可以实现区外交通方式与区内交通方式的有机衔接,保障交通的无缝连接。交通管理系统是指对各类交通的科学的合理管理与引导。具体而言,一个科学高效的交通管理系统是由交通运输的政策、交通信息的智慧化管理、交通运营等构成。因此,交通体系的完善程度与都市圈协同发展关系非常紧密。

从都市圈协同发展角度看,在这一发展阶段,都市圈内部各城市之间主要交通联系基本形成,都市圈交通体系向关键节点、关键难点的破解转移,需要在更高层面谋划。整体而言,交通体系的建设与谋划对都市圈协同发展的影响主要体现在:一是对都市圈协同发展条件下经济发展水平的影响。在都市圈协同发展阶段,区域经济发展水平已达到了新的发展阶段,城市之间、企业与企业之间的经济往来更加密切,快速便捷的交通运输体系成为带动经济转型提升的重要支撑。特别是随着高铁、航空等交通运输方式的出现,原来布局于公路沿线的产业逐渐向更高水平的经济业态转换,进而推动产业不断升级。并且,交通体系的不断完善,促进区域内企业更加趋向于专业化的分工协作,使区域内的生产要素得到更好的开发和利用,促进在都市圈层面的产业合理分工,形成产业发展密集带,从而带动产业升级。二是对都市圈协同发展空间结构的影响。在都市圈的形成和发展阶段,正是因为交通设施的建设,促进了都市圈空间结构的变化。而当都市圈进入协同发展阶段,都市圈的空间结构体系也因为交通体系的不断变化而发生变化。从空间形成看,原来空间上所形成的中心城市、郊区等空间形态,随着交通方式的改变和交通速度的提升而在空间上不断拓展,在今后更长的时间里,会在空间上形成连绵发展区,成为城市密集区,形成紧密联系的巨大城市板块。这样的背景下,交通体系越来越推动空间结构扁平化,使城市、乡村的空间界线越来越不明显。三是都对都市圈协同发展的社会结构影响。虽然经过都市圈的带动,都市圈内阶层结构、区域结构、人口结构、城乡结构等社会结构逐步优化,但从整体看,在都市圈协同发展阶段,仍然存在着城乡二元结构等方面的问题。交通体系的建设将不断推动社会结构的变化。一方面,交通方式可以达到地区,城市的基本公共服务等职能可以便捷地向区域延伸,优化基本公共服务的配置。另一方面,交通建设能够促进人口的流动,进而实现农村劳动力向城市的转移,优化收入结构等。因此,在都市圈协同发展阶段,要更加重视交通体系的建设。一方面要不断强化交通体系的优化升级,在交通运输工具、交通运输媒介、交通衔接系统、交通管理系统等领域不断强化科学化组织与管理。另一方面,要加强核心城市内部交通建设和跨行政区划道路建设,打通"断头路",做优中心城市交通体系,进而形成都市圈协同发展的高效交通运输体系支撑。

三、交通体系协同发展的关键问题分析

在都市圈协同发展阶段,交通体系协同作为重要的支撑,在都市圈层面作用突出。在这一阶段,交通体系协同重点有以下四个方面。一是交通融资问题。作为推动都市圈协同发展的重要支撑,交通融资问题一直是都市圈提升发展的难点和障碍之一。一方面,交通体量大,投资大,单靠政府财力难以支撑。另一方面,一些跨区域的重大交通设施,由于受到不同行政单元经济发展水平差异或发展诉求不同的影响,在出资比例上难以达成共识。因此,交通融资问题成为影响交通基础设施建设的瓶颈。在都市圈协同发展阶段,必须要在交通融资上创新体制机制。二是断头路打通问题。所谓断头路是指不同行政区域之间、不同等级道路之间不能连通。断头路的存在是长期遗留下来的历史问题,一直难以解决。其原因在于,首先,公路建设对不同行政区划地区意义不

同。由于不同的利益诉求，那些认为此条道路对区域发展带动作用不大的区域，在打通断头路的积极性上就不高。其次是土地指标的问题，由于公路建设要占用建设用地指标，如果指标靠本地来解决，就会对土地指标相对不足的区域造成影响，在断头路的接通上积极性不高。最后，许多断头路的打通涉及拆迁等政策处理问题，基于维护社会稳定的原因，一些行政区域在断头路打通上的积极性也不高。三是中心城市交通体系建设问题。都市圈中心城市是交通网络的重要节点，也是都市圈交通中心。中心城市交通条件的好坏直接影响其对周边城市的集聚辐射能力。从我国来看，上海都市圈、北京都市圈、武汉都市圈等中心城市在内部交通设施建设上都投入了大量人力、物力、财力，基本形成以轨道交通为基础的城市内部道路网。地铁、公交等成为中心重要交通方式。在都市圈的协同发展阶段，要特别重视中心城市交通体系的建设，要在地铁、公交等交通方式上创新突破。四是交通节点的换乘问题。无缝连接可以有效提高人流、物流的转换效率。特别是对从都市圈外围城市进入中心城市的居民而言，方便的换乘条件可以大大提高效率。在都市圈协同发展阶段，要特别重视换乘节点的建设。

第二节　产业体系协同机理

产业发展是都市圈协同发展的重要动力之一。由于产业的发展更多是市场行为，如何在不影响市场发挥决定性作用的同时，更好地发挥政府在产业协同方面的积极作用，也是都市圈协同发展阶段需要特别关注的重要内容。为此，都市圈协同发展，要特别重视产业体系协同。

一、产业体系协同的概念与内涵

都市圈内部由于不同城市的资源禀赋条件和发展基础差异以及历史发展沿革，导致都市圈内产业发展既呈现相似性，也呈现差异性。而对都市圈而言，要实现区域高效开发，最理想的开发状态是发挥都市圈内各城市的比较优势，在产业发展方面建立起错位发展的机制，以实现各自发展的最大化。但是由于受制于行政区划等方面的限制，都市圈在产业发展上还存在较为明显的竞争。为此，需要在产业发展方面，建立起协同发展机制，实现产业协同发展。产业协同发展是指从都市圈协同发展的角度出发，发挥都市圈内各城市的比较优势，结合区域产业发展基础，发展各类要素资源等，建立起不同城市差异发展、错位发展的合理产业分工机制，构建都市圈内产业合理布局、产业链完整、产业创新实力突出的产业体系。产业体系协同发展有三个特点：一是产业链分工合理化。在都市圈内部，从各个城市发展角度出发，围绕产业链，形成从研发设计、制造生产到展示销售等完整的产业链，每个城市都能在产业链中找到适合自身的位置，对产业链的提升发展具有重要影响。二是产业布局合理化。产业体系协同发展，要建立合理的产业布局结构，既要推动产业集聚发展，实现集聚效应，又要在空间上实现产业布局的科学合理化。要在都市圈内建立起不同产业的科学合理的空间布局结构，引导区域科学合理开发等。三是产业优势的持续化。产业协同发展，不是基于一时的产业发展优势，而是要建立起持续长久的产业竞争优势。这种优势不会因为某一行业一时的兴衰而导致整个区域一时的兴衰。产业协同发展就是要建立起适合产业协同发展的环境，这种环境是持久的、长期的，不会因为外在改变而发生变化。

二、产业体系协同与都市圈协同发展的关系

在都市圈进入协同发展阶段后，都市圈经济发展面临着继续提升的新要求。而经济发展能否提升的关键在于产业能否实现竞争力的大幅上升。产业体系协同发展可以优化都市圈产业结构，进而推动都市圈产业整体竞争力的提升。产业体系协同与都市圈协同发展的关系主要体现在：一是都市圈协同发展需要在都市圈内构建具有专业化分工的产业集群。集群作为产业调整与整合的重要形式，在产业协同发展过程中起着非常重要的作用，是区域发挥竞争优势必不可少的途径。在都市圈协同发展阶段，分工协作可不断提高劳动者的工作效率，不断降低交易成本和生产成本，促进都市圈产业优化发展。都市圈协同发展的要求，就是要实现都市圈内的城市按照职能分工的要求，专注于最精

通的行业领域，构建行业产业集群，进而通过产业集群的发展，带动都市圈整体竞争力的不断提升。二是都市圈协同发展需要产业在横向和纵向都能实现协同发展，构建竞争性的产业链。产业的横向协同发展，即按照产业集群的理论来形成产业协同发展的机制，进而带来成本的优势和外部效应。纵向产业协同发展是建立产业链，并延伸产业链，在都市圈内调整产业链的合理分工，实现研发设计、制造生产、销售展示等有机联动。这种完整的产业链可以推动产业之间的密切分工合作，降低交易成本，提升产业实力。三是都市圈协同发展需要在产业协同方面建立起创新机制。当前，产业协同发展的成效如何一直是都市圈协同发展能否进一步提升发展的关键，也是都市圈能否实现协同发展的重要难点与障碍。都市圈在由协同发展阶段向更高阶段递进的过程中，需要在产业体系协同方面建立起良好的机制。这种机制可以打破区域行政区划的障碍，让都市圈城市分享产业体系协同效应。因此，从产业体系协同发展与都市圈协同发展的关系中可以看出，产业发展从根本上看是市场经济发展起决定性作用的结果，但政府在产业体系协同发展的机制创新可以有效地破解制约产业体系协同发展的障碍，为都市圈产业体系协同发展提供支撑。

产业是都市圈发展的最主要内容和根本，正是产业的发展和推动，才推动都市圈经济不断向前发展。从产业体系形成的过程看，由于城市与城市之间，产业、企业之间以及企业与其他机构之间必然会存在一定的关联性及互补性，都市圈一旦有某个领域的产业或企业出现，随之与其相关联的原材料、零部件、配套产品、销售等产业环节将加快集聚，进而在都市圈的空间上形成一定的产业分工布局的格局。从都市圈产业发展的历程看，由于不同城市的发展基础、资源禀赋的差异，都市圈内部既存在产业的分工，也存在产业的同质竞争。特别是在当前行政考核的压力下，地方政府为追求本地区域发展，完成经济考核的目标，在产业招商等方面不断进行恶性竞争，使得都市圈呈现产业同质化的趋势。而且都市圈作为大尺度的空间范围结构，产业类型很多，如汽车行业、化工行业、电子信息产业等，不同行业可能在产品结构等方面存在雷同，对都市圈产业一体化发展产生阻碍。都市圈如果在产业发展方面难以实现协同发展，将产生许多负面影响。一是影响都市圈产业整体效益发展水平提升。由于都市圈城市在产业方面的恶性竞争，一些城市遵循产业专业化分工的趋势，不顾自身条件和比较利益，建立起低水平、低竞争力、自成体系的产业结构，导致都市圈内城市间较严重的非理性同构。这种持续恶性的产业竞争影响都市圈产业整体竞争力的提升。二是影响都市圈产业链的构建。都市圈的产业是由不同行业构成，每个行业都有完整的产业链。由于产业链的不同环节对生产要素的组合需求不同，只有将产业链各环节放到最具有与其相匹配的生产要素地区，区域的优势才能充分发挥，都市圈的具有竞争力的产业链才能形成。三是影响都市圈资源要素利用效率。产业发展的主体是企业，企业从事经济活动，追求企业利润是其发展的最终目标。而企业在各类经济活动中，必然要涉及对土地、矿产、人才等资源的利用效率，如果产业无法实现协同发展，将导致要素使用浪费，不利于要素利用效率的提升。产业体系协同发展，就是在实践中不断消除经济发展中的不合理的产业布局与分工、相互之间的恶性竞争以及资源浪费等内耗现象，更重要的在于强化都市圈经济要素的流动和配置效率，扩展都市圈经济发展的空间，带动都市圈经济的整体协调发展。为此，有必要从都市圈的层面，根据各城市的产业基础，建立产业体系协同发展机制。

三、产业体系协同的关键问题分析

在都市圈协同发展阶段，产业体系协同发展关系着都市圈协同发展的经济活力。从都市圈协同发展角度看，产业体系的协同发展需要特别解决以下四个方面问题。一是如何实现在都市圈层面的统一招商统一布局问题。都市圈产业之所以产生同构现象，是由于都市圈各产业在招商等方面存在恶性竞争，都市圈要实现产业体系协同发展，必须在招商机制方面有所创新突破，建立起都市圈层面的统一招商机制，避免因为招商政策的竞争对产业体系协同发展产生阻碍。二是如何明确各城市在都市圈层面的特色产业定位。每个城市在产业发展选择上具有资源禀赋的差别，相应的城市在产业选择上必然有区别。都市圈协同发展对产业协同发展的要求就是要建立起各城市之间的特色产业，明确城市特色产业定位，通过特色产业定位来提升城市专业化发展水平。三是如何建立起园区之间的协作体系。产业体系协同发展落实到具体载体和空间上，就是在空间上将都市圈的各类产业园区平台进行整合提升，通过各类园区平台整合提升，将一些发展潜力的大园区平台进一步做强做大，提升发展能级。将一些低小散，层次不高的园区平台进行整合规并，进一步提升实力等。当前，在产业园区协作上，一些“协作园”“园外园”等模式的合作方式已经出现，但在机制创新上仍需要探索突破。四是如何构建统一的产业发展环境。都市圈要在更大范围内统筹资源、发展产业，需要在都市圈层面建立统一的产业发展环境，如企业税收、土地费等。这种统一的产业发展环境，有利于企业根据自身发展需要，合理选择空间落地实施。

第三节　创新体系协同机理

当前，创新已为推动区域发展的核心动力。当都市圈进入协同发展阶段以后，如何创新、怎么创新、如何打造区域创新体系等都成为都市圈能否进一步提升发展的关键。都市圈协同发展，特别要关注创新协同，要探索如何在都市圈范围内构建创新协同的体制，更好地实现都市圈的创新发展。

一、创新体系协同的概念及内涵

创新是区域经济发展的动力和源泉，对区域竞争力的提升、经济发展方式的转变具有重要作用。国家在“十三五”规划中将创新作为指导今后发展的五大理念之一，明确“必须把创新摆在国家发展全局的核心位置，不断推进理论创新、制度创新、科技创新、文化创新等各方面创新，让创新贯穿党和国家一切工作，让创新在全社会蔚然成风”。都市圈作为区域经济发展的重要空间形态和载体，需要特别强调创新在区域发展中的引领作用，通过大力推动创新发展，促进都市圈整体协调发展。从发展实践看，国内外发展比较成熟的都市圈既是经济相对发达、城市化水平较高的地区，又是创新资源密集、创新能力突出的地区。随着区域一体化、同城化的发展，都市圈在创新能力方面更应该发挥引领和带动作用。国内外许多学者和专家从都市圈创新协同的角度，对都市圈如何实现创新协同进行了研究。潘宏亮（2015）基于协同创新理论、企业升级理论与知识吸收能力理论，构建了都市圈协同创新、知识吸收能力与中小企业升级关系的概念模型。张贵、石海洋、刘帅(2014)以京津冀都市圈为例，为其产业创新网络再造与能力提升进行了研究，提出京津冀产业创新应进行合理的制度安排，在产业和技术方面做出重大新选择，率先实行产业创新综合试验，推行技术扩散创新战略和实施产业创新分工、一体化协作战略等。李琳、龚胜(2015)运用扩展的DEA方法对长江中游城市群协同创新发展状态进行实证研究，揭示了长江中游城市群协同创新度的动态特征和变化趋势。解学梅(2011)在分析协同学原理基础上剖析了都市圈协同创新的内在机理，指出都市圈协同创新系统是不同创新子系统间协同及系统内各要素的相互作用，形成以企业、政府、中介机构、研究组织为序参量的有序集合等。陈诗波等(2015)通过对京津冀城市群科技协同创新研究，提出建立京津冀跨区域科技合作与协调机制，联合共建一批协同创新示范基地等，统筹加强区域科技人才的联合培养与双向交流等对策建议。综上所述，国内学者从协同学的角度对都市圈或城市群的协同创新进行了理论与实证研究。本著作认为，都市圈创新体系协同是在都市圈创新网络基础上，以企业为核心，整合各城市的创新要素资源，通过各创新主体交互作用和协同效应形成的长期稳定协作关系，而且随着这种协作关系的巩固与发展，创新的效应不断向外溢出，进而在都市圈层面形成创新型的都市圈。

二、创新体系协同与都市圈协同发展的关系

随着区域经济发展的日益深入，都市圈已成为主要区域经济组织，其圈内区域的经济主体之间需要进行更多的协同合作。而都市圈协同发展也是要求都市圈内部各成员强化分工合作，通过合理的制度安排，实现都市圈整体协同发展效应。创新体系协同与都市圈的协同发展有着紧密的联系，主要体现在两个方面：一是创新体系协同是都市圈协同发展的核心内容之一。都市圈协同发展，就是将都市圈作为一个区域，将都市圈的发展放在更大的空间尺度上进行研究。都市圈创新体系协同是将都市圈的理论与创新体系理论有机结合，通过将分布于都市圈内部的高等院校、企业、科研机构、中介服务机构等要素科学合理的组合，形成都市圈科技创新网络系统，通过这种创新网络，激发各个网络节

点的创新功能，进而实现区域创新不断突破。二是创新体系协同与都市圈协同发展共同目标相一致。都市圈协同发展是要超越行政区划的影响，在都市圈内部构建合理分工与协调机制，力争使各个城市的优势得到充分发挥。而创新体系协同与都市圈协同发展目标是相吻合的，都是力求在不同行政区划以及不同行业在创新活动的合作与竞争中形成合理明确的分工，并进而形成相互协调，相互促进的机制。特别是对于那些科技资源相对集中的中心城市，如何更好地发挥中心城市在科技创新协同发展的主体作用，也是都市圈协同发展的重要目标导向之一。

三、创新体系协同的关键问题分析

在都市圈的形成发展阶段，都市圈的创新还是孤立的单个城市的创新，创新要素与资源受多种因素的影响还未在都市圈层面更顺畅地流通。此时都市圈的创新是点式的创新，是相对封闭式的创新，创新还未形成网络，一些重大创新平台与载体还未在都市圈层面共建共享。进入都市圈协同发展阶段，由于都市圈协同发展对创新体系建设的要求，构建创新体系协同发展成为都市圈协同发展的重要内容。而在都市圈协同发展阶段，创新体系协同发展需要重点解决以下问题：一是高校、科研院所、政府、中介机构、企业之间的创新体系协同建设问题。企业是创新的主体，是创新体系协同发展的核心要素，对于区域创新能力提升具有决定性的作用。高校作为创新体系协同中的知识创新主体，其作用不可忽视。高校是知识的集聚地，高校也是创新意识和创新成果的源泉，高校不仅可以创造知识，还能通过人才流动，实现知识的扩散。政府是创新体系协同方面的制度设计者，政府可以发挥调控力量，制定有利于创新体系发展的政策。科研机构是开展研究的探索者，科研机构的科研发现可以为创新提供思路。而中介机构作为科技与经济的纽带，可以降低创新活动的运作成本与风险。可以说各类创新主体在创新体系协同发展方面具有各自特殊的地位与作用。然而，从都市圈协同发展阶段来看，由于高校、科研机构与企业生产活动相对脱节，造成产、学、研的协同创新体系之间关系被割裂，因此亟须要构建一种产、学、研密切合作的体系，发挥创新协同作用，实现科研到试验到企业运用等无缝的连接。二是重大科技资源的协同共享机制建设问题。都市圈为推动科技创新，建设了一些大型的仪器共享平台，但由于多方面的原因，许多大型的仪器、实验室还没有在都市圈实现共享。一方面，都市圈内城市在科技资源管理权利、义务和责任等方面没有明确规定，缺乏法律基础。另一方面，这些大型仪器、实验室等也缺乏共享的相关制度和具体运行机制的支持，造成重大科技资源的浪费。三是科技创新溢出协同机制建设。由于都市圈中心城市在科技资源方面具有先天的优势，不仅高校、人才、科研机构等众多，而且科技投入也比较多，相应的中心城市创新活力也比较强。然而由于城市之间在创新方面的竞争，一些城市为防止创新溢出，会在很多方面设置许多障碍，造成创新难以向都市圈其他区域扩散与溢出，形成都市圈周边县市与中心城市的科技创新能力差距越拉越大。并且随着这种差距的增大，都市圈整体创新能力也会受到限制，对都市圈的创新发展起到负面影响。四是创新要素流动协同机制建设。创新体系的协同，归根到底是人才资源协同共享问题。然而由于发展环境、政策环境等不同，人才还未在都市圈内部实现无阻碍的流动。表现在：受制于体制机制的限制，一些在中心城市的高校、科研院所在其他城市设立分校分所的步伐还不快；一些地区对产业的定位不明确，对引进什么人才，如何承接人才缺少研究；人才信息平台也不健全，用人单位与求职者之间在信息上的不对称，也制约了人才的快速流动。五是创新体系协同的顶层设计问题。创新体系协同需要政府发挥搭建平台的作用，要在顶层设计方面创新突破，构建创新体系协同发展的政策与制度。特别是在人才信息平台建设、人才环境优化、人才评价体系建设等方面，需要强化政府的顶层设计。

第四节　生态环境协同机理

生态环境是区域发展的重要生态支撑。经济的发展必须摆脱忽视环境、先污染后治理的老路，要积极探索经济发展与生态环境保护协调一体发展道路。都市圈协同发展，更需要将生态环境的建设，作为都市圈协同发展的重要内容，以期实现生态环境保护与都市圈经济发展同步推进。

一、生态环境协同的概念与内涵

绿色低碳发展正日益成为经济社会发展的主题之一。我国国民经济和社会发展第十三个五年规划中将绿色作为今后我国发展的重要理念，明确提出“绿色是永续发展的必要条件和人民对美好生活追求的重要体现。必须坚持节约资源和保护环境的基本国策，坚持可持续发展，坚定走生产发展、生活富裕、生态良好的文明发展道路，加快建设资源节约型、环境友好型社会，形成人与自然和谐发展现代化建设新格局，推进美丽中国建设，为全球生态安全做出新贡献”。从学术角度看，研究生态环境与都市圈的发展问题正逐渐成为学者关注的热点。张海峰(2005)以山东半岛城市群为例，在对生态环境资源、社会经济发展及其互动关系等进行定性分析的基础上，运用系统动力学的方法研究半岛城市群生态环境与经济的相互关系。陈美玲(2015)以珠三角城市群为例，通过将城市群系统与自然生态系统的类比研究，将城市群视为类生态系统，分析城市个体发展思路，从而揭示城市群系统的自然发展规律等。郭任(2011)以长株潭城市群为例，从系统统筹角度，研究了生态环境与经济发展的协调关系，建立了科学评价城市群环境与经济系统协调发展的综合指标体系等。从以上研究可以发现，学者从都市圈的层面，基于可持续发展的理论，运用生态学的原理，对都市圈经济发展生态环境关系进行了深入分析研究，力求建立起都市圈与生态环境协同发展的体制。本著作认为生态环境的协同发展，是指运用环境学的相关理论，在可持续发展的前提下，推动都市圈内固废、水、空气等的协同化治理，构建都市圈循环发展生态系统，最终实现都市圈经济与生态环境的协调一体发展。

二、生态环境协同与都市圈协同发展的关系

从环境学的角度看，区域的发展要在区域土地、水、资源等生态环境基础上，在最大限度地保护生态环境的基础上，实现区域的可持续发展。从都市圈角度看，由于土地、水、空气等生态环境要素有其自身循环发展的特点，特别是像水、空气等具有动态性、连续性等特点，会随着条件的变化发生空间的移动。

因此，生态环境的协同较经济、产业的协同更加难以受人为因素影响，需要基于其自身客观规律，在维持其生态系统平衡的基础上，推动生态环境协同与都市圈的协同发展同步推进。生态环境协同发展与都市圈协同发展具有以下几方面密切关系。一是生态环境协同发展是都市圈协同发展的最重要依托。从世界城市的发展规律可以看出，只注重经济发展，而忽视生态环境建设的发展模式是一种不可持续的发展模式，最终也要受到生态环境的反作用，丧失发展的动力。都市圈协同发展，需要注重生态环境的协同发展，要将经济发展与生态环境的保护有机结合，充分发挥生态环境对都市圈协同发展的支撑作用。二是生态环境协同发展是都市圈协同发展的重要组成部分。作为跨行政区划的空间形态，都市圈的协同发展要解决跨行政区划所导致的一些协同发展问题。而生态环境的许多要素具有跨行政区划流动的特性，如空气是一种无形的生态环境要素，可以大范围地在空间流动。而都市圈内企业发展过程中，可能会产生废气，对空气的发展质量产生影响，这需要从源头上进行解决和协调。而一些跨行政区划的河流等，也因为经济的发展对水源产生影响，造成流域范围内水质的变差，这也需要通过都市圈协同发展，实现水资源保护的协同。因此，生态环境的协同是都市圈协同发展的重要内容之一，需要在都市圈协同发展中予以特别重视和解决。三是都市圈的协同发展，最终是要实现经济、社会、生态环境协同一体的发展效应。都市圈的协同发展的目标，不是简单的强调经济发展的成果，而是要注重经济、社会、生态环境的一体协同效果。要在实现经济发展速度与质量显著提升，社会文明程度，公共服务发展水平不断提升的基础上，实现生态环境的可持续发展。

三、生态环境协同的关键问题分析

生态环境的保护与可持续发展意识是与经济发展阶段紧密相连的，在经济发展水平不同的阶段，经济主体对生态环境的保护意识还不够强烈，人们过多地关注经济发展。随着经济发展水平的提升，生态环境越来越引起经济主体重视，生态环境的保护进而成为各经济主体发展不可忽视的内容。从都市圈的发展看，都市圈协同发展是都市圈发展的更高阶段，在都市圈发展进入协同发展阶段以后，随着政府、居民、企业等经济主体对经济与生态环境协同发展的认识程度不断提升，其对生态环境的协同发展在认识上基本达成共识。从都市圈协同发展阶段看，生态环境协同发展需要重点解决以下几方面问题：一是生态环境协同发展的机制建设问题。由于生态环境的跨区域特性，生态环境协同发展必须要涉及都市圈内各行政主体。由于各行政主体经济发展水平不同，对生态环境保护的认识也必定有偏差。而且，生态环境的保护大多是需要政府投入大量的财政资金的，对于那些财政收入紧张的县市来讲，这会影响其在生态环境保护上的积极性。为此，在生态环境协同发展上，要注重生态环境协同发展的体制机制建设，力争行政主体在协调基础上，建立起生态环境协同发展的机制，有效地保障生态环境协同发展。二是跨区域环境共保举措创新问题。对于跨区域环境共保机制建设，特别是对跨区域污水治理设施、固废处理设施、管网等基础设施，需要建立起如何投资、如何实施、如何建设、如何运营等方面的环境共保举措。通过这些创新举措，解决环境共保基础设施投融资问题，用地指标配套问题、基础设施正常运营问题等。这些创新举措对实现都市圈跨区域环境共保设施的建设起着重要作用。三是跨区域环境共保联合执法监督机制的建设问题。由于都市圈的生态环境问题是跨区域的，跨区域的生态环境问题会涉及生态环境被破坏后如何联合执法的问题。由于在现今的体制下，环境执法与监督考核体系只针对行政区域范围内的主体，而对跨区的主体在环境受到破坏后如何共同防治和处理还缺少手段与方法。因此，在都市圈协同发展阶段，还要特别注意将都市区的生态环境建设作为一个整体来评价与考核，争取在联合环境执法、环保考核机制等方面建立形成新的机制。当前，一些都市圈已经出现的区域边界联合执法制度、跨区域出境断面水质联合考核制度等都是开展生态环境协同发展的有效实践。四是对生态环境涵养地区的财政转移支付问题。对于那些地处都市圈环境敏感度高的水源地，由于受到生态环境保护的要求，这些相应的都市圈在工业、农业等发展方面受到限制。可以说，在这些地区的居民是为下游的居民特别是流域内的居民做出了牺牲和突出贡献的。因此，在都市圈生态环境协同发展方面，应建立起针对上述地区生态环境财政转移支付制度，弥补生态地区对都市圈区域在生态保护方面的经济损失。近年来，许多地区在水源地地区开展财政转移支付制度，但由于在转移支付的数量大小与生态环境保护方面未建立起明确的制度与机制，导致财政转移制度推动实施力度还不够大。为此，在都市圈生态环境协同发展方面，要创新体制机制，建立起有效的财政转移制度。

第五节 公共服务协同机理

一切发展的最终成果都是为了人民。公共服务作为人民群众感知度最高，与社会和谐度关系最为密切的内容，是区域发展不可忽视的重要组成部分。都市圈协同发展阶段，我们更需要将经济发展的成果有效地转化为人民的现实需求，让人民群众深刻享受到发展的成果。因此，都市圈的协同发展，要特别强调教育、医疗、文化等公共服务水平的同步发展。

一、公共服务协同的概念与内涵

公共服务最早是在早期的发达资本主义国家提出来的，因为经济发展水平较高，公众对政府的服务供给需求也随之提高。大家耳熟能详的北欧国家是推行“全面公平型”的公共服务的典型代表。从目前国内外关于公共服务的研究看，公共服务的基本内容包括教育、科技、文化、卫生、体育、人口、住房、就业等公共事业。都市圈的协同发展，不仅要实现经济领域的协同发展，更要实现社会民生领域的协同发展。在进入都市圈协同发展阶段，都市圈经济发展水平达到了一定的程度，对公共服务需求程度与水平不断提升，进而要求公共服务领域强化协同发展。而公共服务作为全体社会成员必需的、与人类发展关系最为密切的一项服务，与居民的生活发展休戚相关。公共服务协同发展是指基于都市圈经济发展的基础上，从都市圈发展的层面，统筹考虑教育、医疗、文化、体育等各个领域，优化公共服务设施的优化布局、强化公共服务设施供给能力、构建公共服务的共享机制等，最终在都市圈内形成配置合理、结构优化、人人共享的公共服务体系。公共服务协同发展主要有三个特点：一是公共服务设施布局的合理化。公共服务体系协同发展，需要根据都市圈内各城市人口，结合城乡发展基础，在都市圈内科学合理地布局教育、医疗、文化等公共服务设施，使公共服务设施基本满足各个人群的发展需求，不会造成有些人享受不到公共服务设施的问题出现。二是公共服务设施使用的开放共享性。公共服务特别是基本公共服务设施，要达到使每个公民都有权利充分享受其服务的效果。公共服务的效应应该是开放的，也是公民可以共享的，不能因为地区差异而使公民享受公共服务设施有阻碍。公共服务体系协同发展就是要使老百姓共享公共服务效应。三是公共服务标准的统一性。由于经济发展水平差异，在公共服务特别是基本公共服务配置上，各个城市有比较显著的差异。经济发展水平较高的城市，对公共服务投入力度大，相应的居民享受的服务层次和保障水平也较高。而经济发展水平低的城市，由于对公共服务投入少，相应的老百姓享受到的程度也比较低。都市圈公共服务协同发展，就是要争取在都市圈层面，建立起标准统一的公共服务体系供给机制。

二、公共服务协同与都市圈协同发展的关系

公共服务协同发展作为都市圈协同发展的重要内容，越来越成为体现都市圈协同发展落脚点的根本表现。从公共服务协同发展与都市圈协同发展的关系看，两者具有相辅相成、相得益彰的密切关系。主要体现在：一是公共服务协同发展为都市圈协同发展提供了“后方”保障。都市圈协同发展是都市圈发展的高级阶段，在这个阶段，经济、社会、民生等都成为都市圈实现协同发展的关键因素。而公共服务水平的高低是居民感知都市圈变化最直接的体现。都市圈协同发展是否成功，居民是否真正感受到其效应，都需要公共服务协同发展来实际体现。因此，公共服务协同发展是都市圈协同发展重要的保障，只有公共服务实现了协同发展，居民才会更加深入地投入到都市圈协同发展建设中。二是公共服务协同是都市圈中心城市功能扩散的直接体现。中心城市由于发展水平、发展历史的原因，城市功能相对比较完善。而中心城市周边地区，由于经济发展水平与中心城市存在差距，在城市功能培育方面落后于中心城市。公共服务协同特别是教育、医疗、文化等基础设施在都市圈层面的优化布局，有利于推动中心城市功能向外扩散，推动城市功能在面上的延伸，实现都市圈整体城市功能的提升发展。三是公共服务协同发展有利于维持都市圈协同发展的

社会环境。公共服务协同发展可以有效保障广大人民群众的合法权益，促进经济的良性发展，也是推动社会和谐稳定发展的重要基础。通过都市圈协同发展，一方面缓解部分利益冲突，居民减少了信访、上访的频率，社会犯罪率也大大降低，社会矛盾不断减小。另一方面，公共服务协同对社会团体和社会公众产生激励效应，促使其乐意投身到公益事业，对公共服务起到有效的补充作用。

三、公共服务协同的关键问题分析

公共服务协同发展对都市圈协同发展影响作用突出，为此，在都市圈进入协同发展阶段，需要就制约公共服务协同发展的重点问题与关键障碍进行加快推动解决。从公共服务协同发展角度看，在都市圈协同发展阶段，公共服务协同发展需要重点突破和解决的问题主要有：一是教育、医疗等设施的分校分院的建设问题。在推动公共服务协同发展过程中，为合理配置中心城市公共服务设施，一些政府尝试推动高校、医院等在都市圈范围内开设分校分院，通过分院分校的规划建设，实现公共服务配置。然而，由于受高校、医院体制的限制，许多高校、医院在设立分院分所时还存在一定的制约，并且由于这些公共服务设施投资大，地方政府在引进时也存在一定的顾虑。二是公共服务资源无障碍流动。公共服务要实现协同发展，关键在于实现公共服务协同发展的各类要素可以在都市圈内快速流动，最大限度地发挥要素价值。从都市圈发展看，受制于行政区划影响，一些要素流动还存在障碍。以教育、医疗为例，名师、名医等在都市圈范围内开展教学、问诊等还不方便，相应的激励机制也没有建立。因此，公共服务协同发展，要特别注重建立起人才、要素无障碍流动的机制。三是公共服务合作机制建设问题。都市圈范围内的公共服务资源分布是不均衡的，在一些公共服务合作机制上都市圈内的各城市还没有达成共识。如以医疗机构为例，一些都市圈在医疗检查结果互认、为危重病人转诊开设绿色通道、医生在都市圈多点执业、都市圈公共卫生工作联防联控，卫生应急协调机制、重大传染病联防联控机制等方面还没有建立起合作的机制，严重影响公共服务协同整体水平。为此，公共服务协同发展，需要建立起公共服务机构之间深度合作的机制，在各方面开展合作交流，促进公共服务水平的提升。

第六章

都市圈协同发展的保障机制

都市圈进入协同发展阶段后，都市圈经济主体将从经济发展角度出发，围绕都市圈协同发展开展各方面合作，推动都市圈提升发展。都市圈协同发展，不仅需要各经济主体的主动推动意识，而且需要健全的保障机制，保障都市圈协同发展有序推进。从都市圈协同发展保障机制看，科学的规划体系、完善的政策制度、良好的法制环境是推动都市圈协同发展的有力保障。

第一节 规划体系保障机制

都市圈的形成和发展，不仅促进区域空间经济发展形态和城市规模的重组与变化，而且促使了城市规模模式的调整和变化。由于都市圈形成与发展所产生的新问题不断出现，原有的城市规划、区域规划出现了新的问题。为此，我们需要站在都市圈的高度，对区域规划进行重新梳理与编制。在这样的背景下，都市圈规划应运而生。

一、规划体系结构分析

当前国内规划主要有几大类型组成，如图 6-1 所示。一是发展规划。以国民经济和社会发展五年规划为代表，重点是明确区域未来发展定位、方向和思路。二是城镇规划。以城市总体规划为代表，主要是对一定时期内城市性质、发展目标、发展规模、土地利用、空间布局以及各项建设的综合部署和实施措施。三是土地规划。以土地利用规划为代表，根据土地开发利用的自然和社会经济条件，历史基础和现状特点，国民经济发展的需要等，对一定地区范围内的土地资源进行合理的组织利用和经营管理。四是专项规划。其是指从各部门职能出发，编制的各类专业性规划，如交通规划、生态规划、社会事业规划等。

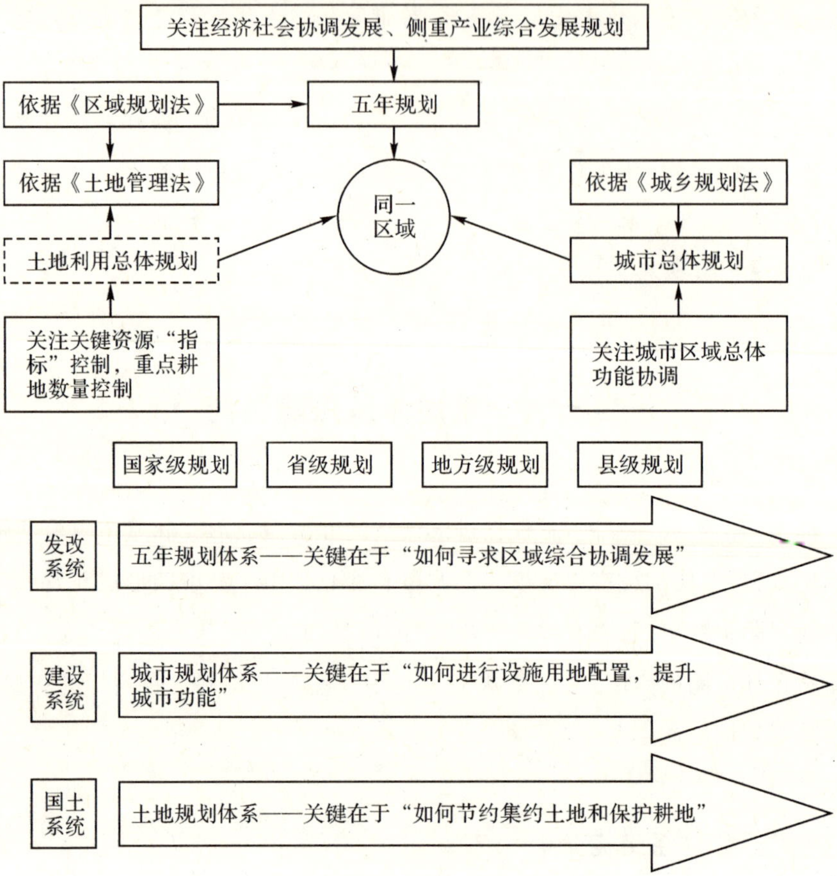

图 6-1　当前“三规”编制和实施监督的“条条”模式图

资料来源：王利、韩增林、王泽宇：《基于主体功能区规划的“三规”协调设想》，《经济地理》2008 年第 5 期。

二、都市圈规划的概念

都市圈规划是基于都市圈范围空间尺度，结合都市圈范围内主要城市的基础与现状，对都市圈今后发展的目标、思路、重点任务、保障举措等提出发展思路，并在此基础上，通过合理安排项目，搭建平台，创新机制等，为都市圈发展提供指导。都市圈规划是一种战略性的空间规划，具有宏观性、综合性、协调性等特点。当前主导开展都市圈规划的部门主要有发改部门和规划建设部门。发改部门侧重从经济社会发展角度，对都市圈今后的发展，提出思路、重点任务、保障举措等。规划建设部门侧重空间发展的角度，对都市圈的范围、空间结构、保障举措等提出思路。由此，形成了都市圈不同的规划编制重点。

三、都市圈规划的特点

相比于传统的区域规划、城镇体系规划、概念性规划等，都市圈规划有其显著特点。

都市圈规划范围是以中心城市为核心，对被影响辐射的范围地区开展整体性的谋划与布局。都市圈规划相较于城市总体规划、区域规划而言，主要从都市圈核心城市出发，对中心城市经济、社会影响和辐射的范围进行规划。其遵循都市区经济优先于行政区经济的原则，以跨越行政边界范围为重点，强调城市间的经济、空间、社会联系等。而城市总体规划是以不跨越行政主体界限为原则，对城市今后的发展进行的规划。区域规划虽然跨越行政区划，但其在范围上并没有侧重某一中心城市或某一范围模式。因此，都市圈规划范围特点相较于其他规划，有着显著的区别。

规划侧重于解决问题而非系统规划。都市圈规划是政府对都市圈发展过程中的在跨行区划方面出现的问题而采取的规划。都市圈的规划，就是由这些问题应运而生的。从都市圈发展看，许多发展问题依然存在着。交通互联的问题、环境保护的问题、产业招商一体问题、城市功能发展错位问题等，这些问题的解决，需要通过都市圈的规划，从宏观上对其今后的破解途径进行规划。而城市规划和区域规划是一套系统规划，有其规划的一套完整体系。因此，相比于这些规划，都市圈规划体系还不够完善，弹性比较大。

规划特别强调协调机制创新。都市圈规划的本质就是以追求区域发展目标的一致性为出发点，探索在都市圈层面建立一种新的协调机制，以有利于不同城市在经济、社会等多个领域开展合作。由于都市圈规划涉及多个城市、多个部门内容，因此，都市圈规划要特别强调协调，特别强调协调机制的建设问题。通过这种协调机制的创新，在一定程度上打破行政壁垒、区划壁垒，实现区域的协同一体发展。当前，都市圈规划当中的一些协调委员会等机制的建设，就是都市圈规划协调机制创新的有力印证。

四、都市圈规划编制体系

都市圈规划是在城市规模编制体系框架基础之上建立的，但又区别于城市规模编制体系框架。从整体而言，都市圈规模编制体系是发展规划体系中的一员，其主要由总体规划与专项规划构成。

都市圈总体规划基于都市圈空间范围，对都市圈今后发展的思路、重点、举措等进行重点谋划。总体规划作为一种宏观性、纲领性的规划，在都市圈规划体系中处于前端地位。通过总体规划，明确今后都市圈的总体目标和阶段目标，提出都市圈今后需着力破解的重大问题，为都市圈今后的发展提供指导。当前我国一些省份已批准实施了一批都市圈总体规划，如国务院批准的《长江三角洲城市群发展规划》《长江中游城市群发展规划》《哈长城市群发展规划》《成渝城市群发展规划》等规划；江苏省批复的《南京都市圈规划》、《徐州都市圈规划》，浙江省批复的《杭州都市经济圈发展规划》等，都属于都市圈总体规划范畴。

都市圈专项规划是在都市圈总体规划的指导下，根据都市圈总体规划的安排，对总体规划中涉及的重点领域和关键问题，开展针对性的规划，以期对总体规划进行有效的补充。从当前都市圈专项规划的编制内容看，其主要涉及的专项规划有都市圈交通专项规划、都市圈产业专项规划、都市圈环境保护专项规划、都市圈水利专项规划等。从整体上看，对都市圈的专项规划并没有明确的界定，只要是政府认为某一规划在都市圈总体规划中是特别需要专项研究与规划的，就可以在都市圈总体规划的指导下，开展专项规划编制。以长株潭城市群为例，在长株潭城市群总体规划编制实施的基础上，长株潭城市群又开展了18个专项规划编制，包括综合交通、湘江流域重金属污染治理实施方案、信息同享、生态建设、水利建设、核心区空间开发与布局、系统性投融资、工业布局、环境同治、长株潭城市群生态绿心地区总体规划、城市群城镇体系、核心区建设管治、“十二五”环长株潭城市群发展规划、湘江流域科学发展总体规划、土地利用、文化产业、旅游发展、城市群国土规划等。通过这种专项规划的编制，对某一领域或某一行业进行深入的专项研究，有利于推动这一领域或这一行业在都市圈的发展。

五、都市圈总体规划的主要内容

由于都市圈总体规划不是一种法律意义上的规划，相对于城市总体规划而言，其没有固定的格式与章节。但是作为一项指导都市圈发展的规划，都市圈总体规划的主要内容基本还是确定的，从已开展的都市圈规划的情况看，都市圈总体规划的内容主要包括以下几块：

都市圈规划的发展现状。这部分内容是开展都市圈总体规划的基础，主要对都市圈经济、社会、文化等发展情况进行全方位的分析评价，这是确定开展都市圈规划的基础条件。也有的规划将当时国内外的宏观发展背景做一个分析，以求契合宏观经济发展形势的变化，对都市圈规划进行整体安排。

都市圈规划的总体目标。这部分内容是对都市圈今后发展目标的总体规划。主要是在都市圈发展现状、发展动力的基础上，对都市圈今后可以达到的目标进行大致的测算，包括经济领域、社会领域、民生领域、体制机制等方面的定量和定性的指标。这些指标即为都市圈今后奋斗的目标。

都市圈规划的主要任务。这部分是都市圈总体规划的重点，由于不同都市圈发展情况不同，相应的在任务的确定上可能有所不同。但从整体而言，都市圈规划的主要任务主要包括：一是都市圈空间范围与结构的确定。都市圈今后形成的空间结构，对都市圈今后的发展影响比较大。在都市圈规划的重点任务中，要明确空间结构的功能组成，形成在空间功能上互补的有机结构。二是都市圈产业一体发展任务。都市圈经济发展的活力在产业。这部分任务重点围绕产业如何共同发展，如何明确思路。三是都市圈基础设施一体发展任务。这部分主要围绕交通、给排水、电信、管网等基础设施，确定建设重点。有的都市圈将交通单独作为一项任务，重点研究交通在都市圈如何构建。四是生态环境一体发展任务。这部分重点围绕生态环境保护，确定规划的重点等。五是公共服务一体发展任务。这部分重点围绕教育、医疗等公共服务领域，确定规划的重点等。六都市圈的规划保障机制。重点围绕如何推动规划的实施，探索一些体制机制的创新任务。最后，有的都市圈规划通过实施和谋划一批重点项目，建立项目库等，实现规划带项目，项目助推规划等。

六、规划对都市圈协同发展的作用机理

显然，在都市圈的发展过程中，规划对都市圈发展起到了很好的指引作用，有力地保障了都市圈向正确的方向发展。在都市圈进入协同发展阶段后，规划的作用越发突出，成为推动都市圈协同发展的重要保障。规划对都市圈协同的保障机制要主要体现在：

规划是都市圈协同发展凝聚思想、集聚智慧的过程。都市圈的发展成效，已经给经济主体注入了“兴奋剂”，刺激和推动各经济主体继续推动都市圈向前发展。在都市圈协同发展阶段，由于发展基础、发展条件、宏观背景已发生了变化，需要在新的阶段，编制实施都市圈规划。而都市圈规划编制过程是各方利益不断调和，共同推进的过程，在规划编制过程中需要征求主要领导、部门、企业、居民、中间组织等各方面的意见。通过规划的编制，将各方面的思想统一，同时，积极吸收各方面对规划编制的意见，充分发挥各方面的智慧，将都市圈规划打造成为集体智慧的结晶。因此，通过都市圈规划的开展，一方面可以起到宣传推广都市圈的作用，另一方面也是统一思想，为今后协同推进都市圈建设做铺垫准备。

规划是解决都市圈协同发展关键问题的重要途径。都市圈进入协同发展阶段，面临的问题和需要完成的任务不同。而规划作为指导都市圈协同发展的方法，可以对都市圈的问题进行深入剖析，找出制约问题的关键所在，并集合各方思维，对都市圈重点任务进行一一破解，提升都市圈协同发展水平。都市圈总体规划和专项规划的编制和实施，促使都市圈在协同发展阶段中探索发展的思路、主要任务和保障举措，为都市圈协同发展提供发展方向的指导。

规划是谋划和实施都市圈协同发展项目的重要依托。推进都市圈协同发展，除了在体制机制方面探索创新外，最能支撑都市圈协同发展的就是项目。通过谋划和实施一批都市圈协同发展的项目，更好地推动都市圈协同发展。在都市圈规划的编制实施过程中，都会将项目作为重要的支撑放在都市圈规划里，这些项目既有属于一个行政区划的项目，也有属于跨行政区划的项目；既有

确定的项目，也有谋划的项目。这些项目作为都市圈协同发展的重要内容，对都市圈的协同发展具有重要影响。都市圈规划是都市圈协同发展项目的重要依托。

因此，规划作为都市圈协同发展的重要保障之一，对都市圈协同发展作用明显，是都市圈协同发展的重要保障。通过规划的编制实施，都市圈协同发展按照正确的方向发展，同时，也推动都市圈协同发展在机制建设、项目安排、落地实施上有创新突破，有力支撑都市圈协同发展。

第二节　政策制度保障机制

政策制度是都市圈协同发展的重要保障。一套适用于都市圈范围的良好的政策制度可以有效地保证都市圈经济主体在公平的环境下从事经济活动。而政府对都市圈政策方面的倾斜，可以是集中资源、财力等举措，以期推动都市圈协同发展更上一个台阶。因此，在都市圈协同发展阶段，合适的政策制度有利于都市圈协同发展向纵深推进，提升都市圈协同发展水平。

一、土地政策保障机理

土地既是一种特殊的重要资源，也是一种基础性资源。土地数量的有限性、位置的固定性表明土地有其差异性。在我国经济还未真正从要素驱动转向创新驱动的发展阶段，土地资源的数量和结构对区域发展影响较大。当前，尽管土地的开发强度在不断提升、土地利用效率也在不断提高，但城市的扩张、工业的发展等对土地需求越来越大，土地越来越成为区域经济发展的重要调控手段之一。特别地，在我国保持 18 亿亩耕地的红线的大框架之下，建设用地的规模与大小对区域作用越发突出。从都市圈层面来看，由于用地指标是以行政区划为单元进行合理分配的，对于都市圈的各行政主体而言，用一平方相当于少一平方。因此，都市圈内的行政主体对项目用地管控比较严格，合理的土地政策可以对都市圈的行政主体在都市圈项目安排上发挥影响。进入都市圈协同发展阶段后,需要土地政策予以重点关注的问题主要包括:一是在都市圈实施一批跨行政主体项目时,由于这些项目是跨行政主体的,涉及占用相关行政主体用地指标问题,如果双方协商可以解决,对推动项目的实施比较有利。相反,如果各自协商不一致,就会导致项目落地实施比较困难。在这样的形势下,就需要土地政策支持。二是对于一些对都市圈发展有重大作用的公益性项目土地指标占用问题。一些公益性项目,由于没有产出,对都市圈行政主体而言有种"得不偿失"的感觉,其就会在项目的落地实施上发挥相反作用。在这样的情况下,也需要土地政策的倾斜支持。上面两个因素需要发挥土地政策对都市圈协同发展的影响。一方面,省级层面要强化对都市圈协同发展用地政策的影响,对于一些跨行政区划的重大项目,用地指标可以由省级层面予以解决,不占用地方用地指标。另一方面,对于在都市圈内的重大项目,可以试点优先列入省级重点项目库,争取省级用地指标等。另外,土地政策的制定,也要充分考虑到市场的供应机制、竞争机制和价格机制,探索建立统一的土地市场体系,促进土地资源流动,提升土地市场的配置效率。

二、财政政策保障机理

区域的发展离不开资金的支持,财政政策在都市圈协同发展阶段对区域的开发有着重要影响。从都市圈来看,经济发展水平好的地区,相应的地方财政实力就比较突出,在都市圈的建设方面的投入也比较大,对都市圈的发展作用力也比较强。而那些经济发展水平低的地区,地方财政实力比较薄弱,在都市圈建设方面的投入力度将会相应减少。从都市圈协同发展角度看,财政政策需要特别关注以下几方面的问题:一是都市圈跨行政区划项目融资问题。作为跨行政区域的项目,如城际铁路、公路等基础设施项目,对于不同行政主体而言,如何投资,投资比例多少成为双方需要集体协商解决的重要问题,也是财政政策需要着力解决的问题。二是都市圈内财政转移支付问题。由于生态环境条件、经济发展基础等的差异,对于一些对都市圈生态环境影响比较大的地区,在重视其发展的同时,特别需要发挥财政政策区域转移支付的作用,以利于这些地区的发展。财政转移支付的总量如何确定,由哪个行政主体推动财政转移支付等都是需要财政政策方面的创新突破解决的。三是税收的收缴比例问题。税收作为地方财政收入的主要来源之一,对地方财政的贡献度非常大。一些地方为发展经济,纷纷对引进企业在税收方面进行优惠。从优惠的地区看,目前的税收优惠主要集在经济特区、经济技术开发区、高新区、工业园等。对于都市圈层面的税收优惠政策还没有明确,这也使得都市圈发展受到一定的影响。因此,在都市圈协同发展阶段,制定哪些税收优惠政策、在哪些区域开展税收优惠政策等,都需要创新财政政策。四是如何引导社会资本参与都市圈协同发展的问题。在当前地方以土地财政为主导的财政体制下,随着国家对土地调控越来越紧,地方财政收入越来越窄,特别需要创新资金来源途径,扩大政府的可用资金。而地方财政可用资金虽少,但社会资金充裕,如何引导社会资本参与都市圈协同发展建设,充分调动社会资本是今后重要的资金拓展渠道。如何引导社会资本参与都市圈协同发展,哪些项目可以让社会资本参与,政府与社会合作模式如何等,都需要发挥财政政策的作用,通过财政政策的引导,实现社会资本有效注入都市圈的发展当中去。因此,从上面几个问题出发,需要加强财政政策的制定,推动都市圈协同发展。一方面,财政政策创新要更多地倾向于如何破解都市圈跨行政区划的资金来源问题,通过财政引导,让政府投资投入到最有利的领域和区域中去。另一方面,财政政策要关注社会资本的引入问题,制定相应的政策,有效引导社会资本参与都市圈协同发展过程,弥补政府资金不足的问题。同时,政府之间要也在税收优惠等方面达成共识,减少在税收方面的恶性竞争,推动都市圈协同发展。

三、人才政策保障机理

在科技进步不断加速的今天,人才已然成为区域竞争力的重要组成部分,区域人才资源的数量和质量在很大程度上决定了区域的整体影响力。对都市圈而言,随着都市圈进入协同发展阶段,都市圈经济面临着转型升级的压力,迫切需要科技创新来驱动经济转型。而科技创新的动力来自于知识,知识的载体是人才,人才政策的好坏对都市圈协同发展阶段能否集聚一批优秀人才至关重要。从都市圈协同发展阶段看，人才政策需要着力解决以下几方面的问题：一是人力资源如何更优质地在都市圈内均衡配置。由于都市圈在人才培养、工资待遇、社会保障、居住生活环境等方面存在很大的差异，区域人才资源分布不均，人才队伍结构性矛盾比较突出。中心城市由于经济发展水平高，居住生活条件有优势，对人才的吸引力相对较强，而一些偏远地区，对人才吸引力比较弱。因此，如何更好地发挥人才政策对人才的引导作用，减弱人才在地区的极化效应至关重要。二是人才体制壁垒如何打破的问题。因都市圈内不同城市功能定位不同，区域内分工与合作机制还未完全建立，人才资源跨地区的自由流动受到限制。以京津冀都市圈为例，由于人才流动机制的限制，如户籍制度、工资福利、社会保障和子女就学等因素，特别是户籍制度限定人口规模的做法，制约了人才在京津冀都市圈内的自由流动，因此要制定超越行政区划限制的人才政策，合理确定适合都市圈人才自由流动的政策，推动人才在都市圈内的自由流动。三是人才政策的针对性问题。可以说当前各级政府都将人才视为重要的战略资源，在人才引进、人才配套环境建设等方面下足了功夫，出台了许多的政策加快人才的引进。但从都市圈协同发展角度看，由于政府在引进哪些人才，这些人才需要什么样的环境，政府能够提供什么样的服务等方面还不明晰，导致其在人才引进上存在盲目性，认为高端、高层次人才就是重点，政策的制定也过于倾向于高端、高层次人才，一些引进的人才很难与地方政府的产业发展相结合，一定程度上这是对政策资源的浪费。基于以上分析，可以看出，人才政策已经成为决定都市圈协同发展提升的重要保障之一，必须将科学合理的人才政策制定摆在都市圈协同发展的重要位置。首先，人才政策的制定要充分考虑都市圈不同城市的发展条件，按照各取所需的原则，力争出台一些适合各类人才在不同城市流动的政策，推动人才在都市圈的合理配置。其次，人才政策也要充分考虑不同城市发展环境，要逐步统一区域内人才培养、人才流动和人才引进政策，在人才评价、户籍管理、资格认定等方面互通互容，不断消除之间差异和壁垒。最后，也要科学制定人才引进与培养相结合的制度，在培养的基础上，引进与区域产业发展、企业发展需要相适应的不同层次人才。

第三节 法制环境保障机制

区域经济的发展仅仅依靠政府的调控或市场经济的自发调节还不能解决区域经济发展的一些问题，只有将区域的发展纳入法制化的轨道，配合法律制度，才能实现区域经济活动在法律许可范围内运行。当前，我国正在大力推动依法治国，在“法无禁止皆可为”的大环境下，要充分发挥法制在区域经济发展中的作用。从都市圈协同发展角度看，在进入此阶段后，经济活动主体之间的利益纠纷不断增多，特别需要健全的法制对都市圈协同发展进行合法化的保障。

一、法制环境与都市圈协同发展的关系

健全的法制体系是克服都市圈各城市间利益冲突的前提条件。都市圈内部的各地政府是都市圈协同发展的独立经济主体，由于区域之间的利益冲突，地方政府之间的关系和矛盾变得越来越复杂。这主要是因为上级政府对地方政府的考核是基于地方政府经济总量和增长速度等方面的，这使得地方政府为追求区域发展，必然会在企业引进、土地开发等方面与周边城市有着激烈的竞争。在这样的恶性竞争下，会造成产业结构相似、土地资源浪费等问题，使得都市圈的整体发展目标与地方发展目标产生偏差，影响到都市圈整体稳定发展。为避免都市圈协同发展无序局面的出现，我们必须依据整体经济运行规则，建立健全都市圈法制体系。在这种法律体系下，都市圈内各城市在遵循中央统一法律规则的前提下，允许各区域在地方立法、具体政策实施等方面存在差异。通过这种法制体系建设，有效地减少城市间的利益冲突。

构建良好的法制环境是都市圈协同发展的客观要求。都市圈协同发展需要一个统一的、完善的法律制度作为保障。近年来，为推动区域发展，克服区域经济发展不平衡问题，国务院出台了一系列的政策来规范和解决上述问题。从整体而言，虽然这些法律、法规和政策原则性很强，但与地方的实际有一定的偏

差,因此在操作层面略显薄弱。为此,必须调动地方政府在参与区域法制环境建设方面的作用。根据我国的宪法和法律规定,省级国家权力机关、省会所在地的市及按照国务院规定的较大市的权力机关有权制定地方性法规,省级人民政府、省会所在地的市及国务院批准的较大的市的人民政府具有地方政府规章的制定权。各地区的权力机关通过制定地方性法规或政府规章,可以有效完善法律系统,弥补国家法律体系的不足,推动法制健全和完善。但是,地方性法规和政府规章都只能在本区域内生效,其他地区则不受其约束和影响。都市圈协同发展是要将都市圈作为一个整体,构建一个统一的发展环境,法制环境也属于统一环境的重要组成部分。而地方性法规和政府规章在都市圈协同发展过程中可能会产生不衔接、不协调的地方,因此,需要构建良好的法制环境,使各项法律法规都能统一运行,以适应都市圈协同发展的要求与方向。

构建良好的法制环境也是约束政府行为,发挥市场在资源配置中起决定性作用的重要保障。建立社会主义市场经济体系一直是我国发展的主要目标之一。当前我国对经济体制进行改革的目标就是要充分发挥市场在资源配置中的决定性作用,从区域经济发展一体化的目标出发,大力破除制约区域经济一体化的体制机制障碍,打破行政垄断,建立完整统一的市场体系。要建立这种自由公平竞争的社会主义市场体制,就需要通过健全的法律体系,维持社会市场经济的发展。我国目前的法律体系是在宪法的指导下,在有关基本法律的基础上形成的以高层为中心的独特的法律体系和机制,其既包括中央立法,又包含地方立法。因此,加强都市圈法制环境的建设,是保障并指导都市圈发展的重要方法。在都市圈协同发展阶段,由于各经济主体对自身定位还不够明晰,导致越权、越位的现象时有发生。政府作为一个重要经济主体,也因为对市场经济发展的认识还存在一定的误差,导致政府的一些行为超越了其职责的范围,对市场经济深入发展产生了阻碍,在这样的情况下,就需要健全的法制环境去约束政府的行为,让其发挥“裁判员”的功能。而市场经济活动中那些不符合法律的行为,将受到健全法律的约束,保障合法的市场行为成为都市圈协同发展的最主要的经济活动。

二、法制环境保障机理

立法协调保障。都市圈协同发展阶段，都市圈法制环境的建设，特别是立法阶段对都市圈统一的法律体系的形成有着重要影响。都市圈的立法是指在都市圈范围内，拥有立法权的主体开展的相关立法活动。都市圈协同发展，需要法制在立法阶段就做到协调一致。具体而言就是要促使拥有立法权的主体在立法活动中相互配合，密切协作，从而实现法律规范相互和谐、法律体系系统完整的目的。立法协调在都市圈协同发展阶段具体表现为：在中央立法的宏观指导下，尽可能地实现都市圈内法制的一体。其次就是在拥有立法权的都市圈行政主体之间，在立法过程中加强协调，解决城市间的法规冲突问题。

执法协调保障。任何法律法规在确定以后，其最终都要落实到执行上，只有法律没有执行是万万不行的。因此，在立法阶段进行协调沟通达成一致后，需要发挥执法机关在法制贯彻实施中的作用。执法机关应该以人为本、依法取得、正确行使其权力，并对其行政行为承担相应的责任。在都市圈协同发展阶段，执法的协调也起着不可忽视的作用。执法的协调具体体现在：一是减少执法冲突。行政执法争议和冲突是现代行政的常态。行政执法的争议和冲突主要发生在一些跨行政区划地区的行政违法案件中，如生产和销售涉及两地或多地的专利违法案件，各地专利行政执法机关都有案件管辖权，很容易导致执法争议和冲突的发生。在这样的情况下，就需要执法保障协调解决。二是减少执法依据冲突。行政执法过程中，行政法律规范就同一事项或同一行为做了不同规定，行政执法机关适用不同的法律规范依据可以做出不同处理决定。由于各行政主体之间利益的驱动和相互之间缺乏充分的沟通，容易造成规范性文件内容的相互冲突，导致执法依据和标准不统一。因此，在执法阶段，通过法律的协调，可以建立都市圈协同层面的有力的执法体系保障。

司法协调保障。司法公正是指司法机关在进行司法活动的过程中力求实现公平、正义的精神，使各因素达到理想、和谐的状态。司法公正是保障法律公平正义的最重要的基础，也是维护法律权威性的有效手段。在都市圈协同发展阶段，由于“行政区经济”还未完全消失，各地区司法机关为维护本地利益，可能会出现通过片面强调地方特殊性等，对不同的经济主体实施不同待遇等司法不公现象，对都市圈协同发展整体效应产生阻碍。为此，在都市圈协同发展阶段，也需要发挥司法机关在司法活动中的作用，按照程度合法，公平公正的原则对待都市圈中的各经济主体。都市圈协同阶段司法协调就是要求司法权适当与政治相分离，不受政府影响。

第七章

国内外都市圈协同发展经验

国内外都市圈发展先行地区，已经在都市圈协同发展方面探索和积累了许多经验。从国外来看，日本在培育和推动都市圈协同发展方面经验丰富，积累了许多成功经验。从国内看，以京津冀协同发展为代表的都市圈培育已效果初显，长株潭城市群协同发展也特色鲜明。为此，为研究都市圈的协同发展，本章特别从国内外两个层面，分析研究都市圈协同发展成功经验。国外主要以日本都市圈为借鉴；国内主要从跨省域都市圈和一个省内部都市圈两个层面，分别借鉴其在都市圈协同发展方面的经验。

第一节 日本首都圈

作为最早研究都市圈的国家，日本学者首先开始了都市圈的研究，形成了日本都市圈规划的一套理论体系。政府也顺应城市发展的潮流，运用都市圈规划的理论对日本城市发展进行指导。目前，日本已经形成以日本首都圈、中部圈、近畿圈三大都市圈。日本首都圈是日本发展最早、经验最为丰富的都市圈之一，为此，有必要研究分析日本首都圈在协同发展方面的经验。

一、日本首都圈的情况简介

日本首都圈是以东京为核心的一都七县。其范围包括东京都、神奈川县、埼玉县，千叶县、群马县、茨城县、枥木县和山梨县，占地面积约 3.6 万平方千米，是日本国土面积的 9.6%。2013 年，日本首都圈内人口达 4354 万，相当于日本总人口的 34.2%，城镇化率超过 80%，GDP 占全国总量的 38%，是日本政治、经济、文化的核心地区。

二、日本首都圈的发展历程

日本首都圈的形成和发展也是经历了从产生、发展到成熟的阶段，按照本著作的研究逻辑，我们将日本首都圈的发展划分为雏形、协调、协同发展三个时期，每个时期的划分如下：

(一)日本首都圈雏形发展时期(1940—1955 年)

自明治维新以来，日本首都东京作为政治、经济、文化的中心，吸引了全国人口、产业的集聚。到 1945 年，日本东京人口就达到 278 万人，以东京为核心的土地开发速度加快并逐步向周边蔓延。在这样的背景下，1950 年，日本出台《首都建设法》，提出以东京为中心，在半径 50 千米的圈域内进行开发和建设，日本首都圈的雏形初现。另外，日本还成立了首都建设委员会，成员包括建设大臣、众参两院议员、东京都知事、东京都议员及学术界代表。该机构制定了一系列东京未来的发展规划，包括东京的绿带以及卫星城市的规划构想。这一时期，日本都市圈形成发展的主要动力在于经济的快速发展。第二次世界大战以后，日本借助美国的援助和美苏冷战的战略时机，加快推动本国工业化进程，一批企业纷纷在东京都市圈范围内集聚，由此带来人口要素等的快速集聚，推动东京都市圈的形成。

(二)日本首都圈协调发展时期(1956—1985 年)

随着人口、产业高度向都市圈集聚，东京发展的“大城市病”问题逐渐显现，为此，日本出台了《首都市圈整顿方案》，提出以东京为中心、在半径 100 千米范围内构建一个“都市圈”。1956 年，政府颁布了《首都圈整备法》，提出将从东京都心向外延伸 100—120 千米、总面积为 2.6 万平方千米，包括东京、神奈川、埼玉、千叶四县的全域，以及山梨、群马、枥木、茨城四县的部分地区。根据《首都圈整备法》，首都圈整备委员会于 1959 年启动第一次首都圈基本规划。此后，日本又在 1968 年 10 月、1976 年 11 月三次对首都圈规划进行修编，推动首都圈各城市协调发展。这一时期，日本都市圈协调发展主要基于以下的原因：一是随着东京地区经济的高速发展，人口、产业等加快向东京地区集聚，造成东京地区的过度膨胀，城市出现无序蔓延的态势。为此，日本通过规划建设卫星城等，推动人口和产业向外围的扩散。二是积极寻求中心城市东京与周边城市的协调发展机制，不断分散中心城市的功能职能，推动城市功能向外拓展，建立多中心的城市结构。三是进一步缩小地区差距，通过协调机制建立，推动区域经济社会的共同发展。

(三)日本首都圈协同发展时期(1986 年至今)

经过前几次的规划调整,日本首都圈与周边城市协调发展进入了新的阶段。但是由于东京强大的经济社会吸引力,东京都市圈集聚效应仍然强大。为改变这一格局,实现与周边区的协同发展,日本政府分别于 1986 年、1999 年制定了第四、五次《首都圈改造基本计划》,其核心要义在于推动经济社会协同发展,将东京城市的功能进一步向周边地区扩散,建立一种多核多圈层的城市结构,改变东京一极集中的局面。2001 年,东京都政府发布了首次由地方政府制定的《首都圈大都市地区构想》,强调了《建资产负债表跨行政府区域协调机制》的重要性,并设立了“首都圈再生会议”,使东京作为“七都县市首脑会议”的常设机构,加强各政府之间的合作。由此,日本首都圈的发展进入了协同一体发展的新阶段。这一阶段,是日本国际化、信息化等高速发展阶段,而且老龄化时代的来临,一定程度上也对首都圈的协同发展造成了影响;这一阶段,日本首都圈协同发展是将首都圈建设成为更具经济活力、充满个性与环境共性、具备安全舒适高品质生活环境的可持续发展区域。

三、日本首都圈协同发展的主要经验

日本首都圈在经过雏形、协调、协同三个发展时期过程中,通过不断探索,在都市圈的发展方面积累了许多的经验。特别是在协同发展阶段,日本更是在吸取前期发展的各类经验教训的基础上,创新性地实施了许多举措,这些都为我国都市圈协同发展提供了经验。

(一)政府强有力的管理推动

首都圈是作为一个横跨若干行政区域的大都市区,之所以能得到快速的培育与发展,与政府强有力的推动实施密不可分。早在首都圈培育形成之初,日本就成立了区域协调机构首都建设委员会。后来,其又改名为首都圈装备委员会,并作为总理府的下属机构,权限不断加强。1974 年国土综合开发厅成立,包括首都整备委员会在内的各地方都市圈整备本部都被吸收进新的国土厅内。并且,国土审议会还特别成立了都市圈整备特别委员会,其成员由都市圈内的各地方政府领导人如县知事、市长,以及企业领导人、大学教授组成,然后成立规划部，由大学教授和企业负责，体现政府与企业、专家之间的协作。通过这种强有力的管理实施机制的建立，首都圈不断调整核心城市与周边城市的关系，使得区域性规划与全国性的规划在政策制定上保持了较好的一致性，在重大项目事实上提供了资金保障和制度保障。同时，首都圈还根据发展的要求，不断调整中央与地方政府的管理权限，推动中央权力的下放，为地方政府提供更多的决策权和自治权，保障首都圈的发展。

（二）科学合理的规划引导

日本都市圈之所以能经历形成、协调、协同不断演进发展的阶段，并在世界城市发展版图中占据重要位置，与其具有前瞻性、科学合理的规划指导密不可分。与西方主要都市圈相比，日本作为中央集权的政府，在首都圈的规划建设中充分体现了“规划先行”的规划建设理念。日本首都圈自培育以来，先后制定了五次规划，每次规划都是基于首都圈发展的国内外发展背景，并针对首都圈规划建设中出现的重大问题，进行有针对性的规划调整。而且，各个规划虽然时间上是不同的，但在规划内容上具有连续性和衔接性。规划调整顺应城市发展规划，呈现由硬性控制向柔化管理的转变态势；根据空间发展规律，积极调整人口和产业空间布局；把握城市建设规律，构建快速化、网络化的交通设施等。

（三）高效便捷的交通网络体系

轨道交通网和快速道路系统是城市密集地区演变为都市圈的重要基础。快速铁路、地铁、轻轨等轨道交通和快速道路系统保障了大都市的运转效率，使都市圈内城市间的通勤成为可能，使远距离的城市间联系更加紧密。日本在首都圈的协同发展过程中，非常重视交通基础设施建设。日本首都圈以交通为突破口，推动中心城市与周边城市的空间连通与可达。日本以轨道交通为重点，在首都圈构建起了立体化、层次化的交通网络体系。日本首都圈拥有全球最为密集的轨道交通网络，轨道交通线网密度为 0.21 千米/平方米，是上海的 3 倍，北京的 7 倍。轨道交通对公共交通的分担率高达 35%。目前，仅仅在东京市内的 23 区，就通有 6 条新干线、12 条 JR 线、13 条地铁、27 条私铁、其他轨道交通线 4 条，共计 62 条。同时，首都圈的轨道交通呈轴线向集中拓展，中心区 15 千米范围以内，以地铁为主，日运送量超过 1000 万人；30－70 千米的近远郊以市郊铁路为主，日运送量超过 2800 万人；70 千米之外以高速铁路为主。日本首都圈这种便捷的交通网络体系，促进了城市之间人流、物流、信息流的流动，对推动首都圈的协同发展起到了支撑作用。

(四)完善的法律法规体系

一个国家或城市，必须有完善的法律法规才能保障各类活动有法可依。日本首都圈协同发展过程，也是相关法律法规不断完善的过程。日本首都圈的建设，得益于法律的保障。1950 年，日本就制定了《首都圈建设法》；1956 年，日本国会又制定了《首都圈整备法》，为首都圈的规划与建设提供了法律依据。其后，日本为推动首都圈的发展，制定了《首都圈市街地开发区域整备法》《首都圈建成区内工业等设施控制的法律》《首都圈市街地开发区域整备法改正》《首都圈市街地开发区域整备法改正》《首都圈近郊绿地保全法》《国土利用规划法》《多级分散型国土形成促进法》等系列法律法规，保障项目的顺利实施。同时，为保证首都圈的实施，日本还制定了多项操作层面的法律，如《城市规划法》《建筑基准法》《土地基本法》等，保障了首都圈规划和建设的严肃性和权威性。

(五)培育各具特色的城市功能

日本首都圈特别注重城市特色功能培育，依据都市圈内部城市发展现状、产业基础、资源条件等，通过合理引导，培育形成不同层次各具特色的城市特色功能。按照城市职能，日本首都圈形成了较为清晰合理的城市功能。如东京中心区，突出强调行政、文化、管理、现代服务等功能；神奈川区域作为突出工业集聚地和国家港湾的职能，发展先进制造、高新技术和现代物流等；埼玉区域作为日本的副都，在居住、生活、商务等功能方面地位不断强化；千叶区域发挥国际空港、港湾、工业聚集地的职能，成为国际物流、临空产业和各类商业的聚集地；茨城南部区域形成以筑波科学城为主体的大学和研究机构的聚集地等。通过这种相对合理的城市分工职能定位，首都圈形成了产业互补、功能互异的城市特色功能，这进一步促进了日本首都圈的发展。

第二节　京津冀都市圈

京津冀都市圈由于空间关系，经济、地理等方面的特殊性，在经济、社会、文化、环境等方面存在内在的联系，形成了一个有密切关系的经济统一体。随着京津冀都市圈的快速发展，区域已经成为我国经济发展版图中的重要战略板块，京津冀都市圈在协同发展方面已积累了许多成功的经验，值得学习和借鉴。

一、京津冀都市圈情况简介

京津冀都市圈是我国目前正在着力打造和培育的都市圈，其基本情况如下：

(一)都市圈的基本构成

京津冀都市圈由首都经济圈概念发展而来，包括北京市、天津市，以及河北省的保定、廊坊、唐山、张家口、承德、秦皇岛、沧州、衡水、邢台、邯郸、石家庄共11个地级市。土地面积21.8万平方千米，占全国的2.3%，人口占全国的7.23%。2014年地区生产总值约为6.65万亿元，占全国10%。

(二)主要城市基本情况

北京市。北京是我国的首都，也是全国政治、文化、国际交往、科技创新中心。区域面积约1.6万平方千米，常住人口约2100万人。全市下辖东城区、西城区、朝阳区、丰台区、石景山区、海淀区、房山区、通州区、顺义区、昌平区、大兴区、门头沟区、怀柔区、平谷区、密云县、延庆县等14个区2个县。2015年，全市实现地区生产总值22968亿元，按常住人口计算，全市人均地区生产总值达到106284元，三次产业结构达到0.6∶19.6∶79.8。从产业占比看，文化创意产业占地区生产总值的比重为13.4%，高技术产业占地区生产总值的22.6%，信息产业占地区生产总值的15.3%，生产性服务业占地区生产总值的52.9%。

天津市。天津是中央四大直辖市之一，距北京137千米，为首都之门户。区域面积约1.2万平方千米，常住人口约1500万人。全市下辖和平区、河东区、河西区、南开区、河北区、红桥区、东丽区、西青区、津南区、北辰区、武清区、宝坻区、滨海新区、静海区、宁河区、蓟县等15区1个县。2015年,全市实现地区生产总值16538.19亿元,按常住人口计算,全市人均地区生产总值达到106972元,三次产业结构比为1.3∶46.7∶52.0。天津工业门类齐全,现已形成电子信息、生物制药、光机电一体化、新材料、新能源、新环保等高新技术产业群。现代服务业加快发展,批发和零售、金融、交通运输、仓储等产业快速发展。

石家庄市。石家庄市是河北省省会,是国务院批准实行沿海开放政策和金融对外开放的城市之一,是河北省的政治、经济、科技、金融、文化和信息中心。区域地处华北平原腹地,北靠京津,东临渤海,西倚太行山,是首都的南大门。区域面积约1.58万平方千米,常住人口约1000万人。全市下辖新华区、桥西区、长安区、裕华区、矿区、藁城区、鹿泉区、栾城区、晋州市、新乐市、正定县、深泽县、无极县、赵县、高邑县、元氏县、赞皇县、井陉县、平山县、灵寿县、行唐县等8区13县(市)。2015年,全市实现地区生产总值5440.6亿元,全市人均地区生产总值达到53529元,三次产业结构比为9.4∶45.0∶45.6。石家庄市已经形成医药制造业、石油化工业、纺织业、钢铁制造业、高新技术产业等支柱产业。

二、京津冀都市圈发展历程

按照都市圈的形成发展过程,京津冀都市圈发展大致经历了三个阶段。

(一)雏形发展阶段(1981—2003年)

在1981年,北京、天津、河北、陕西、内蒙古5省(区、市)率先打破地区分割,成立华北地区经济技术协作会,通过这一机构的运行来解决地区间的物资调配等。这时,有关京津冀都市圈发展的思考初步启动。1981年中央书记处第97次会议做出关于开展国土整治的决定。根据党中央、国务院的精神,1982年国家正式启动京津唐地区国土规划纲要课题研究工作。这时的京津唐地区范围包括北京、天津、唐山、秦皇岛和廊坊市。根据此综合研究和专题研究,提出了京津唐地区发展战略定位、方向、工业和城镇建设的总体布局,以及沿海港口、高速公路、铁路等设施建设框架。1982年,《北京城市建设总体规划方案》中提出了“首都圈”概念。“首都圈”内圈由北京、天津,河北的唐山、廊坊和秦皇岛组成，外圈包括承德、张家口、保定和沧州 4 个与京津邻近的城市。在首都圈概念提出以后，为推动都市圈发展，1986 年，在时任天津市市长李瑞环的倡导下，环渤海地区 15 个城市共同成立了“环渤海地区市长联席会议机制”。此后，随着这一机制不断探索，一批跨行政区划的合作机制纷纷建立。例如 1988 年，北京与河北环京地区的保定、廊坊、唐山、秦皇岛、张家口、承德等 6 地市组成环京经济协作区，建立市长、专员联席会议制度等。1995 年，京津冀城市科学研究会召集来自北京、天津、张家口等城市的专家学者和政府官员，开展学术研讨活动等。

这一阶段，京津冀都市圈的发展主要有三个突出特点。一是京津冀都市圈还处于发展探索阶段，关于其范围、城市构成等内容还处于不断摸索发展过程，京津冀都市圈的城市构成及数量还没有明显界定。二是各类政府搭台形成的跨行政区域的机制对促进京津冀都市圈形成起到了一定的作用，但是，此时的机制还只是停留在协商阶段，还未真正进入实质性推进阶段，这些跨行政区划的机制作用还不够明显。三是市场机制在京津冀都市圈的形成过程中作用还不够明显，都市圈的发展仍带有比较浓厚的政府调控作用。

(二)协调合作阶段(2004—2009 年)

2004 年，国家发展改革委员会地区经济司召集北京市、天津市、河北省暨秦皇岛市、承德市、张家口市、保定市、廊坊市、沧州市、唐山市发展改革部门负责同志，在廊坊市共同召开京津冀区域经济发展战略研讨会，形成了“廊坊共识”，标志着京津冀都市圈进入协调发展的重要时期。同年，国家发改委、商务部及京、津、冀、晋等 7 省(区、市)领导在廊坊达成《环渤海区域合作框架协议》。此次会议商定成立环渤海合作机制的三层组织架构。2004 年 11 月，京津冀都市圈区域规划的编制工作正式启动，其规划范围包括北京、天津两个直辖市和河北省的石家庄、保定、唐山、秦皇岛、廊坊、沧州、张家口、承德 8 个地级市；规划内容涉及各个方面；规划历经 6 年完成，并于 2010 年 8 月上报国务院，但由于各种原因并未批复。2005 年 6 月，京津冀都市圈的发展进入实质性推进阶段，2008 年，京津冀发改委共同签署了《北京市、天津市、河北省发改委建立“促进京津冀都市圈发展协调沟通机制”的意见》。此后三省市高层领导频频互访，例如

2008 年 11 月，时任河北代省长的胡春华带领河北省党政领导代表团赴天津，双方签署了《关于加快经济与社会发展合作备忘录》；2008 年 12 月，胡春华带领河北省党政领导代表团赴北京，双方签署了《关于进一步深化经济社会发展合作的会谈纪要》等。这些高层的互访加强了京津冀都市圈的协调合作，共同解决了一些难点问题。

这一阶段，京津冀都市圈发展主要有三个特点：一是京津冀都市圈由探索发展阶段到进一步实质性的推进阶段，都市圈的成员就深化合作、推进协调达成共识。二是政府在推进都市圈协调发展方面仍然发挥着重要推动作用。特别是都市圈内部各主要城市的高层互访，进一步推动了京津冀都市圈的协调发展。三是市场较好地发挥了调节作用。虽然表面上看，政府层面在都市圈的协调发展中起到了突出作用，但其背后，是市场机制调动了政府积极性，可以说这一阶段是市场与政府双重作用的结果。

"廊坊共识"要点

1. 加强京津冀区域协调发展符合区域内各方利益，是提高区域整体竞争力的迫切需要，也是推进区域经济一体化进程的必然选择。

2. 京津冀区域经济合作取得了一定成效，但在协调发展中还存在体制、机制、观念等方面的障碍，必须予以突破。

3. 京津冀区域协调发展应坚持市场主导、政府推动的原则，在平等互利、优势互补、统筹协调、多元发展的基础上循序推进，逐步形成良性互动、竞争合作的区域发展格局。

4. 建立京津冀发展改革部门的定期协商制度，加强信息沟通，研究区域发展中的重大问题并提出对策建议，积极发挥组织协调作用。

5. 尽快建立京津冀省市长高层定期联席会议制度，议定合作重大事项，制定促进共同发展的区域政策和重大措施；联合设立专门的协调机构，落实省市长联席会议确定的任务。

6. 启动京津冀区域发展总体规划和重点专项规划的编制工作，统筹协调区域发展中的基础设施、资源环境、产业布局、城镇体系等相关问题。

7.共同构建区域统一市场体系，消除壁垒，扩大相互开放，创造平等有序的竞争环境，推动生产要素的自由流动，促进产业合理分工。

8.联合开展港口、公路、铁路、机场等交通设施建设，逐步构筑联系各地的快速交通通道，形成现代化区域交通体系。

9.协调区域内重大生态建设和环境保护等问题，联合开展水资源的保护与合理利用。

10.积极引导和支持区域内行业及企业间的经贸、技术合作，共同举办京津冀一体化论坛、经贸合作洽谈及招商引资活动。

（三）协同发展阶段（2010年至今）

2010年以来，随着市场经济的快速发展，京津冀都市圈进入了协同发展新阶段。首先突出表现在：一是政府对京津冀都市圈发展规划的重视。2010年8月，《京津冀都市圈区域规划》上报国务院，京津冀都市圈范围包括北京、天津两个直辖市和河北省的石家庄、保定、唐山、廊坊、秦皇岛、沧州、张家口、承德8地市；2011年，我国《国民经济和社会发展第十二个五年规划纲要》中，提出“打造首都经济圈”。“京津冀一体化”“首都经济圈”的概念写入国家“十二五”规划。为配合京津冀都市圈的协同发展，2010年10月，河北省政府《关于加快河北省环首都经济圈产业发展的实施意见》正式出台，提出了在规划体系等6个方面启动与北京的“对接工程”；2014年1月，北京市《政府工作报告》提出，落实国家区域发展战略，积极配合编制首都经济圈发展规划，主动融入京津冀城市群发展。二是国家高层对京津冀都市圈的高度重视。习近平总书记高度重视京津冀协同发展，主持召开京津冀三地协同发展座谈会，将京津冀协同发展上升为国家战略，并对三地协作提出七项具体要求。同时，习总书记还就京津冀协同发展多次做出重要批示，时刻关注京津冀都市圈发展进程。李克强总理也高度重视京津冀都市圈发展，并将“加强环渤海及京津冀地区经济协作”写入2014年重点工作。三是都市圈内部成员的密切合作与联系沟通。例如河北省与北京签署了《共同打造曹妃甸协同发展示范区框架协议》《共建北京新机场临空经济合作区协议》《共同推进中关村与河北科技园区合作协议》《共同加快张承地区生态环境建设协议》《交通一体化合作备忘录》《共同加快推进市场一体化进程协议》《共同推进物流业协同发展合作协议》七项协议;天津与北京签署了《贯彻落实京津冀协同发展重大国家战略推进实施重点工作协议》《共建滨海一中关村科技园合作框架协议》《关于进一步加强环境保护合作的协议》《关于加强推进市场一体化进程的协议》《关于共同推进天津未来科技城京津合作示范区建设的合作框架协议》《交通一体化合作备忘录》等。

这一阶段,京津冀都市圈发展有三个显著特点:一是京津冀都市圈进入协同发展阶段,以规划为引领的京津冀协同发展的效应更加明显,特别是一系列规划编制实施为都市圈的协同发展提供了前提条件。二是京津冀都市圈的发展被纳入国家战略层面予以打造。随着国家对都市圈发展的日益重视,京津冀都市圈协同发展已被纳入国家战略层面加以打造,在国家战略意志的推动下,京津冀协同发展各类问题加快得到解决。三是市场机制发挥了更加积极主动的作用。虽然政府在京津冀协同发展方面发挥了关键角色作用,但由于市场经济的发展,推动了政府间的交流与合作,促进了政府更好地发挥调节功能。

三、京津冀都市圈协同发展经验

京津冀都市圈的协同发展具有中国都市圈典型发展的特征,它的一些发展举措、机制创新等对我国都市圈协同发展具有重要参考价值。因此,我们在研究京津冀都市圈发展基础上,对京津冀都市圈协同发展的经验进行总结梳理。

(一)建立了强有力的实施推进机制

行政区划分割问题是制约都市圈协同发展的关键问题,推进都市圈的协同发展,需要构建超越行政区划的强有力的实施推进机制,推动都市圈的协同发展。为推动京津冀协同发展,国务院成立了京津冀协同发展领导小组及相应办公室,中共中央政治局常委、国务院副总理张高丽担任该小组组长。领导小组从国家层面开展对京津冀协同发展的顶层设计,协调解决制约京津冀都市圈的协同发展的难点和障碍。北京市为推动京津冀协同发展,也相应成立了区域协同发展改革领导小组,由市常务副市长担任组长,小组办公室设在市发改委,并专门针对京津冀协同发展,设立了 9 个专项工作组;天津市为推动京津冀都市圈协同发展,成立了天津市京津冀协同发展领导小组,由市委书记任组长；河北省为推动京津冀都市圈协同发展，也在机构方面做了相应的调整，将原来的“环首办”更名为“河北省推进京津冀协同发展工作领导小组办公室”。这种在更高层面建立的京津冀都市圈协同发展推进机制，有利于更深层次地统筹协调京津冀都市圈在协同发展方面的各类问题。另外，这种超地方色彩的领导小组，可以发挥政府在推进都市圈建设中的积极作用，更好地指导京津冀都市圈的发展。

北京设立9个专项工作小组

1. 行政副中心工程建设工作小组。部门由市规划委、市国土局、市重大办、通州区等部门组成。

2. 人口调控工作小组。部门由市发改委、市教委、市公安局、市人力社保局等部门组成。

3. 教育和培训机构功能疏解工作小组。部门由市教委、市人力社保局、市国资委等部门组成。

4. 医疗机构功能疏解小组。部门由市发改委、市财政局、市规划委、市住建委、市卫计委等部门组成。

5. 城乡规划工作小组。部门由市发改委、市经信委、市国土局、市环保局等部门组成。

6. 交通一体化发展工作小组。部门由市发改委、市经信委、市国土局、市规划委、市住建委、市交通委等部门组成。

7. 产业协同发展工作小组。部门由市发改委、市经信委、市农委、市商务委等部门组成。

8. 生态环境保护工作小组。部门由市发改委、市经信委、市环保局、市市政市容委等部门组成。

9. 综合政策研究工作小组。部门由市委研究室、市发改委、市政府法制办、市政府研究室等部门组成。

(二)推动京津冀都市圈的发展上升至国家战略层面

京津冀都市圈协同发展之所以能得到快速推进，与其将都市圈的发展上升至国家战略层面予以打造密切相关。在没有上升至国家战略之前，京津冀都市圈各城市还是坚守自己“一亩三分地”，产业、交通、生态等协同推进还没有进入实质性的阶段。随着习近平总书记亲自批示京津冀区域协同发展上升为国家战略，京津冀都市圈协同发展进入了快车道。从国家战略层面来推动京津冀的协同发展，对区域有着特殊的意义。首先，这可以进一步强化京津冀都市圈在北方经济版图的核心地位，使其成为参与国际竞争与合作的重要平台，有力地提升区域国际地位与影响力。其次，进入国家战略层面，可以通过国家意志的决策，助力实现区域城市的合理分工，打造特色功能。最后，进入国家战略层面，可以解决一些跨行政区划的难题和障碍，有助于区域协同快速发展。

(三)形成了一套规划体系

科学的规划是保障都市圈发展的重要前提。为推动京津冀都市圈的发展，规划编制与体系建设方面有重大突破。京津冀都市圈已经编制或再编《京津冀都市圈区域规划》《京津冀协同发展规划纲要》《“十三五”时期京津冀国民经济和社会发展规划》等总体规划。为配套总体规划，京津冀都市圈也相继编制完成了《京津冀协同发展生态环境保护规划》《京津冀协同发展交通一体化规划》《京津冀及周边地区工业资源综合利用产业协同发展行动计划(2015—2017)》《京津冀协同发展水利专项规划》《京津冀商贸物流发展专项规划》《京津冀城际铁路网规划》《北京、天津、石家庄市市域(郊)铁路网规划》《津冀沿海港口协同发展规划研究》等专项规划。整体而言，京津冀都市圈今后将形成以总体规划和专项规划构成的科学的规划体系。规划体系的建立对于更好地规划和指导京津冀都市圈的建设，推动各类功能协同发展起到了重要的作用。

(四)明确主要城市功能定位

都市圈进入协同发展的重要标志就是城市的特色功能定位更加彰显。京津冀都市圈就其协同发展探索问题，在规划层面就初步明确了都市圈内各主要城市的功能定位。京津冀都市圈主要由北京、天津和河北省三大省市组成，京津冀都市圈整体功能定位是“以首都为核心的世界级城市群、区域整体协同发展改革引领区、全国创新驱动经济增长新引擎、生态修复环境改善示范区”。都市圈内各省市结合自身发展特色，形成了特色功能定位。其中，北京市今后要打造“全国政治中心、文化中心、国际交往中心、科技创新中心”，天津市要打造“全国先进制造研发基地、北方国际航运核心区、金融创新运营示范区、改革开放先行区”，河北省要打造“全国现代商贸物流重要基地、产业转型升级试验区、新型城镇化与城乡统筹示范区、京津冀生态环境支撑区”。特色功能定位的明确，为京津冀都市圈今后产业发展、要素配置、区块开发等提供了目标。今后各城市的发展将在错位协同发展前提下，有机地选择适合自身特色功能定位的发展重点，有选择地发展。

(五)探索尝试一批试点示范

开展试点示范是检验都市圈发展成效的有效探索。京津冀都市圈在协同发展方面，积极开展相关试点示范工作，以期对能否在都市圈范围内推广示范进行检验。主要试点示范体现在两个方面：一是在领域上，范围比较广。例如开展北京新机场临空经济合作区改革试点，推进北京与河北共建曹妃甸协同发展示范区，开展生态文明先行示范区、绿色发展示范区建设等。在交通领域，积极推进京津冀重点城市公交“一卡通”互联互通、汽车电子标识、货物多式联运和公路甩挂运输等试点工作。在生态环保领域，开展环首都国家公园试点，探索开展跨区域排污权交易、环境污染第三方治理等工作。在产业领域，鼓励京津冀国家级开发区共建跨区域合作园区或合作联盟，鼓励和推动中关村在天津和河北建设科技成果转化基地。二是在市县开展同城化试点。例如开展社会保障、医疗卫生等方面同城化试点；开展土地、财税金融、对外开放等方面试点等。这些试点的先行尝试，可以为探索都市圈协同发展路径提供“试验场”，将那些有显著成效的经验在更广范围推广。同时，也可以有效避免不适宜在都市圈范围内推广的举措。这些对于促进京津冀都市圈协同发展，起到了很好的助力作用。

四、京津冀都市圈协同发展的成效

经过多年的培育，京津冀都市圈协同发展在交通、产业、环境等方面取得了显著成效。

在交通协同发展方面。天津港集团与河北港口集团组建“渤海津冀港口投资发展有限公司”,推动两省市在港口发展方面的协同前进;一批“断头路”全面实现通车,京港澳高速河北段拓展工程全面完成,京昆高速“涞水至北京西南六环段”通车等;一批跨境交通线路加快建设,京津城际延伸至滨海新区中心商务区,津保铁路即将通车运行,京昆、京台等多条高速公路即将建成通车;成立了京津冀城际铁路投资有限公司,河北高速 ETC“京津冀旅游畅行卡”正式发行等。

在产业协同发展方面。京津冀都市圈加快产业对接步伐,北京与河北共建曹妃甸协同发展示范区;北京推动中关村示范区、亦庄开发区与津冀合作共建大数据走廊。据国家统计局北京调查总队统计,2014 年,北京搭建产业疏解合作平台 30 个,推进产业疏解项目 53 个,中关村企业在天津、河北累计设立分支机构 1532 个;天津加快推进未来科技城、京津产业新城等 12 个承接平台建设,全年引进北京项目 538 个。河北从京津引进资金 3757 亿元,占引进省外资金总量的 51%。国资委和河北省还举办了央企对接活动,工信部也举办了产业转型对接活动等。京津冀都市圈还加强了技术合作,据国家统计局北京调查总队统计,2014 年,北京输出到津冀的技术合同共 3475 项,输出到津冀的技术合同成交额 83.2 亿元。

在生态协同发展方面。京津冀都市圈加快生态共保力度,三省市制定了 2015—2017 年植树造林实施方案;三省市联合开展大气污染治理,并将山东、河南毗邻河北部分区域纳入京津冀大气污染防治范围;三省市联手推进森林防火和林业有害生物联防联治等一系列生态项目建设,积极开展生态环境信息共享;三省市还构建水资源统一调配管理平台,实行水量联合调度;河北与北京联合建设延怀盆地国家级生态湿地保护区等。

在民生协同发展方面。通过推动京津冀都市圈协同发展,社会民生领域取得了显著成效。例如医疗保险领域的创新,河北燕达医院已纳入北京市新农合定点医疗机构,北京市推进燕达医院与天坛医院、安贞医院合作等。通信信息一体化,三大电信运营商自 8 月 1 日起对北京、天津、河北的手机用户在京津冀区域内拨打京津冀电话(固话和手机),取消长途和漫游通话费,按本地通话规则收取费用,对京津冀的手机用户在京津冀区域内接听电话取消漫游通话费等。在教育方面,石家庄与天津市签署了《现代职业教育合作框架意向协议》,与北京签署了《教育合作框架协议》,并实现了合作建设大学等。

第三节 长株潭城市群

一、长株潭城市群情况简介

长株潭城市群位于我国中部地区,是中部地区较早开展都市圈培育和发展的地区之一。长株潭城市群的基本情况如下:

(一)城市群的基本构成

长株潭城市群是以长沙、株洲、湘潭三市为核心,辐射周边岳阳、常德、益阳、衡阳、娄底五市的区域。面积 9.68 万平方千米,占全省的 45.8%。2015 年,作为长株潭城市群核心层的长株潭地区实现地区生产总值 12548.34 亿元,拉动全省经济增长 3.9 个百分点,占全省的比重由 2011 年的 42.31%提高到 2015 年的 43.20%。

(二)主要城市的基本情况

长沙市。简称长,别称"星城""潭州",是湖南省省会,国家首批历史文化名城,国家综合配套改革试验区之一,国家级两化融合试验区之一,也是湖南省政治、经济、文化、交通、科技、金融、信息中心。长沙地处湖南省东部偏北,湘江下游和长浏盆地西缘。东西长约 230 千米,南北宽约 88 千米,全市土地面积 1.1819 万平方千米,其中城区面积 1909.86 平方千米。全市下辖芙蓉区、天心区、岳麓区、开福区、雨花区、望城区 6 个区,长沙县、宁乡县 2 个县,代管浏阳市 1 个县级市。2015 年,全市实现地区生产总值 8510.13 亿元,人均生产总值 11.5443 万元,全市城区面积达到 336.25 平方千米,城市常住人口达到 743 万人,全市城镇化率达 74.38%。在工业发展方面,长沙市已经形成以工程机械、汽车、食品、材料为代表的四大优势产业,以新能源与节能环保、电子信息、生物医药和轨道为代表的四大新兴产业，以电力装备、花炮、家电、服饰为代表的四大传统产业共同支撑的长沙工业体系。

株洲市。古称建宁，位于湖南省东部偏北，湘江下游，东接江西省萍乡市、莲花县、永新县及井冈山市，南连省内衡阳、郴州二市，西接湘潭市，北与长沙市毗邻。株洲市辖天元区、芦淞区、荷塘区、石峰区4区，株洲县、攸县、茶陵县、炎陵县4县，代管县级醴陵市，此外设立有云龙示范区。全市总面积11420平方千米，其中市区面积542平方千米，常住人口400.05万人。2015年，株洲市地区生产总值实现2335.11亿元，株洲市常住人口城镇化率为62.1%。在工业方面，株洲市已形成了以轨道交通、汽车制造、有色冶炼、基础化工、纺织服饰、食品医药、陶瓷等产业为支柱的工业体系，被誉为“中国电力机车之都”，是亚洲最大的有色金属冶炼基地和硬质合金生产研发基地，是江南最大的铁路货车、航空发动机生产基地，全国制造业信息化重点城市，国家新材料成果转化及产业化基地，国家新型工业化装备制造产业示范基地，国家两化融合试验区。

湘潭市。简称潭，因盛产湘莲而别称“莲城”，又称“潭城”，是湖南省重要的工业、科技和旅游城市。全市下辖湘潭县、湘乡市、韶山市、雨湖区、岳塘区五个县(市)区，总面积5006平方千米，总人口300万。湘潭城区面积168.21平方千米，建成区面积79.2平方千米。2015年，湘潭市实现地区生产总值1703.10亿元，三次产业结构7.7∶57∶35.3，城镇化率达58.6%。在工业方面，已经形成精品钢材及深加工、汽车及零部件、电子信息、先进装备制造业及新能源装备制造等四大产业。

二、长株潭城市群发展历程

长株潭城市群培育起步较早，发展也比较快。根据长株潭城市群的发展阶段特点，笔者将长株潭城市群划分为起步探索、协调合作、协同推进三个阶段，每个阶段都有发展的不同特点。

(一)起步探索阶段(1981—1996年)

1982年底，湖南省政协委员张萍以提案形式提出“把长沙、株洲、湘潭从经济上联结起来，逐步形成湖南的综合经济中心，建立长株潭经济区”。这一提案当时得到很多代表赞同。其基本目的是通过各种渠道，发挥工业中心、科技中心、金融中心、贸易中心、情报中心和服务中心等综合功能的作用，带动全省经济发展。1984 年 11 月，湖南省委常委会议讨论了《关于建立长株潭经济区的方案》，形成了《关于建立长株潭三市经济区的问题》的会议纪要，正式启动了长株潭经济区的建设。纪要中对长株潭经济区的定义是“它不是一级行政层次，而是打破行政区划，把横向的经济联系用网络联结起来的经济联合体”。1984 年底，湖南省政府设立长株潭经济区规划办公室及长株潭经济技术开发协调会议制度。湖南省还先后召开了三次市长联席会议和十二个行业的经济技术协调会，筛选出了需要联合开发的十大工程，包括建立三市资金拆借市场、实行票据的同城交换、在三市对重大项目组织银团贷款、开通三地间公交车等。

此阶段长株潭城市群发展的主要有三个特点：一是长株潭城市群的概念还未真正形成，更多的是把长株潭城市群作为一种经济的联合体，从更广范围经济层面研究长株潭城市群在全省龙头带动作用。二是政府间的合作共识意愿还不够强烈。受制于观念、经济发展水平等方面的制约，省级层面已意识到合作发展的良好效果，但都市圈内部层面还未真正达成共识。三是市场机制还未真正发挥作用。作为都市圈发展最大动力的市场机制，还没有在长株潭城市群中发挥突出作用，更多的是政府发展导向。

(二)协调合作阶段(1997—2004 年)

1997 的 3 月，湖南省委省政府主要领导主持召开了长株潭三市领导和省直有关部门领导参加的“长株潭座谈会”。会议提出加快发展优先区域带，只靠长沙这一点还不够，要从经济的角度放大这一点，以长沙为中心，进一步突出长株潭城市群的作用，把长株潭建成湖南经济发展的核心增长极。1998 年，成立了以省委副书记为组长的长株潭经济一体化协调领导小组，领导小组办公室设在省计委，并确定按照“总体规划引导，基础设施先行”的思路和方针，由省计委牵头组织省直有关部门编制推进长株潭经济一体化的五个规划，即交通同环、电力同网、金融同城、信息共享、环境共治。长株潭城市群协调一体发展成为湖南经济社会发展的重要方面，进入省级层面决策视野。

此阶段长株潭城市群发展的主要有两个特点：一是省层政府对长株潭城市群发展的高度重视。在前期长株潭城市群发展停滞的环境下，省级政府层面重新认识到长株潭城市群发展的重要意义，从省级决策层面推进都市圈的发展。二是初步形成了长株潭城市群协调发展基本思路，即优先开展相同基础性规划研究，组织编制都市圈专项规划。

（三）协同推进阶段（2005 年至今）

2005 年 8 月，《长株潭城市群区域规划》编制完成，并以省政府正式文件的形式发布，规划明确提出"六个一体化"（区域布局一体化、基础设施一体化、产业发展一体化、城乡建设一体化、市场体系一体化和社会发展一体化）和"新五同"（交通同网、能源同体、信息同享、生态同建、环境同治）的目标。规划被省政府以正式文件形式发布，这是长株潭协同一体发展中重要的区域规划，也是我国内地第一个城市群区域规划。同时，长株潭城市群被列为国家"十一五"规划。2006 年 6 月底，第一届长株潭三市党政领导联席会议在长沙举行。长株潭三市签署了《长株潭区域合作框架协议》《长株潭工业合作协议》《长株潭科技合作协议》《长株潭环保合作协议》等，一系列的协同发展一体化举措开始筹划。2006 年 11 月，在湖南省第九次党代会上，省委书记张春贤明确提出，要大力推进长株潭交通同网、能源同体、信息同享、生态同建、环境同治，着力构建现代产业体系、物流体系和市场体系，努力把长株潭城市群建设成为重要的现代装备制造及高新技术产业基地、现代物流基地，打造在全国较具影响力和竞争力的现代城市群。2007 年，长株潭城市群又获批国家两型试验区。2008 的，国务院批准《长株潭城市群资源节约型和环境友好型社会建设综合配套改革总体方案》及《长株潭城市群区域规划（2008—2020 年）》。此外，省委省政府又下发《长株潭城市群两型社会建设改革试验区改革建设的实施意见》《关于加快长株潭试验区改革建设全面推进全省两型社会建设的实施意见》《"十二五"环长株潭城市群发展规划》《新型城镇化实施纲要》等政策和规划，大力推动长株潭城市群协同一体发展。

此阶段长株潭城市群的发展主要有四个特点：一是全面协同发展达成共

识。在经济快速发展的背景下，长株潭三市对都市圈协同发展的认识越来越深入，对协同一体发展意愿非常强烈。二是国家战略与省级战略的双重叠加。长株潭城市群协同发展进入了国家战略层面，在国家战略与全省战略双重推动下，各项协同发展有机展开。三是相继出台系列的规划。为推动都市圈协同发展，省级层面出台了一系列的规划政策，为都市圈协同发展提供指导。四是市场更好地发挥了动力作用。市场作为无形之手，在长株潭城市群的协同一体发展中更好的发挥着推动作用，促进三市之间经济社会更好的协同一体发展。

三、长株潭城市群协同发展领域

从 2005 年开始，长株潭城市群协同发展已经有十多年的时间，从长株潭城市群协同发展实践看，主要有六个方面的协同内容。

(一)区域布局协同

2000 年，世界银行完成《长株潭城市群发展战略研究》，在此基础上，湖南省编制了《长株潭城市群区域规划》，对长株潭城市群区域布局协同目标进行了明确。突出表现在两个方面：一是区域布局更加突出整体。长株潭城市群规划跨越行政区划限制，对区域“3＋5”八市进行整体谋划布局。二是强化集约高效。结合主体功能区划，将都市圈核心区长株潭三市规划为禁止开发区、限制开发区、重点开发区、优先开发区四类，明确各功能重点。为推动长株潭城市群区域布局协同，在长株潭三市设计“绿心”，作为三市乃至全省的战略性资源，严格加以保护。

(二)交通设施协同

长株潭城市群在协同发展方面，非常重视交通设施优先发展，积极推动交通设施协同发展，基本形成了以城际铁路、地铁、公路、公交等多方式交通网络连接。在城际铁路建设方面，长株潭城市群规划打造以长沙为中心，三市交通时间在 30 分钟以内的城际铁路网。在地铁建设方面，其加快地铁成网，目前长沙的 1 号线、2 号线已开通运营，3 号线、4 号线、5 号线等正加快建设，到 2020 年基本可以完成主体工程。在公路建设方面，其积极打造“九纵九横”的长株潭城市群快速道路网。同时，长株潭城市群积极打通了长株潭三市之间的 9 条“断头路”。在公交方面，长株潭三市规划了 17 条跨行政区划的公交线路，长沙市地铁和公交卡实现相互通用。

（三）环境建设协同

长株潭城市群将生态环境保护作为区域共同发展目标，积极推动生态环境共保。2006 年出台《长株潭环境同治规划》，以及共同的产业环境准入与退出机制，在省里组建专司三市环境监测的执法大队，设置对三市政府环境同治的考核指标等。长株潭三市还实行区域大气联防联控，三市 PM2.5 监测信息同步发布，并共同出台《长株潭区域大气 PM2.5 源解析工作实施方案》和《长株潭城市环境空气质量预警预报工作方案》。长株潭三市还建立了城乡环境同治的机制，共同维护城乡环境。同时，为实现三地交界处生态环境保护，三市还在交界地区设立 522 平方千米的生态绿心，实施《生态绿心地区总体规划》《生态绿心地区保护条例》等，将 30 多项具体保护职责落实到长株潭三市人民政府和 12 家省直单位。长株潭城市群还积极争以资金，争取 1.72 亿美元世行贷款，建成 142.6 千米的长株潭湘江风光带。

（四）产业发展协同

长株潭地区为积极推动产业协同发展，2002 年颁布实施《长株潭城市群产业一体规划》，2005 年向国务院上报《2004—2010 年长株潭老工业基地改造规划纲要》，2006 年制定湖南省国有经济布局结构调整规划和 50 个重点产业集群组织结构调整方案；2007 年，长沙、株洲、湘潭、衡阳被整体纳入国家老工业基地，享受东北老工业基地振兴的相关政策；2008 年，长株潭被纳入国家六大综合性高技术产业基地；2009 年编制《长株潭城市群工业布局规划》等。在国务院批复的《长株潭城市群区域规划（2008—2020 年）》，明确三市产业发展重点，即长沙市重点发展工程机械、株洲突出轨道交通设备制造、湘潭突出风力发电设备制造。2015 年，三市还成立了产业一体化协调会，培育了互联网＋、节能环保、影视传媒、生物医药、轨道交通等一批特色园区。

在产业创新方面，长株潭城市群积极探索协同创新模式，加快推动创新驱动发展。据统计，长株潭三市集聚了全省 70％以上的科研机构、70％以上的创业创新平台、60%以上的高新技术企业，创造了全省70%的科技成果，实现全省60%以上的高新技术产业增加值，形成了独具特色的“自主创新长株潭现象”。2014年12月，国务院批准建设长株潭自主创新示范区。

（五）对外开放协同

长株潭城市群将开放发展作为带动都市圈参与国际竞争力的重要途径。2014年9月，长株潭城市群就开展通关一体化的改革试点，“长株潭”企业可按照经营单位注册地、货物进出境地（转关作业所在地）自主选择接单现场，据此确定报关单申报口岸，并自主选择通过湖南e速通综合数据服务平台完成报关单远程申报、信息查询等作业；同时，企业可申请在企业所在地实施查验；企业凭霞凝港监管场所辅助管理系统的电子放行信息办理货物出场手续，无须申领纸质放行条。这意味着，长沙、株洲、湘潭的企业在三地任何空运、海运港口进出口货物，都可以自由选择申报、纳税和查验放行的地点，告别以往在属地和货物进出境口岸之间奔波带来的不便。2014年4月，湘潭综合保税区正式封关运行，将推动三市外贸货物的高效通关，降低物流成本和资金周转成本。长株潭城市群还从产业、用地、金融等多个方面积极复制上海自贸区经验。

（六）市场体系协同

从金融市场看，长株潭城市群积极探索金融系统的电子化、网络化、一体化。2010年起，三市银行业金融机构对区域内非跨行个人存取款业务按照同城业务处理，不收取异地手续费。三市企业可以异地开立经常项目外汇账户，在服务贸易、收益、经常转移项下异地办理对外支付。人民银行长沙中心支行积极推进三市货款一体化，启动了长株潭金融电子结算综合服务系统建设。

从人才市场看，长株潭三市共同制定《长株潭三市2004—2011年区域人才发展规划》，签订《长株潭三市人才中心合作协议》。2007年，省委组织部牵头召开了三市人才工作联席会议，并且湖南人才市场还跻身国家级人才市场。

从土地市场看，2010年9月，湖南省政府办公厅出台《关于推进长株潭房地产市场一体化的意见》，明确长株潭三市统一市场准入标准、统一市场监管模式、统一产权登记体系和统一市场诚信体系。长株潭三市房地产企业可以跨区域从事商品房、经济适用房、公租房的开发建设和棚户区改造，工商登记、土地供应等享受同城待遇。三市住房公积金缴存人在区域内异地购房，可在购房地申请个人住房公积金贷款。

(七)公共服务协同

长株潭城市群积极推动公共服务协同发展。在教育方面，三市已基本建立教育资源优化发展机制，重点打造“两型”职业教育园区，统筹职教资源，三市职业教育基地、园区公共服务设施建设、实习实训，以及师资力量，均实现统筹考虑与使用共享。例如湘潭筹建昭山中学拟引进长沙市雅礼中学合作办学等。在医疗卫生方面，长株潭所有三级以上医院实行医学检验、影像检查结果互认，诊疗信息在三市医院之间可畅通流转。2012 年省级医疗机构和三市医疗机构试点发行的居民健康卡，可实现跨机构、跨地区就医及全国通用诊疗“一卡通”。在社保方面，长株潭建立多层次基本医疗保险政策体系，开展新型农村社会养老保险试点，三市实现基本养老保险制度城乡居民全覆盖。长株潭城市群还成为民政部现代城乡社会救助体系建设试点区，建立城乡低保资金投入自然增长机制，实现城乡低保应保尽保。在就业方面，长株潭城市群基本建成市、县(市)区、街道(乡镇)、社会(行政村)四级就业服务工作网络，打造“20 分钟就业圈”，逐步实现劳务用工“信息互享、技能互培、权益互维”的常态合作机制和一体化就业平台。

四、长株潭城市群协同发展经验

长株潭城市群经过多年的培育和发展，在都市圈的建设领域形成了许多值得借鉴的经验，这些经验对我国推动都市圈协同发展具有重要的参考价值。

(一)积极推动将都市圈建设上升至国家战略层面予以实施

湖南省在培育长株潭城市群的过程中，特别注重高能级平台打造，积极推动都市圈建设上升至国家战略层面。2007 年之前，长株潭城市群是作为省级战略层面加以推动实施的。此后，湖南积极推动长株潭城市群上升至国家战略层面。2008 年，国务院批准《长株潭城市群资源节约型和环境友好型社会建设综合配套改革总体方案》和《长株潭城市群区域规划(2008—2020 年)》,长株潭城市群建设上升至国家战略层面,进入体现国家意志综合实践层面,成为体现国家重大发展战略部署的重要组成部分。通过国家战略的传导,长株潭城市群建设进入国家、省联动推进发展阶段,成效可想而知。

(二)省级层面建立强有力实施推动机制

长株潭城市群推进能卓有成效,与其强有力的省级层面的组织协调机制密切相关。长株潭为推进都市圈的建设,成立了长株潭经济一体化协调领导小组,组长由省长担任,下设办公室,在省发改委。各市成立了相应机构,建立了以省垂直协调为主导的工作机制。每年召开高规格的会议,研究协调重大事项,形成了省市合作、部门联动、社会参与的工作机制。同时,还成立了书记任顾问、省长任主任的领导协调委员会,下设正厅级的办公室,负责研究、规划、协调、实施、推进、考评、宣教等职能。

(三)积极主动地构建部省合作共建机制

长株潭城市群在建设过程中,就积极主动地与国家相关部委和高校保持紧密联系沟通,积极争取国家相关部委和高校的政策支持,争取国家部委、央企把先改先试的平台放在长株潭。目前,长株潭城市群已与 40 多个国家部委及高校、70 多家央企建立了合作共建关系。在部省合作这种机制下,长株潭城市群先后成为国家自主创新示范区、湘江新区、“宽带中国”长株潭、耕地土壤生态修复、节能减排财政政策综合示范等国家试点。

(四)突出发挥规划的引领作用

都市圈的发展,需要首先发挥规划的引领作用,以规划统领一体化建设。长株潭城市群非常重视规划的编制,在 2000 年就编制完成了《长株潭城市群发展战略研究》《长株潭城市群区域规划》等系列规划。长株潭规划上升到国家战略后,按照两型社会建设要求修编《长株潭城市群区域规划》。另外,其还结合推进实施需要,编制 12 个专项方案和 19 个专项规划,市、县编制具体的规划和方案,形成完善的规划体系。同时,长株潭城市群还建立了空间动态监控系统,加强对区域规划实施、跨区域重点项目建设的监督。

(五)让人民群众分享都市圈成效

都市圈协同发展最终成果是让人民可以从都市圈协同发展中获得实在效益。长株潭城市群在协同发展方面,特别重视人民群众的获得感。在教育、医疗、社保、通信等领域推出了一批实实在在的发展举措,让老百姓充分感受到了都市圈协同发展带来的实效。根据测算,2014 年,长株潭城市群全面小康社会实现程度分别达到 95%、91.6%、87.7%,排在全省前 3 名。在这样的背景下,人民群众才会更加自觉地投入都市圈的协同发展过程当中去。

第八章

杭州都市圈协同发展实践

杭州都市圈是浙江省着力打造的四大都市圈之一。杭州都市圈的形成和发展与区域自然地理形态、经济社会发展等众多因素密切相关。随着浙江省对都市圈发展的重视，都市圈作为一种优化浙江空间结构体系的组织形态，越来越引起省级政府重视。在全球经济一体化深入发展大背景下，杭州都市圈从形成、协调发展阶段，进入协同发展新阶段。为此，有必要从杭州都市圈的形成与发展过程出发，分析杭州都市圈协同发展机理，为政策制定提供决策参考。

第一节　杭州都市圈的基本情况

本书研究对象为杭州都市圈。杭州都市圈由一个省会城市、三个地级市及其下属的城镇体系组成。本部分将对杭州都市圈基本情况做简要介绍。

一、杭州都市圈的情况简介

杭州都市圈位于浙江省北端、长三角南翼，是长三角城市群的重要组成部分，如图 8-1 所示。杭州都市圈是以杭州为中心，联结湖州市区、嘉兴市区、绍兴

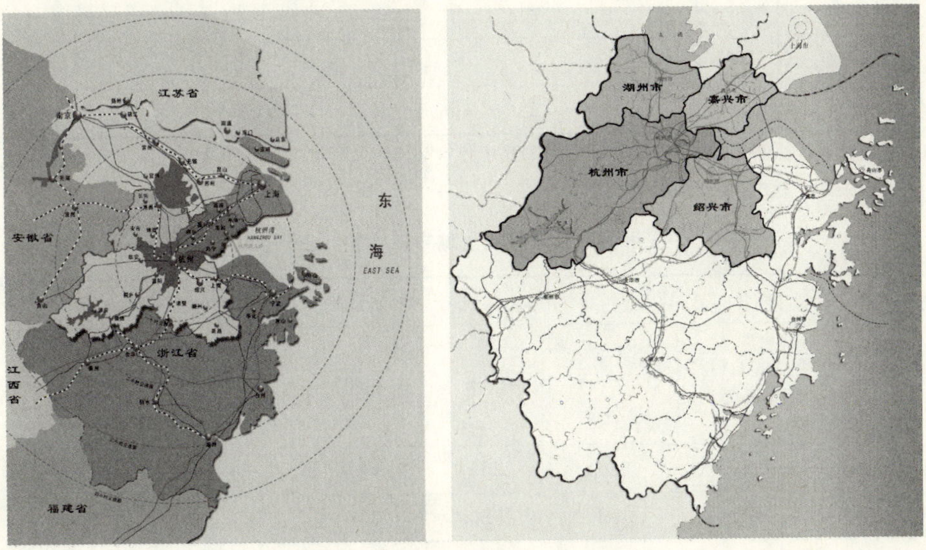

图 8-1　杭州都市圈区位及范围图

市区三个副中心，包括萧山区、余杭区、杭州市域五县市及德清、安吉、海宁、桐乡、诸暨、绍兴柯桥区等与杭州相邻的6区、县(市)，如表8-1、8-2所示。杭州都市圈城镇体系中，其有省会城市1个，地级市3个、县级市14个、市辖区17个。区域总面积34585平方千米，占全省的33.97%，2014年杭州都市圈实现生产总值18775.75亿元，占全省的比重为46.8%，如表8-3所示。

表8-1 杭州都市圈研究范围的构成单元

城市	区县
杭州	上城区、下城区、西湖区、江干区、拱墅区、滨江区、萧山区、余杭区、富阳区、临安市、桐庐县、建德市、淳安县
湖州	吴兴区、南浔区、德清县、长兴县、安吉县
嘉兴	南湖区、秀洲区、嘉善县、平湖市、海盐县、海宁市、桐乡市
绍兴	越城区、柯桥区、上虞区、诸暨市、嵊州市、新昌县

资料来源：《2015年杭州统计年鉴》《2015年湖州统计年鉴》《2015年嘉兴统计年鉴》《2015年绍兴统计年鉴》。

表8-2 杭州都市圈行政区划构成

城市	地级市	县	县级市	市辖区	乡镇(街道)
杭州	—	2	2	9	190
湖州	—	3	—	2	69
嘉兴	—	2	3	2	73
绍兴	—	1	2	3	118
总计		8	7	16	450

资料来源：《2015年杭州统计年鉴》《2015年湖州统计年鉴》《2015年嘉兴统计年鉴》《2015年绍兴统计年鉴》。

表8-3 杭州都市圈地级以上城市基本统计资料(2014年)

城市(市、区)	人口		土地面积(平方千米)		地区生产总值	
	总人口(万人)	人口密度(人/平方千米)	全市	市区	地区生产总值(亿元)	常住人口的人均生产总值(元)
杭州	889.2	536	16596	4876	9206.16	103813
湖州	263.78	453	5820	1565	1956	66917

续表

城市（市、区）	人口		土地面积（平方千米）		地区生产总值	
	总人口（万人）	人口密度（人/平方千米）	全市	市区	地区生产总值（亿元）	常住人口的人均生产总值（元）
嘉兴	348.14	889	3915	968	3352.6	73462
绍兴	443.04	—	8276	2942	4265.83	86135

资料来源：《2015年杭州统计年鉴》《2015年湖州统计年鉴》《2015年嘉兴统计年鉴》《2015年绍兴统计年鉴》。

二、杭州都市圈主要城市的基本情况

(一)杭州

杭州是浙江省省会和经济、文化、科教中心，长江三角洲中心城市，国家历史文化名城和重要风景旅游城市。杭州市地处长江三角洲南翼、杭州湾西端、钱塘江下游、京杭大运河南端。全市辖上城、下城、江干、拱墅、西湖、滨江、萧山、余杭、富阳9个区，建德、临安2个县级市，桐庐、淳安2个县。共有190个乡镇(街道)，其中乡23个、镇75个、街道92个。全市总面积16596平方千米，其中市区面积4876平方千米。2014年，全市常住人口889.2万人，其中城镇人口667.79万人，常住人口密度为每平方千米536人。全市户籍人口715.76万人。2014年，杭州实现生产总值9206.16亿元，常住人口人均生产总值103813元，按年均汇率折算为16891美元；财政总收入1920.11亿元，其中地方一般公共预算收入1027.32亿元；三次产业结构比为3.0∶41.9∶55.1。杭州经济总量位居全国省会城市第四(次于广州、成都、武汉)、副省级城市第五(次于广州、深圳、成都市、武汉)、全国大中城市第十。杭州服务业发展迅速，2014年，杭州服务业实现增加值5067.9亿元，对GDP增长贡献率为54.1%，杭州已有国家现代服务业产业化基地、国家高技术服务产业基地、国家电子信息产业基地、杭州国家软件产业基地等20多个国家级服务试点和基地，金融、文化创意、电子商务、零售业、现代物流、旅游业等特色优势明显。工业方面，2014年杭州实现工业增加值3426.42亿元，其中高新技术产业增加值占规上工业比值达到39.1%，生物医药、装备制造、电子信息、纺织服装等工业行业竞争优势突出。

(二)湖州

湖州地处长三角中心区域,是沪、杭、宁三大城市的共同腹地,是连接长三角南北两翼和东中部地区的节点城市,离杭州75千米、上海130千米、南京220千米。湖州是一座有着100万年人类活动史、2300多年建城史的国家历史文化名城,也是环太湖地区唯一因湖而得名的江南城市。全市辖吴兴、南浔两区和德清、长兴、安吉三县,共有69个乡镇(街道)。全市总面积5820平方千米,户籍人口263.78万人,人口密度为每平方千米453人。2014年全市实现地区生产总值1956亿元,按户籍人口计算人均GDP为74332元,折合12101美元,按常住人口计算人均GDP为66917元,折合10893美元;全市实现财政总收入295.7亿元,其中地方财政收入167.8亿元;三次产业结构比例为6.2∶51.2∶42.6。工业特色鲜明,规模以上工业实现增加值700.6亿元,形成先进装备产业、特色纺织产业、绿色家居产业、金属新材产业、生物医药产业、新能源产业六大特色产业。

(三)嘉兴

嘉兴市位于浙江省东北部、长江三角洲杭嘉湖平原腹心地带,是长江三角洲重要城市之一。东临大海,南倚钱塘江,北负太湖,西接天目之水,大运河纵贯境内。市城处于江、海、湖、河交会之位,扼太湖南走廊之咽喉,与沪、杭、苏、湖等城市相距均不到百千米。全市陆域东西长92千米,南北宽76千米,陆地面积3915平方千米,其中平原3477平方千米,水面328平方千米,丘陵山地40平方千米,市境海域4650平方千米。全市下辖南湖区、秀州区两个区,嘉善县、海盐县两个县,平湖市、海宁市、桐乡市三个县级市。共有乡镇(街道)73个。2014年,全市户籍人口318.14万人,人口密度为每平方千米889人。2014年,全市实现生产总值3352.6亿元,按常住人口计算人均生产总值73462元,按平均汇率折算为11959美元;全市财政预算收入收入568.09亿元,其中公共财政预算收入307.07亿元;三次产业结构比例为4.3∶54.1∶41.6。工业基础比较扎实,全市工业增加值1633.84亿元,占全市生产总值48.7%,已形成了包括先进制造业、电子信息、先进装备制造、新能源、时尚产业等特色优势产业。服务业发展迅速,科技服务、现代物流、文化旅游等发展迅速。

(四)绍兴

绍兴市位于浙江省中北部、杭州湾南岸。东连宁波市,南临台州市和金华市,西接杭州市,北隔钱塘江与嘉兴市相望,陆域总面积355.9平方千米。绍兴市区面积2942平方千米,至2014年年末,全市建成区面积为319.5平方千米,其中市区建成区面积202.2平方千米。全市下辖越城区、柯桥区、上虞区三个区,诸暨市、嵊州市两个县级市,新昌县一个县。共有乡镇(街道)118个。2014年,全市户籍人口443.04万人,市区人口217.7万人。2014年,全市实现生产总值4265.83亿元,GDP总量居全省第4位,人均GDP按常住人口计算为86135元,按年平均汇率6.1428折算为14022美元,人均GDP列全省第4位;财政总收入546.34亿元,其中公共财政预算收入317.27亿元;三次产业结构比例为4.6∶51.9∶43.6。绍兴工业实力雄厚,工业增加值达到1924.93亿元,已经形成生物医药、节能环保、先进装备制造、新能源产业、新材料产业、新兴信息产业等六大战略性新兴产业,纺织产业、机械产业、化工产业、轻工食品四大传统产业的工业行业结构。创意设计、总部经济、金融保险、现代商贸等现代服务业快速兴起。

第二节 杭州都市圈形成机理分析

杭州都市圈作为浙江省区域板块的重要组成部分,其形成、发展与浙江省自然、经济、社会、人文等因素密不可分。本节主要从基础条件、动力因素、保障支撑等三个方面,研究杭州都市圈形成与发展机理。

一、基础条件支撑机理

与国内其他都市圈一样,杭州都市圈的形成过程是与自然生态条件和历史文化条件密不可分的。相似的自然生态环境、一脉相承的历史文化渊源,共同促成了杭州都市圈的形成,成为杭州都市圈形成的重要基础条件。

(一)自然条件

杭州都市圈位于长江三角洲经济圈南翼,以杭州为中心联结湖州、嘉兴、绍兴三市。从地理地形看,杭州都市圈四个地市自然地形相似。杭州都市圈位于浙北平原,浙北平原面积约为 1.25 万平方千米,由杭嘉湖平原和宁绍平原组成。其中杭嘉湖平原地面是东、南高而西、北低的以太湖为中心的浅碟形洼地,平原上水网稠密,河网密度平均 12.7 千米/平方千米,为中国之冠。杭嘉湖平原从地质上看,表层沉积物以细颗粒泥沙(细粉沙、黏土)为主,属河流湖泊堆积物,其南缘属潮滩相沉积物,土质粗而疏松,地面缺少湖泊,水系变稀,地形相对高亢。宁绍平原是浙江东北部一片东西向的狭窄海岸平原,这里水网密集,地势平坦,与杭嘉湖平原紧密联系。从气候特征看,杭嘉湖绍地区位于亚热带季风区,四季分明,雨量充沛。全年平均气温 17.8℃,平均相对湿度 70.3%,年降水量 1454 毫米,年日照时数 1765 小时。夏季气候炎热,湿润,冬季寒冷,干燥。春秋两季气候宜人。这种优越的自然地理环境,使得这片土地自古就成为人口集聚、经济繁荣之地,是中国历史上久负盛名的鱼米之乡,富甲天下。

(二)历史文化

杭嘉湖绍四市历史文化一脉相承。杭州是国家首批命名的历史文化名城,以"东南名郡"著称于世。自秦时设县治以来,已有 2200 多年历史。距今 5000 多年前的良渚文化被史界称为"文明的曙光"。杭州曾是五代吴越国和南宁王朝两代建都地,是我国七大古都之一。杭州古称钱唐,隋开皇九年(589)废钱唐郡,置杭州,杭州之名首次在历史上出现。在文化上,杭州以西湖文化、运河文化、钱塘江文化为代表。秦汉时融合越文化与吴文化,魏晋隋唐时融合佛教、道教文化,南宋时融合中原文化和皇家文化,元明清时吸收伊斯兰教、基督教文化。

嘉兴市历史源远流长,秦始设县,三国吴时建州府,先后称禾兴、嘉禾、嘉兴,并筑子城,为历代州府衙署所在地。嘉兴文化灿烂,为中国江南文化的发源地,早在六七千年前,先民们就在此孕育了长江下游太湖流域早期新石器文化的代表——马家浜文化,是中华民族古老文明的源头之一。同时,嘉兴运河文化历史悠久,大运河嘉兴段的开凿历史,最早可追溯到春秋时期。公元前 482

年，越王勾践开挖越水道(今崇长港)，是嘉兴境内最早有确切记载的运河。

湖州市具有两千多年历史。春秋战国时期，春申君黄歇徙封于此。隋仁寿二年(602)，置州治，以滨太湖而名湖州，湖州之名从此始。湖州是中国蚕丝文化、茶文化、湖笔文化的发祥地之一，也是运河文化的重要组成部分。

绍兴市历史悠久，人文荟萃，文化底蕴深厚。公元前490年始建，为越国都城；公元前221年，改设会稽郡；公元605年，会稽郡易名为越州；南宋时两次成为陪都，公元1131年，越州升为绍兴府。绍兴素有水乡、桥乡、酒乡、书法之乡、戏曲之乡、名士之乡的美称。

二、内在动力促进机理

杭州都市圈发展的动力主要有城市化的推进、中心城市经济发展水平的提升和中心城市工业企业的搬迁等。

(一)城市化的发展

杭州都市圈的形成，与浙江省城市化的进程紧密联系。研究杭州都市圈的形成，需要研究浙江省城市化的进程，浙江省城市化进程大致可以分为三个阶段。

第一阶段从1978年到1998年，以自发发展为主的城市化稳步较快发展阶段。党的十一届三中全会以后，以家庭联产承包责任制为核心的农村经济体制改革，大大解放了农村劳动生产力。1984年10月，国务院下发了《关于农民进入集镇落户问题的通知》，允许农民自带口粮进镇务工经商，并要求有关部门在各方面给进镇农民以帮助。这一措施大大促进了小城镇的发展。同时，体制机制改革的突破释放了经济发展活力，浙江乡镇工业和中小企业快速发展，为农村富余劳动力向城市的转移提供了就业机会和发展空间，大批农村富余劳动力向城市集聚，有力推动了浙江工业化的发展，也为城市化的发展提供了支撑。此后，随着市场经济的不断发展，区域块状经济和专业市场建设带动城市的发展，浙江小城镇得到快速发展，大量农民进入城市和小城镇，出现大量的城镇暂住人口。1985年12月，浙江省政府下发《关于加强小城镇建设的决定》，提出要积极发展小城镇，适当扩大镇的管理范围和权限，加强管理、多方支援。1991

年，浙江省委、省政府提出“搞好小城镇和乡镇工业小区建设，加快农村工业化步伐”“在主要城镇建设几个有特色的、设施功能比较完备的农产品批发市场”；1992 年，提出“以小城镇为依托，实现乡镇工业大提高、第三产业大发展、农村劳动力大转移”，并决定在全省开展“撤区扩镇并乡”；1994 年，提出在世纪末建成 100 个现代化小城镇，并使一批基础好的小城镇发展成为中小城市；1996 年，提出要搞好城镇体系规划的制定工作，不仅要规划到城市、集镇，还要规划到乡村。在小城镇调整发展的过程中，原有“村村点火、户户冒烟”的分散格局得到一定程度的改善，一批中小城市的设施配套和社会服务功能进一步增强。同时，农村生产力的提高，也加快了土地规模经营的扩大，使更多的农村剩余劳动力从土地上释放出来，加入流动人口的行列，进一步加快了浙江城市化的发展。1978—1998 年这一阶段，浙江城市化水平从 1978 年的 14.5%上升到 1998 年的 36.7%，年均提高 1.11 个百分点，明显高于前 29 年的年均水平。伴随着浙江城市化的发展进程，杭州都市圈内的小城镇得到快速发展，逐步与中心城市在经济发展上建立起比较紧密的联系，为杭州都市圈的形成奠定了基础。

第二阶段从 1999 年到 2005 年，以政府推进为主的城市化持续快速提升阶段。这一阶段，从国家发展看，随着改革的深入推进和市场经济体制的不断完善，经济社会处于快速发展阶段。同时，为推进经济社会发展，国家采取了一系列的政策推进城镇化的发展，如 2000 年 7 月中共中央、国务院发出《关于促进小城镇健康发展的若干意见》。2000 年 10 月中共中央在关于“十五”规划的建议中提出，随着农业生产力水平的提高和工业化进程的加快，我国推进城市化条件已渐成熟，要不失时机实施城镇化战略。为了加快城镇化，2001 年 5 月国务院批转的公安部《关于推进小城镇户籍管理制度改革的意见》等，积极推动城镇化的发展。在这样的背景下，浙江省也积极推动城市化的发展。1998 年 12 月，中共浙江省第十次党代会根据浙江经济社会发展阶段性变化的要求，做出了“要不失时机地推进城市化进程”的重大战略决策，制定了全省城市化发展纲要。1999 年 10 月，国务院批准同意实施《浙江省城镇体系规划（1996—2010 年）》，这是全国第一个被批准实施的省域城镇体系规划。1999 年 10 月 27 日—29 日，浙江省城市化研讨会在杭州召开，省委书记张德江号召全省“探索有浙江特色的城市化道路”。1999 年 12 月，浙江在全国率先制定了《浙江省城市化发展纲要》。《纲要》旗帜鲜明地提出"强化杭、甬、温等中心城市功能,积极发展中小城市,择优培育中心镇,完善城镇体系,走大中小城市协调发展的城市化道路",部署了加快城市基础设施建设、调整优化产业结构、大力发展社会事业、加强城市运行管理、改革体制和完善政策等工作。2000年,省委、省政府印发了《关于加快城市化若干政策的通知》,在户籍、土地、投融资等方面出台了一系列配套政策。2002年全省城市化工作会议召开,政府先后对实施城市化战略做出了一系列部署。2005年,《浙江省统筹城乡发展推进城乡一体化纲要》阐明了城乡发展的统筹理念,并提出几点具体的措施。此后,全省为推动城市化发展,在户籍制度、土地使用制度、就业制度、行政区划调整、投融资体制、社会保障制度等方面加大了改革力度,出台了一系列配套政策,加快了城市化进程。全省城市化水平从1998年的36.7%上升到2007年的57.2%,年均提高2.28个百分点,比前一阶段提高1倍多。在政府主动推动城市化进程的过程中,杭州都市圈也加快培育的步伐,特别是中心城市杭州发展规模、经济总量显著提升,对周边区域辐射带动作用显著增强。杭州都市圈中的杭州、嘉兴、湖州、绍兴等城市在经济和社会发展中逐渐居于主导地位。

第三阶段从2006年至今,以市场为主,政府协同推动的内涵发展阶段。2006年,时任省委书记的习近平同志在全省城市工作会议上提出,要坚定不移地走新型城市化道路。浙江城市化发展道路从注重量的扩张进入质的提升发展阶段。浙江省在户籍、住房、保障、管理等方面出台了一系列推进措施,如《关于进一步加强城镇住房保障体系建设的若干意见》《关于推进城镇居民医疗保障制度建设试点工作的意见》《关于完善企业职工基本养老保险制度的通知》《关于解决农民工问题的实施意见》《关于全面推进城乡统筹就业的指导意见》《关于推进数字化城市管理试点工作的实施意见》《关于进一步深化户籍管理制度改革的实施意见》《关于全面推进和谐社区建设的意见》《关于加快推进"中心镇培育工程"的若干意见》,等等,形成了一个有利于人口和产业向城市集聚的政策环境,有力地推进了各级城市集约、统筹、和谐发展。在这一阶段,随着前期经济和社会的发展,以市场为主体的经济体制不断完善,市场经济逐渐成为城市化发展的内在驱动力。伴随着市场经济的快速发展,原来粗放式的城市化发展道路越来越难以适应经济转型发展要求,城市化呈现出农村基本公共服务配套滞后、中心城市出现“城市病”、城乡生态环境明显破坏等问题，迫切需要通过内涵的城市化发展道路来实现城市化、工业化协同发展。为此，在发挥市场经济的主体作用前提下，政府更加注重城市化的发展质量，配套出台了新型城市化发展政策，更加注重“人的城市化”，有序推进农业转移人口市民化；更加注重城市特色功能培育，进一步优化城市化布局和形态；更加注重创新功能，不断增强城市可持续发展能力；更加注重生态建设，进一步改善城乡人居环境；更加注重文化传承，进一步提升城乡建设品位；更加注重深化改革，进一步健全城乡发展一体化体制机制等。在这样的发展阶段下，培育和发展都市圈成为新型城市化发展重要举措，杭州都市圈得到快速的发展，特别是在产业、空间、设施、民生等领域注重一体发展。

(二)中心城市功能提升

都市圈的形成与中心城市的经济发展水平密切相关。中心城市经济发展水平高，对周边城市的辐射影响力就比较大，相应的周边城市与中心城市的联系程度就比较高，有利于形成城市与城市之间紧密的联系协作机制，对都市圈的形成具有重要作用。

从杭州中心城市经济发展过程看，杭州的经济发展大致可以分为三个阶段。第一阶段(1978—1992 年)，这一阶段，家庭联产承包责任制的推行，大大解放了生产力，促进了杭州经济的快速发展。一批乡镇、私营企业快速涌现，至 1991 年底，全市乡镇个私工业企业为 3.6 万家，实现工业总产值 19.64 亿元；集体工业企业达 1.06 万家，实现工业总产值 156.6 亿元，占全部乡镇工业总产值的 88.86%。这一时期，杭州经济发展以劳动密集型产业为主，大量的农业剩余劳动力向二三产业转移，大大推动了以乡镇为单元的城市空间形态的发展。

第二阶段(1992—2003 年)，这一阶段，随着社会主义市场经济进程加快，一系列促进市场经济发展的制度改革的推行，为杭州经济社会的发展注入活力。随着改革的逐步深入，杭州商品市场迅速发展，城区出现各类商品市场百余家，成为个私经济的市场聚集地。到 2000 年，杭州个私工业企业已达 5.8 万家，占乡镇工业企业的 93.28%，实现工业总产值 1098 亿元，占全部乡镇工业企业的 67.85%。从产业类型看，到 2003 年，杭州已经形成机械、电子、化工、医药、食品、轻纺等类型的资本和技术密集型的产业。这一阶段，随着改革开放的发展，大量外资投入到杭州，这些资本和技术密集的产业，带动杭州产业发展，推动了原有劳动密集型产业向外的转移，扩大了杭州城区的范围空间，有利于促进杭州都市圈的形成。

第三阶段(2004 年至今)。这一阶段，随着国内外经济形势变化，特别是产业发展变化，以科技、信息等为特征的新业态不断出现，推动杭州经济的更快发展。2015 年杭州市生产总值达 10053.58 亿元，成为全国第十个进入“万亿GDP 城市”行列的城市。按常住人口计算，2015 年杭州人均 GDP 达到 112268 元，比 2010 年增长 46.9%；按年均汇率计算为 18025 美元。按照世界银行划分贫富程度标准，杭州已达到富裕国家水平。同时，传统的电子信息、机械制造、纺织服装、食品饮料、医药化工等产业加快转型升级步伐，一批企业加快推动制造业环节向周边推进。由此，在经济上形成一种密切的联系。伴随着经济的发展，服务业快速发展，文化创意、商务会展、研发设计、金融保险等行业发展迅速，增强了杭州的集聚辐射能力。杭州中心城区逐渐成为商务、金融、文化、会展、科技等中心，成为区域经济发展龙头。据统计，2011—2015 年，杭州服务业经济对杭州市 GDP 增长的贡献率分别达 58.6%、62.2%、59.5%、54.8%和74.6%，成为杭州市经济增长快于全省、全国的主要支撑和转型升级走在前列的有效动力。2015 年杭州第三产业增加值达 5855.29 亿元，年均增长 11.1%，高于全省、全国平均增幅 1.4 个百分点和 2.7 个百分点。

(三)工业企业搬迁

随着城市化的发展，城市中心地带的工业因地价、租金等商务成本的提升，工业企业成本的大幅上升。一些位于城区的工业企业不断向周边搬迁，造成工业向外转移，一些企业将制造环节布局在周边地区，而将总部、商务等环节布局在中心城区，形成了一种在空间上的联动，推动都市圈的形成。在杭州都市圈形成过程中，杭州工业企业大量向周边县市搬迁，在空间上形成了一种经济的联系，促进杭州都市圈的形成。

杭州工业经历了从无到有、从散到聚，不断发展壮大的历程。20 世纪 80 年代，杭州在近郊区建立了半山重工业、拱宸桥纺织工业区、祥符桥小河轻化工业区、古荡留下电子仪表工业区、望江门外食品工业区等。90年代，随着杭州城市的发展，杭州中心城区空间范围不断扩大，造成工业区和生活居住区几乎连片，使得城市工业、商业、住宅等功能分区混乱，而大量工业企业留存在中心城区，给城市带来的废水、废气、噪声等污染，降低了城市的整体形象。在这样的背景下，基于政府城市规划和企业生产成本双重考虑，部分工业企业向杭州中心城区外围搬迁。特别是2002年以来，杭州市政府出台《杭州市人民政府办公厅关于市区范围内市属工业企业搬迁的若干意见》(杭政办〔2002〕32号)、《杭州市市区范围内市属工业企业搬迁实施细则》、《杭州市工业企业搬迁专项资金管理办法(试行)》、《杭州市工业企业搬迁专项资金管理补充办法》、《关于城区工业企业搬迁操作程序的指导意见》等文件，对企业搬迁补偿的范围、确定的方法、专项资金管理、支付程序、财务处理、企业原址土地收购和出让等工作进行了进一步明确，并建立完善企业搬迁稳定工作目标考核制等。在这样的背景下，杭州的工业企业加快向边县市搬迁。从2002年实施工业企业搬迁以来到2010年11月底，全市共有141家企业列入市工业企业搬迁计划，而自行拆迁或搬迁的规模较小的工业企业有400余家。从迁入地看，杭州企业搬迁大部分搬迁至杭州经济技术开发区、萧山经济技术开发区、临江工业园区，以及余杭、富阳、临安、桐庐等区县(市)的开发区。如杭氧集团、杭叉集团、杭州机床集团、杭重公司等装备制造业的龙头企业搬迁到临安经济开发区；鼎力机械、远方钢构、华美冷柜、博雷机床等一批企业投资德清，杭资企业对德清经济的贡献率占到三分之一以上。以北大桥区块工业企业搬迁为例，2002年12月，杭州市政府下达市区首批搬迁企业名单，确定杭州中策橡胶有限公司等16家企业为首批搬迁企业，如表8-4所示。

表8-4 首批部分搬迁企业情况表

企业名称	搬迁进度(截止进度2005年)	搬迁进度(截至2006年底)
杭州新华集团有限公司	尚未选定地址	已选址桐庐经济开发区
杭州东南化工有限公司	尚未选定地址	已选址临江工业园
杭州电化集团有限公司	尚未选定地址	已选址临江工业园
杭州中策橡胶有限公司	选址进程中	下沙新址建设中

续 表

企业名称	搬迁进度(截止进度 2005 年)	搬迁进度(截至 2006 年底)
杭州喜得宝集团有限公司	正在落实征地拆迁	余杭新址建设中
杭州民生药业集团有限公司(部分生产线)	已搬迁	已搬迁至绍兴

资料来源:杭政办函〔2002〕275 号。

三、保障机制作用机理

都市圈的形成除了要具备基础条件和动力源外,还需要拥有强大的各类支撑保障条件,特别是对我国以行政区来划分的空间单元而言,地方政府在区域发展中发挥着重要作用。地方政府的政策、规划对都市圈的形成和发展具有很强的影响力。而交通、通讯等基础设施的建设,大大加快了物流、人流、资金流和信息流的流动,促进了都市圈经济的发展,成为都市圈形成发展的重要因素。从杭州都市圈来看,政府的政策规划制定和交通基础条件的改善,对杭州都市圈的形成起着重要作用。

(一)行政区划调整

行政区划是一个国家进行行政管理的基本手段,就其本质而言是国家内部公共权力的地域性分权现象。行政区划规定了公共权力的边界,而且具有相当的刚性,分割了经济活动的区域空间结构。行政区划调整是在现有城镇体系的基础上,按照城镇未来的发展方向对行政边界进行调整,使得行政区划的范围发生变化,进而形成新的城镇等级规模结构,促进区域整体发展。从杭州来看,大体经历了三次行政区划调整过程。

第一次行政区划调整:1992 年在建德市开始“撤扩并”试点,5 月份在杭州全市范围内展开实施。这次行政区划变更撤销了全杭州 31 个县辖区,把 270 个乡、95 个镇,扩并为 101 个乡、114 个镇。乡镇规模比撤并前有不同程度的扩大,乡镇平均面积由原来的 44 平方千米扩大到 73.19 平方千米,乡镇平均人口由原来的 1.21 万人增加 2011 万人。1996 年 4 月,经省委、省政府批准,将萧山市浦沿、长河与西兴三个镇划入杭州市区,并以此为基础设立了滨江区;将余杭市的三墩镇划入杭州市,九堡、下沙两个镇划入杭州市。杭州市区面积由 430

平方千米扩展到638平方千米。

第二次行政区划调整:2001年3月,经国务院和浙江省政府批准,将萧山、余杭两个县级市并入杭州市区,撤市设区。并入以后,杭州市区面积从638平方千米扩展为3068平方千米,人口也由原先的179万人增加到373万人。由此,杭州的城市规模迅速扩大,在全国省会城市序次升至第五位。更重要的是这次扩并增添了14个镇、19个街道办事处、260个社区,还有国家级的萧山经济技术开发区和几个工业园区,以及杭州萧山国际机场。

第三次行政区划调整:2014年12月,经国务院批复,杭州市行政区划调整,撤销县级富阳,设立杭州市富阳区。至此,杭州市区已经包括上城、下城、江干、拱墅、西湖、滨江、萧山、余杭、富阳9个区,市区面积达到4876平方千米。

在杭州都市圈中心城市杭州不断调整行政区划的背景下,都市圈的其他成员也加快行政区调整步伐。以绍兴市为例,2013年11月,国务院和省政府批准了绍兴市部分行政区划改动,原绍兴县撤销,设立绍兴市柯桥区,以原绍兴县(不含孙端镇、陶堰镇、富盛镇)的行政区域为柯桥区的行政区域;县级上虞市撤销,设立绍兴市上虞区,以原上虞市的行政区域为上虞区的行政区域;原绍兴县的孙端镇、陶堰镇、富盛镇划归绍兴市越城区管辖。在进行区划调整后,绍兴市由原辖越城区、绍兴县、上虞市、诸暨市、嵊州市和新昌县"一区五县(市)",变为越城区、柯桥区、上虞区、诸暨市、嵊州市和新昌县这"三区三县(市)",市区面积由362平方千米扩大到2942平方千米,人口由65.3万增加到216.1万。

杭州都市圈范围内的城市进行行政区划调整是适应当时经济社会发展大背景的,其对于杭州都市圈中心城市强化城市竞争力,提升区域经济地位具有重要作用。行政区划调整对杭州都市圈的形成作用主要表现在:一是行政区划调整促使杭州市区经济的快速发展,区划调整后,杭州市区经济年均增长都在10%以上,经济实力显著提升。二是行政区划调整推动杭州市区产业结构的调整。随着行政区划调整,一些原本县域经济产业业态逐步向都市区经济产业业态提升,促进产业整合。中心城区成为发展信息、资金等第三产业的地区,而中心城区优质的基础设施和公共服务吸引人口集聚,中心城区的区域集聚辐射能力进一步提高。三是行政区划调整促进了中心城市在更大空间范围、更广的空间领域来统筹规划公共服务设施、交通基础设施等,这些都有利于在更大空间尺度推动区域的发展，为杭州都市圈的形成提供了空间拓展的动力。而这些中心城区功能的向外疏散，促使周边县市更好地享受中心城市的城市功能。

（二）城市规划调整

规划是在一定区域内，根据国家社会经济可持续发展的要求和当地自然、经济、社会条件，对土地的开发、利用、治理、保护在空间和时间上所做的总体安排和布局。而城市总体规划为了实现一定时期内城市的经济和社会发展目标，确定一个城市的性质、规模、发展方向，合理利用城市土地，协调城市空间而进行的各项建设的综合布局和全面安排，包括选定规划定额指标，制订该市目标及其实施步骤和措施等工作。城市规划的调整变化，特别是对城市空间发展战略的调整变化，对都市圈的形成起到重要的引导作用。

从杭州城市规划的发展历程看，1953 年，在苏联专家的支持和帮助下，杭州第一个城市总体规划形成。当时，杭州的定位是“风景疗养为主的城市”。在这样的定位下，杭州更多地注重对休闲疗养功能的打造，突出强化对西湖风景区的保护，而对城市的综合服务功能支持不够，城市经济的发展滞后。新中国成立后，特别是 1958—1960 年，杭州总体规划进行新调整，杭州被定位为“以重工业为基础的综合性的工业城市”。在这样的定位下，杭州大力发展重工业，规划了不少产业发展用地，如半山钢铁工业区、石桥重型机械工业区、小河轻化工业区、望江门食品工业区等。在这样的城市规划引导下，杭州形成“北工南居”的格局。整体来看，这次规划对城市布局和城市功能培育关注不够，导致城市空间布局零乱，工业和居住混杂。1978 年，杭州城市总体规划调整，杭州被定位为“浙江省省会，全国重点风景旅游城市和国家公布的历史文化名城”。在人口规模上，调整后的规划提出市区人口规模到 20 世纪末控制在 105 万人以内。同时，规划还提出将风景区里的工厂外迁，环湖单位机构外迁。2001 年，杭州编制了《杭州市城市总体规划（2010—2020 年）》（2016 年修编），2007 年 2 月 16 日国务院正式批复《杭州市城市总体规划》（国函〔2007〕19 号）。根据规划，杭州城市定位是“国际风景旅游城市，国家历史文化名城，长江三角洲的重要中心城市，浙江省的政治、经济、文化中心”；确定了以旧城为核心的团块状布局，转变为以钱塘江为轴线的跨江、沿江，网络化组团式布局。新规划采用点轴结合的拓展方式，组团之间保留必要的绿色生态开敞空间，形成“一主三副、双心双轴、六大组团、六条生态带”开放式空间结构模式。从此杭州市的发展由“西湖时代”走向“钱塘江时代”。这次杭州城市规划调整对杭州都市圈的形成作用显著。突出表现在：一是城市定位的明确，推动城市功能与业态的有机更新，一些与城市功能定位不符合的经济业态逐步向周边转移，形成了在空间上的经济联系。二是副城和组团的打造，拉大城市空间，对周边湖州、绍兴、嘉兴等邻近地区的经济辐射能力增强，推动杭州都市圈的形成。

一主三副、双心双轴、六大组团、六条生态带

1. 一主三副

中心城区：一主三副，由主城、江南城、临平城和下沙城组成。承担生活居住、行政办公、商业金融、旅游服务、科技教育、文化娱乐、都市型和高新技术产业功能。逐步形成体现杭州城市形象的主体区域。

江南城：由滨江区、萧山城区和江南临江地区组成，是以高科技工业园区为骨干，包括产、学、研协调发展的现代化科技城和城市远景商务中心。沿江地区为居住生活区、公建区和远景城市商务中心，南部为商贸、居住生活区，东、西部为工业区和文教科研区。规划城市人口 110 万人，城市建设用地 102 平方千米。

临平城：由临平城区、运河镇等组成，是以城市现代加工制造业为主的综合性工业城。北部为工业区和配套生活服务区，中部为公建区和居住生活区，南部为物流区。规划城市人口 50 万人，城市建设用地 46 平方千米。

下沙城：由下沙、九堡、乔司组成，是以杭州经济技术开发区和高教园区为骨干的综合性新城。北部为教育科研区，南部、西部为工业区，中部及东部临江地区为居住生活区。规划城市人口 60 万人，城市建设用地 54 平方千米。

2. 六大组团

六大组团的功能主要在于吸纳中心城区人口及产业等功能的扩散，形成相对独立、各具特色、功能齐全、职住平衡、设施完善、环境优美的组合城镇。

塘栖组团：是省级历史文化保护区，城市北部的休闲旅游观光基地和余

杭经济开发区(临平工业区)、钱江经济开发区的配套服务基地。东部为居住生活区,西部为工业区。规划城市人口4万人。

良渚组团:是城市西北部以良渚文化和生态农业为主题的文化休闲旅游基地。严格保护良渚文化遗址群,合理控制人口和建设用地规模。北部为良渚遗址保护区,西部、东南部为居住生活区,西南为生态农业旅游区。规划城市人口4万人。

余杭组团:是城市西部的近郊住宅区和高教科研基地。西部为居住生活区,南部为休闲度假区,东部为教育科研区。规划城市人口7万人。

义蓬组团:是城市东部大型综合性工业发展基地。东部和东南部为工业区,西部和西南部为居住生活区,北部和东部临江地区为生态旅游区。规划城市人口16万人。

瓜沥组团:是城市东南部以临港工业、轻纺工业、服装加工为主的综合性工业区和区域性物流中心。北部为工业、物流区,南部为居住生活区。规划城市人口5万人。

临浦组团:是城市南部未来高新技术产业发展的主要基地。北部为居住生活区,南部为高新科技园区。规划城市人口4万人。

3. 六条生态带

六条生态带:在各组团之间、组团与中心城区之间,利用自然山体、水体、绿地(农田)等形成绿色开敞空间,划定生态敏感区,避免城市连片发展而影响生态、景观和城市整体环境水平。

灵山、龙坞、午潮山风景区——西湖风景名胜区;

径山风景区——北、南湖滞洪区——闲林、西溪湿地风景区;

超山风景区——半山、皋亭山、黄鹤山风景区——彭埠交通生态走廊;

石牛山风景区——湘湖旅游度假区;

青化山风景区——航坞山——新街绿化产业区(大型苗木基地);

东部钱塘江滨海湿地保护区——生态农业区。

4. 双心双轴

双心双轴:旅游商业文化服务中心、城市新中心、城市生态轴、城市发展轴。

双心：湖滨、武林广场地区——旅游商业文化服务中心；临江地区——由北岸的钱江新城和南岸的钱江世纪城共同组成的城市新中心。

双轴：东西向以钱塘江为轴线的城市生态轴；南北向以主城——江南城为轴线的城市发展轴。

（三）交通等基础设施

交通是都市圈形成的先决条件之一。都市圈是由不同等级、不同规划的城市构成的。都市圈内各城市的联系，特别是人流、物流、资金流的交换是需要交通设施支撑的。良好的交通条件能有序引导都市圈培育，通过交通设施的构建，都市圈良好联系通道形成。并且，随着信息技术的发展，现代化的通讯信息技术也成为城市间交流的重要依托，发达的通信网络体系进一步拉近了城市的时空距离，更加紧密地将不同区域的经济联系在一起。从杭州都市圈的形成来看，正是交通、通讯等基础设施的完善，有力地支撑了都市圈的形成。

从杭州都市圈形成发展过程看，高速公路、铁路、航空、智慧信息等，对杭州都市圈的形成起到了重要作用。1998年，浙江省开通了第一条高速公路杭甬高速，之后，甬台温、上三线、乍嘉苏、杭宁、金丽温、杭金衢等高速公路快速推进，我省的高速公路网形成。这些高速公路基本上经过杭州、嘉兴、湖州、绍兴四市，许多与杭州紧邻的县市通过高速公路网实现与中心城市杭州的对接。从铁路看，高铁和城际铁路的规划建设，对杭州都市圈的形成影响较大。高铁和城际铁路具有运量大、速度快、准点等特点，从2003年国家开通运营全国第一条高速铁路——秦沈客运专线以来，我国大力推动高速铁路的建设。杭州作为重要的铁路运输节点，也积极顺应高铁建设的趋势，推动高速铁路建设。目前，杭州已开通到嘉兴、湖州、绍兴的多趟高铁。在加快建设高速铁路的同时，杭州也规划杭州至临安、富阳城际铁路，杭州至海宁、杭州至绍兴方向的城际铁路，这些在未来即将投入使用的城际铁路将有力地疏导当地相对密集的人流，进而加快资金流、技术流、物流的周转速度，使得杭州地区经济辐射地域更广，使得区位优势得到互补，各地联系更为密切，为经济社会发展提供强有力的支持。从航空看，杭州作为省会城市，萧山国际机场特别空港经济的发展，对杭州都市圈的周边县市发展发挥了重要的辐射作用，提升了杭州中心城市在国际国内的竞争力。而古老的京杭大运河，将沿线的湖州、嘉兴有机串联，实现了杭州都市圈水上交通的联系。而国道、省道等基础设施的建设，对杭州都市圈的形成起到了很好的补充作用。目前杭州都市圈基本形成了以杭州为中心，以城际高速、高速环路、城际轨道交通为骨架，以干线公路网及城市间常规公交线网为补充，覆盖整个都市圈县级以上节点的“高铁半小时交通圈”“高速一小时交通圈”，实现了“市市通高铁、县县通高速、镇镇通干线、村村通班线”。另一方面，信息技术的快速发展，为跨行政区域的城市间人口、经济、资源、环境、交通等信息的共享提供了条件。而这些信息网络设施的建设，有利于进一步整合提升区域各类信息，实现信息的快速交流，促进杭州都市圈信息交换速度的提升。这种信息交换速度的提升，使得城市间的联系更加便捷，联络的成本不断下降，为杭州都市圈的形成创造低成本高效率的快速便捷条件。

第三节　杭州都市圈发展阶段分析

都市圈的发展，都有一个形成、发展、成熟的发展阶段，从杭州都市圈的发展过程来看，也同样经历了一个从形成到深入发展的时期。按照杭州都市圈的发展轨迹，我们大致可以将杭州都市圈发展归结为三个阶段，第一阶段为形成探索阶段，第二阶段协调推进阶段，第三阶段是协同发展阶段。

一、形成探索阶段（1978—2006 年）

这一阶段，随着我国改革开放深入推进，经济社会得到了快速长足发展，一批以中心城市为核心的都市圈快速发展。杭州作为浙江省的省会城市，由于经济的快速发展、交通基础设施的建设等原因，与周边地区经济联系程度不断提升，对周边湖州、嘉兴、绍兴的集聚辐射能力显著增强，杭州都市圈由此得到了形成和发展。这一阶段，杭州都市圈是以市场自发为主推动都市圈的形成的。虽然政府也认识到杭州都市圈建设对区域发展的重大影响，但还未真正上升到战略层面对杭州都市圈的发展进行引导、协调和推进。

二、协调推进阶段（2007—2009 年）

杭州都市圈形成以后，随着经济社会发展成效的不断彰显，杭州都市圈日益引起政府部门的高度重视。2007 年，杭州经济总量继续位居全国省会城市第 2 位，副省级城市第 3 位，全国大中城市第 8 位，是长三角地区仅次于上海的第二大中心城市，已形成了先进制造业与现代服务业“双轮驱动”的产业格局，与周边地区形成了明显的产业分工。随着杭州市区“退二进三”“优二进三”的产业结构调整，杭州作为中心城市的集聚、辐射作用正在逐步显现，制造业转移与集聚趋势明显。在这样的背景下，2007 年，杭州都市圈的建设启动实施，杭州都市经济圈市长联席会议建立。2007 年 5 月 25 日，杭州召开了都市经济圈市长联席会议第一次会议，会议审议通过了《杭州都市经济圈合作发展协调会章程》，根据章程确立了 2007 年杭州都市圈的四项工作：一是加强杭州都市经济圈合作发展协调会办公室建设；二是编制杭州都市经济圈合作发展总体规划；三是组建若干个专业委员会；四是加强宣传，扩大杭州都市经济圈的影响力等。此后，杭州都市经济圈市长联席会议围绕每个主题，相继召开会议，共商协调发展事宜。此后四市先后下发了《关于构建杭州都市经济圈的实施意见》，制定了规范杭州都市经济圈运作包括《杭州都市经济圈合作发展协调会章程》《杭州都市经济圈合作发展协调会工作会议制度》在内的 7 项内部制度等，协调推进杭州都市圈的发展。在政府的大力推动下，杭州都市圈发展速度不断加快。突出表现在：一是从机制建设上看，2008 年起，杭州都市圈先后成立并启动运作了规划、产业、旅游、交通、环保、宣传、信息、金融、商贸、统计、人才、教育、会展和农产品等 14 个专业委员会，召开了 2009 年节点县（市）融入杭州都市经济圈工作座谈会等。二从政策配套上看，以杭州为例，出台《杭州市 2009 年推进杭州都市经济圈建设工作意见》《杭州都市经济圈“公交一体化”实施办法》等。三是从经济发展成效上看，以 2008 年杭州都市经济圈发展成效为例，从经济实力看，2008 年杭州都市经济圈实现地区生产总值 9854.30 亿元，比上年增长 10.4%，其中杭州、嘉兴、湖州、绍兴分别增长 11.0%、10.7%、10.6%和 9.0%。从产业看，杭州都市圈第一产业实现增加值 483.44 亿元，第二产业实现增加值

5397.35亿元，第三产业实现增加值3973.51亿元，分别增长3.3%、9.5%和12.7%。按常住人口计算的人均生产总值为50139元，折合7219美元，比上年增加1432美元，分别比全国和全省人均水平高86.5%和18.8%。其中杭州、绍兴、嘉兴、湖州分别达到60414元、48236元、43129元和36829元，均迈上了5000美元以上台阶。三次产业构成由上年的5.1∶55.1∶39.8调整为4.9∶54.8∶40.3，第一、第二产业比重较上年分别下降0.2和0.3个百分点，第三产业比重则提高0.5个百分点。其中绍兴市第三产业比重由上年的33.9%提高到35.0%，提升了1.1个百分点，杭州、嘉兴分别提高了0.5个百分点，湖州略有回落。杭州市的第三产业增加值总量及占GDP比重均居全省各城市之首和长三角城市第三。四是从具体成效看，2008年，德清至杭州K588的开通，成为全省乃至全国城际公交发展的一次探索和创新，2009年，安吉至杭州黄龙公交总站的城际公交班车正式开通。

三、协同发展阶段（2010年至今）

2010年，由杭州、湖州、嘉兴和绍兴市政府组织编制的《杭州都市经济圈发展规划》获浙江省政府批复同意并正式出台，这标志着杭州都市圈的发展进入了协同发展新阶段。根据规划，杭州都市圈内各城市将在产业布局、交通建设、环境治理、人才交流、公共服务等方面进行一系列合作，并逐步建立共建共享机制。《浙江省国民经济和社会发展第十二个五年规划》也提出“加强杭州、宁波、温州；金华和义乌都市区建设，集聚高端要素，发展高端产业，带动周边县市一体发展，加快形成杭、甬、温三大都市圈和浙中城市群”。在市场机制与政府引导的双重推动下，杭州都市圈在协同发展方面积极尝试，改革创新，得到了快速发展。从政府层面看，为推动杭州都市圈的协同发展，省级政府相继编制完成了《杭州都市经济圈发展规划》及交通、旅游、环保、金融等专项规划。杭州都市经济圈转型升级综合改革试点获国家发改委批复设立，杭州都市圈发展正式上升为国家战略。出台《浙江省杭州都市经济圈转型升级综合改革试点三年（2014—2016年）实施计划》，四市也配套出台了针对各市特点的三年行动计划等。编制完成了《杭州都市经济圈产业发展导向目录》，积极推动了杭资企业在都市圈内产业梯度转移。从项目推动实施看，先后在规划编制、道路建设、产业合作、会展合作、环保执法、农业合作、旅游合作、商贸促销、医保联网结算、人才培训、信息合作、公交一体化等方面，实施了一批跨地区合作项目，加快杭州都市圈的合作推进。从对接融入看，以海宁、德清、桐乡、安吉、诸暨、上虞等节点县(市)为代表，加快了融入杭州都市经济圈的步伐。德清、安吉、海宁、诸暨等节点县(市、区)每年开展融杭活动周、融杭活动月、融杭培训班等活动，积极寻求全方位多领域合作等。杭州都市圈进入协同发展的阶段。

第四节　杭州都市圈协同发展运行态势

自2010年杭州都市圈进入协同发展阶段后，在政府的宏观调控指导和市场经济机制的充分作用下，杭州都市圈得到了快速发展，取得了一系列显著的成效。特别是政府在杭州都市圈协同发展阶段，积极发挥协调引导调控作用，探索形成了一批促进杭州都市圈协同发展体制机制，形成了杭州都市圈协同发展特点。为此，笔者结合杭州都市圈发展实例，系统总结了杭州都市圈协同发展经验，以期为都市圈协同发展提供借鉴。

一、杭州都市圈协同发展总体评价

进入协同发展阶段以后，随着协同发展的创新举措的不断探索，制约都市圈协同发展的一些体制机制障碍得到了破除，杭州都市圈得到了快速的发展，在经济、社会、生态环境等方面都取得了显著成效。整体来看，杭州都市圈经济发展持续向好，结构调整不断优化，创新驱动持续增强，社会民生显著改善，都市圈的品牌知名度不断提升，在长三角城市群的地位与作用不断凸显。2014年，杭州都市圈实现生产总值18775.75亿元，是2010年生产总值的1.5倍多。从增长速度看，2010－2014年杭州都市圈生产总值年均增长达到9%以上，高于全省年均增长8.9%。从人均GDP看，2014年杭州都市圈人均生产总值达到89341元，高于全省的73002元，从2010年到2014年人均GDP看，杭州都市圈人均生产总值均高于全省。从组成的各城市发展看，杭州、湖州、嘉兴、绍兴等城市在进入杭州都市圈协同发展阶段之后，地区生产总值和人均生产总值都有大幅度提升，2010—2014 年杭州、湖州、嘉兴、绍兴地区生总值增速都达到9%以上，呈现良好的发展势头，如图 8-2、8-3、8-4、8-5 所示。

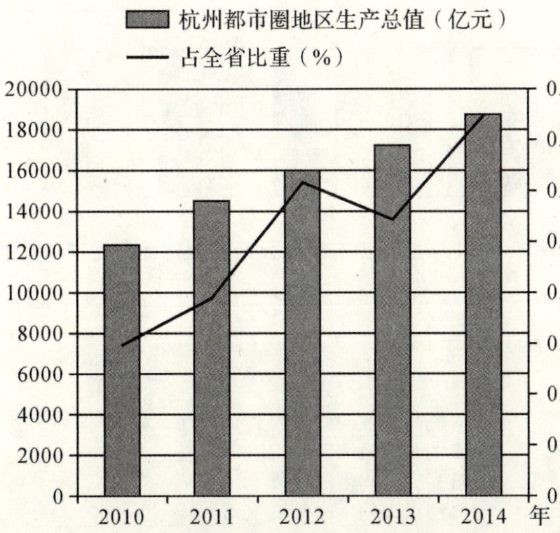

图 8-2 2010—2014 年杭州都市圈地区生产总值变化图及占全省比重

资料来源：《2015 年浙江统计年鉴》。

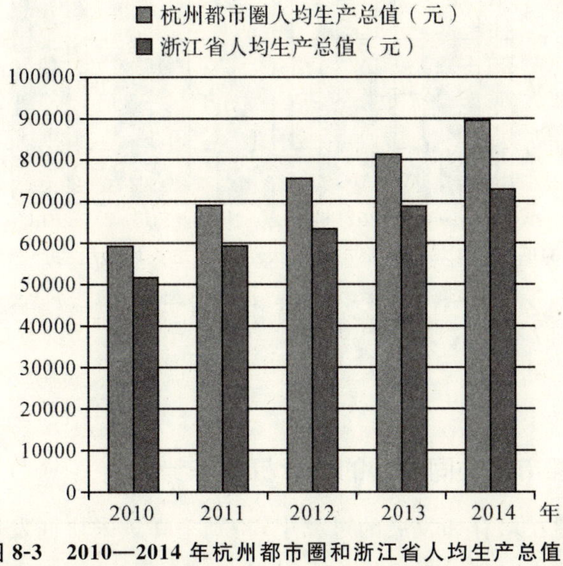

图 8-3 2010—2014 年杭州都市圈和浙江省人均生产总值图

资料来源：《2015 年浙江统计年鉴》。

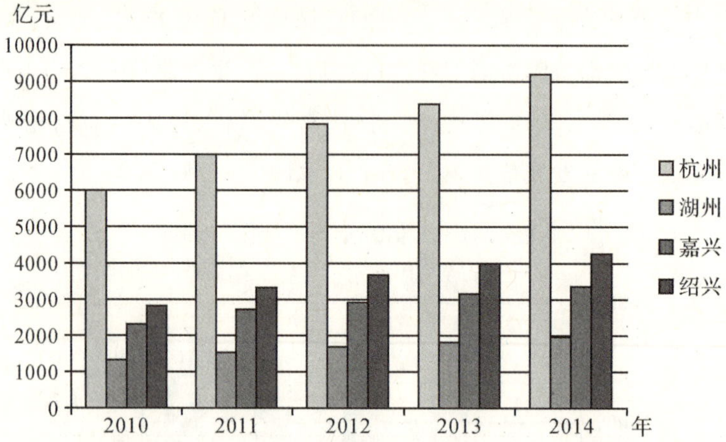

图 8-4　2010—2014 年杭州都市圈四大组成城市地区生产总值变化图

资料来源:《2015 年杭州统计年鉴》《2015 年湖州统计年鉴》《2015 年嘉兴统计年鉴》《2015 年绍兴统计年鉴》。

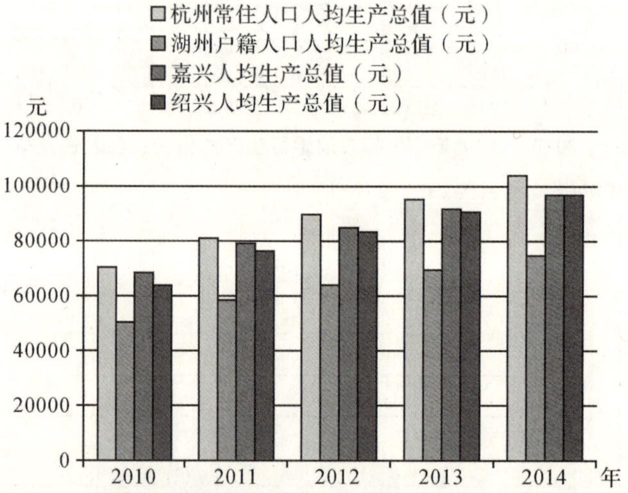

图 8-5　2010—2014 年杭州都市圈四大组成城市人均地区生产总值变化图

资料来源:《2015 年杭州统计年鉴》《2015 年湖州统计年鉴》《2015 年嘉兴统计年鉴》《2015 年绍兴统计年鉴》。

二、杭州都市圈协同发展的运行机理态势

杭州都市圈在培育和发展的过程中,特别是在进入协同发展阶段后,围绕交通、产业、创新、生态、公共服务等重点领域及政策机制保障等内容,加快协同

机制创新，不断完善协同发展举措，各方面建设取得了显著成效。

(一)杭州都市圈交通体系协同发展态势

交通网络框架基本形成。近年来，杭州都市圈紧紧围绕其在国家及长三角的战略定位及区域总体布局框架，加快谋划和实施一批杭州都市圈交通设施工程，交通协同发展提升到新的水平。目前杭州都市圈已初步形成铁路、公路、水运、航空等多种运输方式集成的点线结合、连接城乡、沟通区内外的多层次综合交通运输网络体系。杭州都市圈在发展过程中，特别重视交通网络的建设，将其作为推动都市圈发展的重要支撑加以推动实施，在城市与城市之间道路建设，中心城市道路建设等方面不断加大投资，力求形成快速便捷的交通网络体系。特别是杭州都市圈成立交通专委会以来，在杭州都市圈交通专委会协调衔接下，杭州都市圈各城市加强沟通协调，不断突破区域限制、行业限制，积极推动交通协同发展。根据资料显示，“十二五”时期，杭州都市圈重大交通基础设施项目投资达到 3000 亿元，公路、铁路、航空等交通设施投入不断加大，一批重大基础设施工程加快实施。目前，杭州都市圈已经形成了以杭州为中心，以城际高速、高速环路、城际轨道交通为骨架，以干线公路网及城市间常规公交线网为补充，覆盖整个都市经济圈县级以上节点的“高铁半小时交通圈”“高速一小时交通圈”。

从城市间公路发展看，杭州都市圈交通联系形成以高速公路为主的高速公路联系网。作为传统的交通运输方式，公路一直在区域的交通运输中占据重要的地位。随着杭州都市圈不断发展，城市与城市之间公路等级不断提高，以高速公路为主的城市公路网结构加快形成。相较于普通公路，高速公路具有运行速度快、运输效率高、运行时间短等特点，有利于加快城市间人流、物流等交流。从杭州都市圈公路建设看，杭州都市圈公路总里程达 41000 多千米，其中高速公路里程 1683 千米，农村公路总里程 31000 多千米，新增高速公路里程 247.2 千米，新增国省道干线公路里程 614.3 千米，基本形成“四纵两横三环十二联”的快速高速公路网，如表 8-5 所示。

表 8-5 杭州都市圈“四纵两横三环十二联”高速公路网

名 称	内 容
四纵	沪昆高速、长深高速、沈海高速、沈海高速并行线
两横	沪渝高速、杭瑞高速
三环	杭州湾地区环线高速、杭州都市圈地区环线高速、杭州绕城高速
十二联	申嘉湖高速、诸永高速、杭绍甬高速、杭长高速、杭绍高速、临金高速、杭新景高速、甬金高速、练杭高速、绍诸高速、乍嘉高速、萧山机场高速

从轨道交通来看，以高铁为主的高速铁路网和中心城市的地铁网形成。进入 21 世纪以来，随着经济的持续快速增长，以高速铁路为代表的交通工具逐渐成为我国区域之间交通连接的主要交通方式。高速铁路是一种新型的运输方式，与普铁、公路、水运、航空等交通运输方式相比，高铁具有速度快、发车密度大、辐射广、节能环保、安全舒适等特点。国外日本都市圈各城市之间，就形成了以高铁为载体的快速轨道交通网，对促进日本都市圈的发展发挥了重要作用。理论与实践都表明，高铁对加快速区域一体化进程，推进城市间功能联系，提高区域经济运行效率具有重要作用。自 2008 年 8 月 1 日中国第一条 350 千米/小时的高速铁路——京津城际铁路开通运营以来，高速铁路在中国大陆迅猛发展。从杭州都市圈来看，随着杭宁高铁、杭长高铁、沪杭高铁、杭甬高铁相继通车，高速铁路网基本形成“二纵二横”，如表 8-6、8-7 所示。在高铁快速发展的同时，作为城市公共交通的重要组成部分，城市轨道交通特别是地铁、轻轨的建设成为贯通城市内部节点，推动人流快速集散的重要工具。世界先进都市圈的经验表明，中心城市地铁或轻轨发展程度，与其都市圈的发展成熟度密切相关。从日本首都圈发展经验看，核心城市东京拥有世界上最完整的轨道交通网络，轨道交通密集而有序，地铁成为绝大多数居民出行的依赖工具。从杭州都市圈来看，杭州意识到地铁在都市圈发展中的重要作用，加快谋划实施地铁工程。2012 年 11 月，杭州地铁 1 号线开通运营，地铁 2 号线东南段和地铁 4 号线也开通运营，杭州地铁初步形成了一个小环路。同时，作为中心城市，不同交通运输方式之间能否实现无缝衔接是检验一个城市交通组织方式高效与否的重要标志。为推进高铁、地铁的有机衔接，杭州都市圈大力推动站场建设，实施了亚洲最大的铁路枢纽杭州火车东站铁路枢纽工程。该

站场自建设后，迅速成为高铁与地铁无缝衔接的重要节点，每日吞吐规模居全国第三，月吞吐近1000万人。

表 8-6　杭州都市圈“二纵二横”高速铁路网

名　称	内　容
二纵	杭长高铁、杭宁高铁
二横	沪杭高铁、杭甬高铁

表 8-7　杭州到杭州都市圈主要城市高铁或动车情况表

城市间	班次（趟）	最短用时（分钟）
杭州—绍兴	76	18
杭州—诸暨	48	23
杭州—德清	31	13
杭州—海宁	26	12
杭州—桐乡	33	17
杭州—湖州	56	21
杭州—嘉兴	82	23

资料来源：根据中国铁路12306网站查询统计。

从航空来看，杭州都市圈形成以杭州为核心辐射整个都市圈的航空服务网络。世界先进的都市圈发展经验表明，拥有国际化的机场是都市圈在世界竞争力格局中地位的重要体现。机场作为区域对外交流特别是作为对外开放的重要窗口，越来越成为都市圈参与国际竞争的重要依托。发达的国际机场有利于各类人才的集聚，也有利于都市圈获取国际资源，参与国际竞争。从杭州都市圈来看，当前杭州都市圈的中心城市杭州拥有杭州萧山国际机场，以杭州萧山国际机场为核心，辐射杭州都市圈的航空服务网络形成。目前，杭州萧山国际机场已通达86个境内城市、35个国际及地区城市，建立起了以杭州为中心，覆盖国内，连接东亚、东南亚及欧美、非洲的客货航线网络。每天有600架次航班在这里起降，参与运营的航空公司55家，年运送旅客超过2500万人次、货物40万吨。从连接机场的大巴看，目前机场专线车可直达萧山、绍兴（柯桥）、诸暨、东阳横店、湖州（武康）、新昌、嵊州、嘉兴、海宁、乌镇、安吉、上虞、临平、临安、千岛湖、富阳、浦江等27个南边城市。通过12条机场专线、29条城际客运专线和火车东站航站楼等，民航与城市交通、城际交通实现了无缝对接，都市圈的居民可以更加便捷地享受萧山国际机场的服务，如表8-8、表8-9所示。同时，围绕杭州萧山国际机场，杭州都市圈正着力打造杭州空港经济圈，通过航空港的辐射作用，进一步加强中心城市杭州与湖州、嘉兴、绍兴等的空间联系，如图8-6、图8-7所示。另一方面，为推动杭州都市圈空港经济的发展，浙江省抓住通用航空发展趋势，在杭州都市圈规划一批通用航空机场，到2030年，杭州都市圈规划实施通用航空机场数量达到17个，其中运输机场2个，一类通用机场3个，二类通用机场12个，形成了以杭州萧山国际机场为核心，通用航空机场为补充的航空网络体系，如表8-10、表8-11所示。

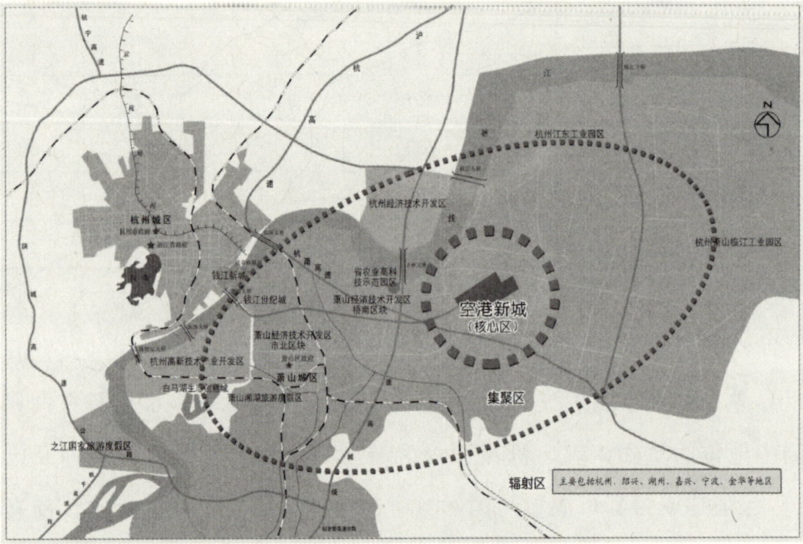

图 8-6　杭州空港经济圈结构示意图

资料来源：浙江省发改委宏观经济研究所：《杭州空港经济圈发展总体规划》，2008年。

表 8-8　进出杭州萧山国际机场交通量来源构成表

交通来源	杭州市区	萧山区	湖州、嘉兴	金华、衢州、丽水	绍兴、宁波、温州、台州	安徽、江西、福建	江苏	上海
比例	55%	5%	8%	9%	12%	4%	3%	4%

资料来源：浙江省发展和改革委员会：《关于印发杭州空港综合交通枢纽规划的通知》，2012年。

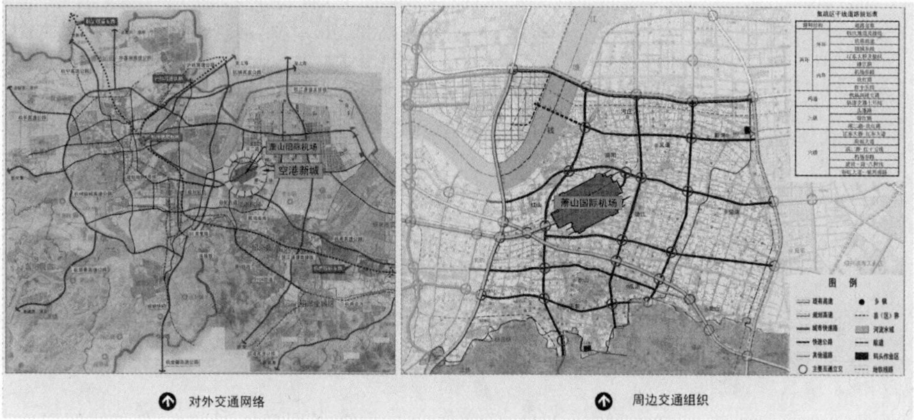

图 8-7 杭州空港经济圈交通路网规划图

资料来源:浙江省发改委宏观经济研究所:《杭州空港经济圈发展总体规划》,2008 年。

表 8-9 杭州都市圈空港辐射区进出机场客运组织一览表

主要服务区域	主要道路及行走路线
富阳、桐庐、建德、淳安	杭新景高速—绕城高速—机场高速
临安	杭徽高速—绕城高速—机场高速 钱江大道—空港内环
绍兴市	杭甬高速—机场高速 杭绍甬高速—空港内环
湖州市	申嘉湖杭高速—绕城高速—机场高速 杭宁高速—绕城高速—机场高速 杭长高速—绕城高速—机场高速
嘉兴市	钱江通道及接线高速公路 沪杭高速—绕城高速 杭浦—钱江通道

资料来源:浙江省发展和改革委员会:《关于印发杭州空港综合交通枢纽规划的通知》,2012 年。

通用航空机场类别

一类通用机场(A 类通用机场)是指具有 10—29 座航空器经营性载人飞行业务,或最高月起降量达到 3000 架次以上的通用机场。

二类通用机场(B类及以上通用机场)是指具有5—9座航空器经营性载人飞行业务,或最高月起降量在600—3000架次的通用机场。

三类通用机场(C类通用机场)是除一、二类外的通用机场,一般是指季节性或执行临时紧急任务暂时供直升机或水上飞机起降使用的直升机场和水上机场。

表8-10 杭州都市圈通用航空机场规划目标(至2030年)

设区市 \ 机场类别	运输机场	一类通用机场	二类通用机场
杭州	1	1	4
湖州	—	1	3
嘉兴	1	—	3
绍兴	—	1	2

资料来源:浙江省发展和改革委员会、浙江省交通运输厅:《浙江省通用机场发展规划》,2015年。

表8-11 浙江省通用机场规划布局体系

类型	机场名称	主要功能定位	主要技术指标
运输机场9个	杭州、宁波、温州机场	主要为大型公务机提供保障服务,公务机公司基地机场。	1.根据运输机场有关技术规范建设; 2.增加通用航空功能区,如机坪、公务机候机楼、机库、公务机公司基地办公楼等设施。
	舟山机场	以满足海上搜救、石油勘探、海岛交通主要业务需求,发展成为运输和通用航空协调发展的机场。	
	嘉兴机场	通用航空产业配套机场,满足公务飞行需求。	
	义乌、衢州、台州、丽水机场	公务机、私人飞行保障服务,兼顾应急救援及其他工农业飞行。	
一类通用机场7个	杭州:建德千岛湖(已投运)	飞行培训、航空旅游资源开发。	1.飞行区跑道:长800米以上(原则上跑道长度不宜超过2200米); 2.站坪机位:固定翼、直升机位20个以上; 3.候机楼或航空俱乐部2000—5000平方米;
	宁波:宁海	打造航空风情小镇、海上应急救援基地。	
	温州:苍南(龙港)	私人飞行、国家航空应急救援基地机场。	

续 表

类型	机场名称	主要功能定位	主要技术指标
	湖州:德清	航空产业配套设施、航空器试飞机场。	4.配置必要的通讯导航设施,提供空中交通服务; 5.配备航空加油站、消防站、变电站、飞机机库等设施。
	绍兴:滨海	航空器托管、展示中心、飞行培训。	
	金华:东阳	工农业飞行、航空旅游、私人飞行培训基地。	
	丽水:龙泉	工农业飞行保障、转场飞行基地。	
二类通用机场30个	杭州:富阳、临安、淳安千岛湖、钱塘江	1.能为通用航空器开展工农业飞行、气象、医疗、文体、航空摄影、航空教育培训及应急救援、抢险救灾等作业提供加油和起降保障服务; 2.支撑航空产业及旅游产业发展等; 3.直升机、水上飞机基地机场。	1.飞行区跑道:长800米以下,固定翼、直升机机位10个以上; 2.直升机机场:机位6个以上; 3.设置必要的航油供应、消防、维修机库及通讯导航等设施; 4.水上机场:水上航道、水上码头及岸上配套设施。
	宁波:慈溪、梅山、象山		
	温州:泰顺、文成、永嘉		
	湖州:吴兴、安吉、南太湖		
	嘉兴:桐乡、平湖、嘉善		
	绍兴:柯桥、新昌(嵊州)		
	金华:中心城区、武义		
	衢州:江山、开化		
	舟山:定海、岱山、嵊泗		
	台州:仙居、临海、温岭		
	丽水:景宁、遂昌		
三类通用机场50个以上	原则上在未布局运输机场、一类和二类通用机场的县(市)均可考虑布局三类通用机场。	1.主要满足公益性需求,为应急救援、旅游观光、森林防火、岛际交通、医疗救助、公安巡逻、电力巡线或临时性飞行任务提供起降服务; 2.季节性或执行临时紧急任务暂时供直升机或水上飞机起降使用的直升机场和水上机场。如高架直升机场、非经营性通用航空运行单位或个人自建自用的直升机场和水上机场。	1.根据直升机场和水上机场的相关技术规范建设; 2.配备必要的保障设施设备。

资料来源:浙江省发展和改革委员会、浙江省交通运输厅:《浙江省通用机场发展规划》,2015年。

从水路来看，以河海联运为特色的杭州都市圈水运网络正加快构筑。水是城市的“灵魂”，有水的城市更显得有魅力。与水相关航道从古到今，有的仍然在发挥着重要作用。一个都市圈如果是以水网密集的生态环境为依托的，都市圈的生态环境和城市功能则更加完善。而都市圈的航运也同时发挥作用，那么都市圈的发展活力就更加蓬勃。杭州都市圈自古以来就是水网密集区域，河、江、湖形成了杭州都市圈特有的自然生态环境。特别是杭州都市圈紧临大海，拥有丰富的岸线资源，在推动航运建设方面具有先天优势。为此，杭州都市圈以河海联运为突破点，在充分发挥既有航道基础上，加快航道网建设，形成了河海联运的水运网络特点。目前，杭州都市圈航道总里程达 6300 多千米，依托京杭大运河、钱塘江、曹娥江、浦阳江、富春江、千岛湖、青山湖等江河湖条件，杭州都市圈形成“三纵四横三联三支”骨干航道网，如表 8-12 所示。特别地，杭州都市圈内的最大的港口嘉兴港，深入实施江海联运，推动杭州都市圈实现与上海港、宁波—舟山港的无缝对接。

表 8-12　杭州都市圈“三纵四横三联三支”部分骨干航道网

名　称	内　容
三纵	杭申线、乍嘉苏、京杭运河
四横	长湖申线、湖嘉申线、杭平申线、杭甬运河

从公交看，杭州都市圈创新性地推动实施城市公交线路。都市圈的发展，需要大力发展公交交通，以此作为居民出行的最佳选择。国外都市圈都将公交系统等公共交通建设摆在重要位置。从杭州都市圈来看，2014 年，杭州都市圈年末实有公共汽(电)车营运车辆数 1.57 万辆，增长 10.7%，全年公共汽(电)车客运总量 21.03 亿人次，增长 7.6%，年末实有出租汽车数 1.91 万辆，增长 5%。杭州都市圈积极探索城市公交运输方式，在现有的体制下，杭州创新性地推动跨行政区划的公交线路，方便不同行政区划之间的居民出行。目前，杭州主城已基本实现与余杭、萧山两区公交一体化，杭州开通主城到杭州所辖县(市)的公交线路中，杭州到德清、海宁等周边毗邻城市公交线路 7 条；杭州通杭州都市圈德清卡在德清发行 2.7 万张并成功升级。

杭州到湖州德清城际公交(K588)

是跨行政区划的首条公交交通，自2008年4月27日正式运营，每20分钟一趟(高峰增加)，从杭州出发的运营时间为早上7点到晚上7：30，全程费用为10元。如果早上从德清出发，只需四十分钟左右就能到杭州北站。

杭州都市圈城际公交

2008年，德清至杭州K588的开通；2009年，安吉至杭州黄龙公交总站的城际公交班车正式开通；2009年，柯桥开通了到杭州的城际公交；2011年，海宁开通了往返杭州的城际公交K868路等。

城市道路不断完善。城市道路是城市功能提升的重要支撑，都市圈的交通协同发展成效之一，就是都市圈各城市道路的不断完善。2014年，杭州都市圈年末实有城市道路面积1.84万平方米，人均道路面积6939平方米。从2010年到2014年的发展变化看，杭州都市圈人均城市道路面积呈增长态势，从2010年的62.04平方米/人增长到2014年69.9平方米/人，杭州都市圈各主要城市的人均城市道路面积也呈增长态势，充分显示了在进入杭州都市圈协同发展阶段后，中心城市的市政道路不断完善，如表8-13所示。

表8-13 杭州都市圈各城市人均城市道路面积情况表(平方米/人)

年份	杭州	湖州	嘉兴	绍兴	总计
2010	6.83	20.5	20.79	13.92	62.04
2011	7.04	—	20.96	14.5	—
2012	7.59	22.15	21.27	15.19	66.2
2013	7.79	22.57	21.56	15.7	67.62
2014	8.82	24.32	20.64	16.12	69.9

资料来源：《2015年杭州统计年鉴》《2015年湖州统计年鉴》《2015年嘉兴统计年鉴》《2015年绍兴统计年鉴》，其中杭州以市政道路面积/常住人口计算。

物资、人流集散地位日益彰显。2014年杭州都市圈共完成客运量50981万人、旅客周转量2058339亿人千米，分别占全省的38.65％和19.12％；完成货运量 72203 万吨、货运周转量 9561113 亿吨千米，分别占全省的 37.31％和 10.02％。2010—2014 年杭州都市圈客运量和旅客周转量基本上是呈上升态势，只是在 2013 和 2014 年略有波动，但从占全省的比重看，客运量一直稳定在 32％以上，2013 年甚至占全省的 50％以上，旅客周转量占全省比重 19％以上。从货运量和货运周转量看，2010—2014 年，杭州都市圈货运量和货运周转量都基本呈上升态势，只是在 2013 和 2014 年略有波动，但货运量占全省的比重都在 35％以上，货运周转量占全省的比重也在 10％以上，如表 8-14 所示。

表 8-14　杭州都市圈客货运送周转量及其占全省比重

年份	客运量/万人		旅客周转量/亿人千米		货运量/万吨		货运周转量/亿吨千米	
	绝对值	比重	绝对值	比重	绝对值	比重	绝对值	比重
2010	73089	32.05％	2561582	20.49％	68958	40.42％	8856249	12.44％
2011	74349	32.06％	2703638	20.86％	74702	40.22％	10027735	11.61％
2012	75150	32.06％	2771921	21.04％	75706	39.61％	10319150	11.23％
2013	74897	54.75％	2722759	26.56％	74499	39.64％	10214662	11.41％
2014	50981	38.65％	2058339	19.12％	72203	37.31％	9561113	10.02％

资料来源：《2015 年杭州统计年鉴》《2015 年湖州统计年鉴》《2015 年嘉兴统计年鉴》《2015 年绍兴统计年鉴》。

交通协同发展体制不断创新。在推动杭州都市圈协同发展建设过程中，杭州都市圈积极推动交通协同发展，不断创新体制机制。在 2007 年，杭州、湖州、嘉兴、绍兴四地交通部门率先建立了杭州都市圈交通专委会，主要开展区域交通战略研究、都市圈交通规划、都市圈交通项目建设、都市圈交通运输服务等方面的协调沟通。杭州都市圈交通专委会自成立以来，先后召开 9 次交通专委会工作会议，实现了都市圈交通领域的多层次、宽领域、制度化协调。经过杭州都市圈交通委员会的协调，截至 2013 年底，杭甬客运专线、宁杭客运专线浙江段、杭州东站扩建工程、杭长高速公路杭州至安城段、绍兴至诸暨高速公路、嘉兴至绍兴跨江通道、杭州地铁一号线、萧山机场二期扩建工程等 8 个项目已建成运营，杭州都市圈之间的通勤时间进一步缩短，杭州都市圈中心城市杭州的综合交通枢纽地位不断彰显。

规划引领和带动作用显著增强。杭州都市圈在发展过程中，非常重视规划和项目谋划在推动都市圈协同发展方面的作用。从规划来看，都市圈交通专委会自成立以来，就研究和编制了《杭州都市经济圈综合交通规划》，提出了"突出一主五轴，加强三副一环七带，构建四大系统"，实现"一个半小时交通圈"和一体化管理的综合交通体系目标。此后，杭州交通专委会又牵头开展《杭州空港综合交通枢纽规划》的编制；浙江省又组织编制《浙江省都市圈城际铁路近期建设规划》，对杭州都市圈城际铁路网进行总体规划。同时，对中心城市杭州而言，杭州编制实施了杭州地铁规划，湖州、嘉兴、绍兴也编制了相应的轨道交通规划。整体来看，杭州都市圈交通方面各类规划的编制带动杭州都市圈协同发展。以城际铁路为例，在《浙江省都市圈城际铁路近期建设规划》的规划下，杭州都市圈将建设杭州至海宁、柯桥、临安、富阳、诸暨、安吉、德清、桐乡，以及联系湖州南浔、桐乡和海宁"八射一联"的城际铁路网。在这样的指导下，杭州至临安、富阳城际铁路将于2016年开工实施，杭州至临安城际铁路将于2019年建成通车，杭州至富阳的铁路将在2018年建成通车，杭州至海宁、杭州至绍兴柯桥的城际铁路将于2018年底建成。再以杭州地铁规划为例，在规划的引领下，杭州将建设3、7、8、9、10号线和4、5号线二期地铁，到2020年前全部建成，覆盖全市九区。

(二)杭州都市圈产业体系协同发展态势

三次产业全面发展。产业发展是区域发展的重要动力。杭州都市圈进入协同发展阶段后，通过都市圈内各城市不断加强产业协作，不断创新产业协作的模式与机制，推动了杭州都市圈产业的较快发展，都市圈产业发展取得显著成效，三次产业得到全面发展。

从工业看，作为都市圈发展的基础，工业在推动都市圈发展中的作用显著。杭州都市圈进入协同发展阶段以后，杭州都市圈不仅工业规模显著扩大，而且工业转型升级的步伐不断加快。2014年，杭州都市圈实现工业增加值889.41亿元。从规模企业发展看，规模以上工业产总值达到34253.5亿元，规模以上工业企业利润总额达到2067.29亿元，规模以上工业企业利税总额达到3352.31亿元，年均增长分别为7%、6%、7%，如表8-15，图8-8、8-9、8-10所示。工业快速发展的同时，工业转型升级步伐也在加快，2014年，杭州都市圈工业在新兴产业快速发展和带动下，总体保持了较好的增长势头。代表工业发展趋势的战略性新兴产业、装备制造业和高新技术产业增加值增速都达到10%以上，高于全省发展水平。绍兴市被列为浙江省工业转型升级综合配套改革试点。块状经济加速向现代产业集群转型，年产值超百亿的产业集群达到35个（不含杭州）。淘汰落后产能加快，杭州都市圈三年（2011—2013年）累计淘汰落后产能超过4000项（家），开展长兴蓄电池、绍兴县印染等省级“腾笼换鸟”试点。

表8-15 杭州都市圈规模以上工业企业主要指标表（单元：亿元）

指标名	2010年	2011年	2012年	2013年	2014年
规模以上工业总产值	25192.74	28939.01	30884.28	32465.37	34253.50
规模以上工业企业利润总额	1620.13	1755.77	1674.06	1922.61	2067.29
规模以上工业企业利税总额	2497.09	2788.53	2778.95	3110.02	3352.31

资料来源：《2015年杭州统计年鉴》《2015年湖州统计年鉴》《2015年嘉兴统计年鉴》《2015年绍兴统计年鉴》。

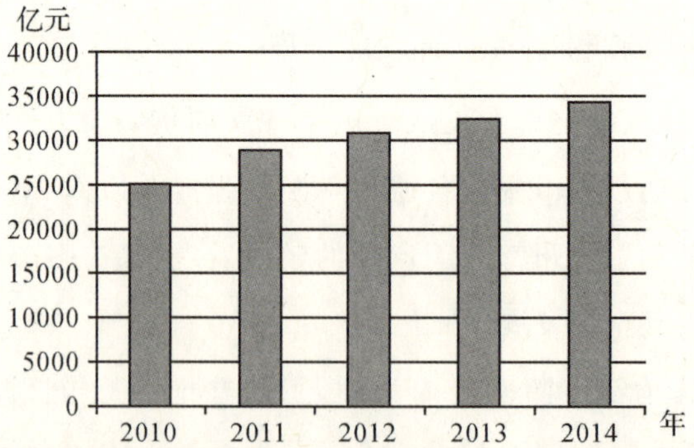

图8-8 2010—2014年杭州都市圈规模以上工业总产值变化图

资料来源：《2015年杭州统计年鉴》《2015年湖州统计年鉴》《2015年嘉兴统计年鉴》《2015年绍兴统计年鉴》。

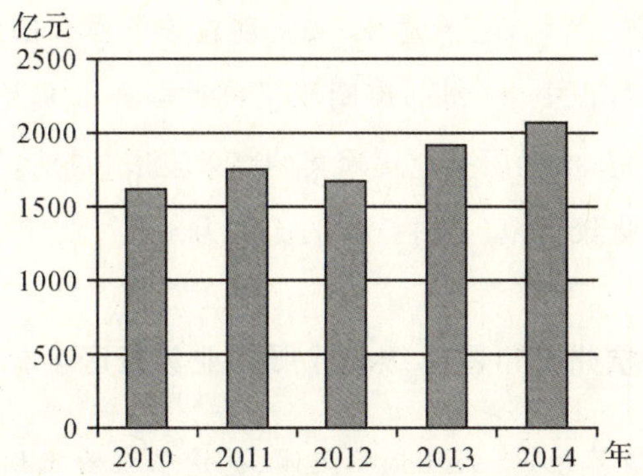

图 8-9　2010—2014 年杭州都市圈规模以上工业企业利润总额变化图

资料来源:《2015 年杭州统计年鉴》《2015 年湖州统计年鉴》《2015 年嘉兴统计年鉴》《2015 年绍兴统计年鉴》。

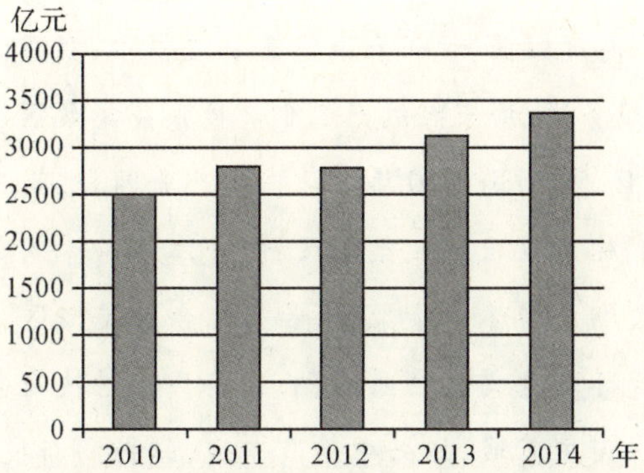

图 8-10　2010—2014 年杭州都市圈规模以上工业企业利税总额变化图

资料来源:《2015 年杭州统计年鉴》《2015 年湖州统计年鉴》《2015 年嘉兴统计年鉴》《2015 年绍兴统计年鉴》。

从服务业发展看,杭州都市圈进入以现代服务业为主导的服务经济时代。随着工业深入发展和城市提升,杭州都市圈加快由工业主导向服务业主导转型。2014 年杭州都市圈三次产业结构比为 3.9∶47.3∶48.8,三产占比首次超过二产占比,进入服务业主导的发展时代。2014 年,杭州都市圈三产增加值达到 9155.74 亿元,2010—2014 年,年均增长 15%左右,发展势头非常好,如表 8-16。伴随着服务业的发展,一些新兴的服务业业态得到了快速的发展,研发设计、科技服务、电子商务、文化创意、现代物流等发展迅速。以杭州为例,2010 年 11 月,国家发展改革委员会将杭州市纳入国家服务业综合改革试点区域,在这样的背景下杭州大力推进服务业发展,到 2014 年,杭州服务业增加值占地区生产总值的比重达到55.1%，电子商务、文化创意等产业在国内都占有较高的比重。在发展服务业过程中，杭州都市圈积极推动服务业集聚发展，以省级现代服务业集聚区为平台，推动服务业集聚集约高效发展，目前，杭州都市圈共有45个省级现代服务业集聚示范区，占全省的比例为45%。

杭州都市圈省级现代服务业集聚区名单

浙江传化物流基地、嘉兴现代物流园、德清临杭物流园区、嘉兴科技城、湖州南太湖科研设计服务集聚区、凤凰·创意国际(杭州)、杭州白马湖生态创意城、杭州高新区中国互联网经济产业园、新加坡杭州科技园、浙大网新软件园、浙中信息产业园、杭州万象城、诸暨铭仕广场、千岛湖旅游休闲度假区、平湖九龙山旅游度假区、杭州农副产品物流中心、新昌江南名茶市场、绍兴县纺织品综合服务区、海宁经编产业生产性服务集聚区、湖州织里童装生产性服务业集聚区、杭州山南国际设计创意产业园、杭州三里亭1737建筑设计聚落、杭州武林商贸服务业集聚区、新安江旅游休闲集聚区、湖州多媒体产业园、湖州太湖旅游休闲集聚区、长兴综合物流园区、安吉灵峰休闲旅游集聚区、嘉兴国际创意文化产业园、长三角嘉善科技商务服务区、乌镇国际旅游区、海宁中国皮革城、绍兴中国汽车城、绍兴高新技术产业开发区软件与服务外包基地、中国伞城商业广场(上虞)、浙江湘湖旅游度假区(萧山)、桐庐迎春商务区、南浔古镇文化休闲旅游集聚区、德清·长三角金融业公共后台服务基地、桐乡濮院—秀洲洪合针织产业集群生产性服务业集聚区、平湖市独山港物流园区、海宁潮旅游文化集聚区、中国领带城物流中心(嵊州)、中国安防城(绍兴)、浙江诸暨珍珠产业综合生产性服务业集聚区。

表8-16　杭州都市圈第三产业增加值变化表(亿元)

年份	杭州	湖州	嘉兴	绍兴
2010	2937.49	481.63	851.3	1080.35
2011	3519.99	—	1028.21	1329.72
2012	4078.37	658.01	1164.68	1512.48

续 表

年份	杭州	湖州	嘉兴	绍兴
2013	4562.73	758.56	1306.23	1698.4
2014	5086.24	836.56	1394.17	1858.11

资料来源:《2015 年杭州统计年鉴》《2015 年湖州统计年鉴》《2015 年嘉兴统计年鉴》《2015 年绍兴统计年鉴》。

从农业看,杭州都市圈形成以生态效益农业为主的现代农业发展体系。农业是区域发展基础产业之一,杭州都市圈具有丰富的农业资源和发展现代农业的条件。随着杭州都市圈进入协同发展阶段以后,工业、服务业加快向农业融合发展,这大大推动了杭州都市圈农业转型发展。2014 年,杭州都市圈第一产业增加值为 1449.96 亿元,2010—2014 年均增长 10%以上,如表 8-17。至 2013 年末,杭州都市圈累计拥有 28 个省级现代农业综合区、97 个省级主导产业示范区、219 个省级特色农业精品园,湖州被农业部列为国家现代农业示范区。同时,在推动农业加快转型发展的过程中,杭州都市圈也非常重视现代农业主体培育,至 2013 年,杭州都市圈市级以上农业龙头企业 2252 家,农民专业合作社达 8693 家。会稽山古香榧群被列入全球重要农业文化遗产,成为全球首个以山地经济林果为主要特征的农业文化遗产利用系统。

表 8-17 杭州都市圈第一产业增加值变化表(亿元)

年份	杭州	湖州	嘉兴	绍兴
2010	149.6661	481.63	127	208.41
2011	172.0952	—	142.8	236.77
2012	184.7987	658.01	151.39	255.11
2013	191.1425	758.56	147.97	261.6
2014	194.2825	836.56	144.77	274.35

资料来源:《2015 年杭州统计年鉴》《2015 年湖州统计年鉴》《2015 年嘉兴统计年鉴》《2015 年绍兴统计年鉴》。

杭州都市圈企业梯度转移渐成常态。都市圈协同发展,就是要强化都市圈内部产业的合理化分工与协作,通过构建良好的产业梯度转移机制,不断推进城市的有机更新。在杭州都市圈进入协同发展阶段以后,都市圈内部产业协作机制不断强化,作为都市圈中心城市杭州迫切需要功能提升和产业转型升级。

在这样的背景下,杭州中心城市的工业企业加快向周边搬迁,实现工业企业在都市圈范围内的优化布局。根据杭州市政府研究室研究数据显示,2010 年—2014 年 5 月,杭州市共有 370 家企业整体外迁至大杭州范围外。外迁企业呈现三大特点:一是以中小微企业为主,占全部外迁企业的 90%以上。二是传统制造业和金融业企业占多数。传统制造业占全部外迁企业的 44%,多以机械制造、塑料模具、纺织服装等传统的低附加值劳动密集型加工制造企业为主。金融和类金融业外迁占全部迁出企业的 24.6%。三是外迁地主要集中在省内。其中杭州都市圈范围内占到外迁地的 32.8%,如表 8-18、8-19、8-20 所示。

表 8-18　外迁企业行业分布情况

序号	行业	企业数	占比(%)
1	制造业	163	44.0
2	金融和类金融业	91	24.6
3	建筑及房地产业	37	10.0
4	其他服务业	34	9.2
5	批发零售业	31	8.4
6	农业	14	3.8

资料来源:康健、林长青、王大林等:《杭州企业外迁原因分析及环境优化研究》,《杭州研究》2014 年第 4 期。

表 8-19　外迁地分布情况(浙江省内)

序号	省内迁出地	企业数	占省内外迁企业(%)	占全部外迁企业(%)
1	宁波	49	18.5	13.2
2	湖州	42	15.8	11.4
3	嘉兴	41	15.5	11.1
4	绍兴	38	14.3	10.3
5	金华	28	10.6	7.6
6	温州	20	7.5	5.4
7	台州	17	6.4	4.6
8	衢州	8	3.0	2.2
9	丽水	7	2.6	1.9
10	舟山	3	1.1	0.8

续 表

序号	省内迁出地	企业数	占省内外迁企业(%)	占全部外迁企业(%)
11	其他	13	4.9	3.5
合计	266	100.0	71.6	

资料来源:康健、林长青、王大林等:《杭州企业外迁原因分析及环境优化研究》,《杭州研究》2014 年第 4 期。

表 8-20 杭州部分大企业外迁情况

企业名称	外迁形式	迁入地
杭州娃哈哈集团有限公司	生产基地	海宁
天堂伞业、天马控股集团有限公司	生产基地	德清
杭州正泰光伏发电有限公司	生产基地	桐乡

资料来源:康健、林长青、王大林等:《杭州企业外迁原因分析及环境优化研究》,《杭州研究》2014 年第 4 期。

杭州都市圈紧密层与杭州中心城市对接平台得到加快构筑。杭州都市圈紧密层城市是与杭州空间距离最近、最易接受杭州都市圈经济辐射的区域。在杭州都市圈进入协同发展阶段之后,为承接杭州都市圈中心城市杭州功能,紧密层城市纷纷规划和实施一些平台和载体,积极承接中心城市功能扩散。从平台类型看,主要有三类。一是工业承接平台。主要是以德清、桐乡、海宁为代表,其在与杭州交界地区,规划建设临杭工业区,主要承接杭州制造业转移。二是现代服务业平台。主要为柯桥区中国轻纺城平台,浙江省级谋划特色小镇平台如柯桥酷玩小镇、平水养生小镇、夏履健康小镇、柯桥基金小镇等,这些平台主要用以承接杭州现代服务业、休闲旅游业等功能扩散。三是城市服务平台。主要是诸暨、安吉等城市充分发挥生态环境优势和大型交通枢纽功能,规划了一批城市服务平台,如安吉教科文新区、诸暨城东新城等。从平台功能定位看,基本上呈现出制造业、服务业、休闲旅游、居住等功能特征,如表 8-21、图 8-11 所示。

表 8-21 杭州都市圈紧密层城市承接杭州平台情况表

平台名称	规划面积(km^2)	重点发展产业	所属城市
德清临杭工业区	41.47	先进装备制造业、物流业、新型建材和高新技术产业	德清

续 表

平台名称	规划面积（km^2）	重点发展产业	所属城市
临杭经济区	40	纺织新材料、装备制造	桐乡
连杭经济区	180	家纺、机械制造、皮革服装、医药化工、印刷包装、食品制造、五金配件	海宁
中国轻纺城	0.78	纺织创意设计	柯桥区
安吉教科文新区	9	教育、科技	安吉
诸暨城东新城	29	品质居住、商务商贸等	诸暨

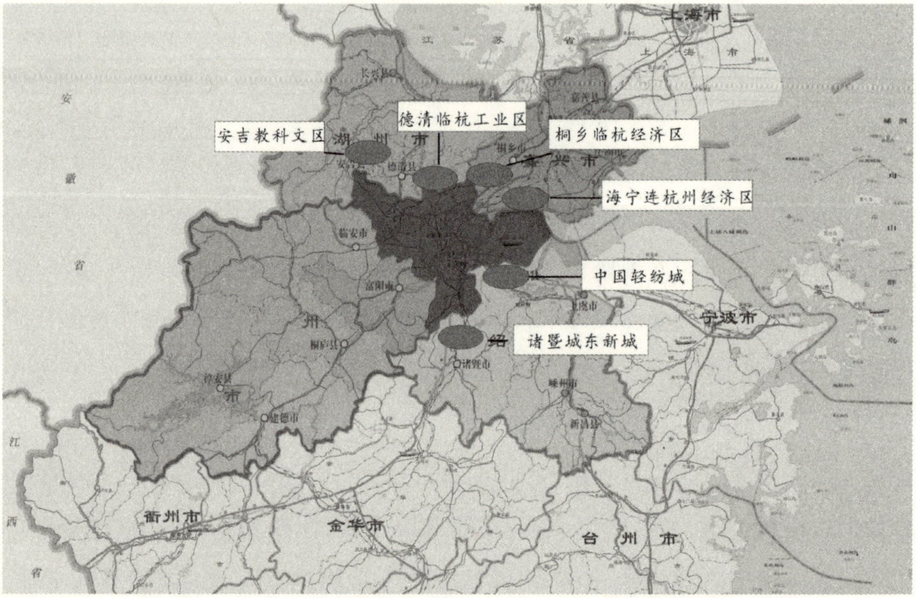

图 8-11　杭州紧密层承接杭州产业转移功能平台分布图

产业领域的合作不断拓展。杭州都市圈围绕产业协同发展，在多个行业领域开展合作交流，合作范围不断扩大。我们以都市圈金融产业发展为例，都市圈金融机构以杭州都市圈为目标，加快在杭州都市圈范围布局金融机构，抢占金融业发展的先机。目前，杭州银行、嘉兴银行、湖州银行、绍兴银行、杭州联合银行、南浔农村商业银行和德清农村商业银行已设立了一定数量的跨区分支机构；杭州都市圈积极加强在金融担保领域的合作，在都市圈范围内集聚一批区域性担保机构；积极推动金融领域的创新，华夏银行杭州分行在绍兴试点年审制贷款，并推广到其他三个城市；杭州都市圈加强对企业上市的支持，积极推动金融人才的培育等，加强与深交所联络对接，组织都市圈拟上市企业级管理人员参加培训班，举办各类金融—企业合作研讨会等，如杭州都市圈举办了杭州金融—企业合作研讨会和企业香港上市融资推介会。再以旅游产业发展来看，杭州都市圈拥有丰富的旅游资源。杭州西湖、西溪，绍兴鲁迅故里，嘉兴乌镇，湖州的安吉等县市都有特色鲜明的旅游资源。围绕这些旅游资源的一体合作开发，杭州都市圈积极推介区域旅游资源，旅游促销团赴多个国内外城市召开杭州都市经济圈旅游推介会。杭州都市圈各城市还发挥区域乡村旅游特点，在民宿开发、乡村文化开发等方面展开合作，例如2012年，杭州都市圈开展以"醉美乡村"为主题乡村旅游推广活动，推进杭州都市圈城乡旅游一体发展。同时，杭州都市圈发掘特色旅游资源，共同打造旅游产业品牌，例如整合杭州西湖、绍兴诸暨、嘉兴南湖及建德、富阳等地的荷文化资源，共同打造都市圈荷文化旅游品牌，每年举办杭州西湖·西施故里诸暨荷花会。

（三）杭州都市圈创新体系协同发展态势

杭州都市圈是全省创新资源最为密集的区域。杭州都市圈是浙江省科技创新资源最为富集的区域，区域内高校、科研机构、各类人才资源丰富。2014年，杭州都市圈范围内共有高等院校56所，占全省高等学校的50%以上；县级以上政府部门属研究与开发机构97家，占全省比例接近50%；县级以上政府部门下属研究与开发机构从事科技活动人员9199人，占全省比例达64%。2014年，杭州都市圈全年研究与试验经费支出占地区生产总值的比重达2.7%，高于全省平均水平，如表8-22所示。区域内共有国家级高新区5个，分别为萧山临江高新技术产业园区、杭州高新区（滨江）、绍兴高新区、湖州德清莫干山国家高新技术产业开发区和嘉兴秀洲国家高新技术产业开发区，占全省的一半以上。

表8-22 2014年杭州都市圈主要创新资源情况表

主要指标	杭州	嘉兴	湖州	绍兴	合计	全省	占全省比例
高等学校（个）	38	6	3	9	56	108	51.8%
县级以上政府部门属研究与开发机构数（人）	40	2	4	2	48	97	49.5%

续 表

主要指标	杭州	嘉兴	湖州	绍兴	合计	全省	占全省比例
县级以上政府部门属研究与开发机构从事科技(人)活动人员数	5451	221	165	51	5888	9199	64%
研究与试验经费支出占地区生产总值的比重	3%	2.7%	2.5%	2.2%	2.7	2.3	

资料来源:《2015 年浙江统计年鉴》《2015 年杭州统计年鉴》《2015 年湖州统计年鉴》《2015 年嘉兴统计年鉴》《2015 年绍兴统计年鉴》《2014 年杭州都市圈发展报告》。

杭州都市圈创新成果丰富。杭州都市圈依托丰富的创新资源,持续地推进各类创新活动,创新发展取得显著成果。2014 年,杭州都市圈发明专利申请量 2.9 万件,较 2013 年增长 19.5%,发明专利授权量 0.77 万件,较 2013 年增长 16.9%,规模以上工业新产品产值实现增长 18.1%,新增国家级高新技术企业 578 家。

杭州都市圈初步形成创新合作机制。杭州都市圈从成立之初,圈内城市之间就在创新方面不断加强合作。特别地,杭州都市圈紧密层德清、海宁等城市,充分发挥其区位条件,加强与杭州各类高校的合作,吸引高校分院分所的入驻。如浙江工业大学与德清签约,把研究生院搬到德清;安吉吸引浙江科技学院中德工程师学院落户;海宁吸引浙江大学国际联合学院、浙江机电职业技术学院、浙江财经学院东方学院等落户;诸暨引进浙江农林大学天目学院等。这些高校资源的创新合作,推动了高校各类科研创新活动向区域的集聚。同时,中心城市的杭州,还通过杭州国家自主创新示范区的建设,推动各类创新政策的先行先试,为杭州都市圈其他城市提供探索实践。在加强杭州都市圈创新合作的同时,杭州积极发挥创新的优势,通过规划建设杭州城西科创大走廊,将杭州市科创资源最为密集的区域进行整体提升,杭州都市圈的周边城市与杭州城西科创大走廊有机对接,形成杭州都市圈创新的中心,推动创新不断溢出。据统计,2014 年,杭州城西科创产业集聚区实现限额以上服务业营业收入 742.9 亿元,规模以上工业总产值达到 357.9 亿元,地方财政收入 85 亿元,产业增加值、企业利税总额、固定资产投资、科技经费支出等方面位列全杭州市第一,区域形成了以信息产业、电子商务、软件服务外包、高端装备制造、网络安全等为主的产业结构，拥有排名前10位的淘宝商城技术、淘宝（中国）软件、淘宝网络、永乐影视制作、利尔达物联网、华立仪表、炬华科技等科技企业。

杭州城西科创大走廊

范围：以杭州未来科技城为核心，东起浙江大学紫金港校区，西至青山湖科技城，全长约33千米，宽3—5千米，全域约500平方千米，其中创新创业空间50平方千米。

科研资源：浙江大学、杭州师范大学、浙江理工大学科技与艺术学院、浙江农林大学、浙江省委党校等一高等院校，浙江省科研机构创新基地、杭州大学城和浙江海外高层次人才创新园（海创园）等重要的科研资源。

人才资源：培育和引进国家"千人计划"人才96名、省"千人计划"人才113名、杭州市"521计划"人才25名，引进两院院士25名、海外院士5名。

科研机构：累计引进包括香港大学浙江科学技术研究院、北京大学工学院浙江创新研究院、杭州师范大学等大院名所61家，建立院士和博士后科研工作站18家，省级以上科研机构80家，省级以上高新技术企业82家。

国家自主创新示范区

含义：国家自主创新示范区是指经国务院批准，在推进自主创新和高技术产业发展方面先行先试、探索经验、做出示范的区域。目前，我国共有14个自主创新示范区，分别是北京中关村、武汉东湖、上海张江、深圳、江苏苏南、天津、湖南长株潭、成都高新区、西安高新区、杭州、珠三角、河南郑洛新、山东半岛、辽宁沈大。

主要政策要点：

1. 事业单位科技成果处置权和收益权改革试点政策；

2. 鼓励创新创业税收试点政策；

3. 股权激励试点政策；

4. 科研经费管理改革试点政策；
5. 高新技术企业认定试点政策；
6. 全国性场外交易市场建设。

(四)杭州都市圈生态环境协同发展态势

杭州都市圈的生态环境成效显著。杭州都市圈进入协同发展阶段以后，杭州、湖州、嘉兴、绍兴四市通力合作，不断加大环境设施投入，生态环境建设取得了显著成效。杭州、湖州入选国家生态文明先行示范区，在节能环保、排污权交易等方面加快制度创新。湖州、嘉兴列入全国第三批生态文明建设试点地区，桐庐、临安成功创建成为国家级生态县(市)，淳安和西湖已通过国家级生态县(区)验收，长兴、余杭通过国家级生态区技术核查，德清通过环保部现场复核；生态乡镇、村创建不断深入，截至 2013 年底，杭湖绍三市省级生态县(市)创建率已达到 80%以上，杭湖嘉绍四市省级生态乡镇创建率均已达到 80%以上。2014 年，杭州都市圈区域内绿地面积达到 5.43 万公顷，较往年有较大提高。通过生态环境的营造，杭州都市圈的生态环境建设成效非常明显，成为杭州都市圈协同发展的有力生态支撑。

生态环境整治效果突出。杭州都市圈在不断营造良好生态环境的同时，也积极推动生态环境的整治，对重点行业领域、重点区域进行了生态环境的整治，整治效果突出。在水环境方面，仅以 2014 年为例，杭州都市圈清理垃圾河 1771 千米，整治黑臭河 2010 千米，工业废水排放量下降 9.3%。在空气治理方面，杭州都市圈大力推进黄标车、破旧车、小锅炉的整治，仅 2014 年就淘汰黄标车破旧车 17.2 万辆、小锅炉 2214 台，二氧化硫产生量和量分别下降 9.1%和 1.2%，四城市城区全年空气质量优良以上平均天数 240 天。在重点行业整治方面，杭州都市圈的造纸、制革、印染等重点行业整治力度加大，富阳造纸、萧绍印染、嘉兴制革、湖州电池等重点地区的重点行业污染整治取得成效。截至 2013 年底，四市累计关停造纸、印染、制革和化工企业 486 家。通过生态环境的整治，为杭州都市圈的协同发展创造了良好的发展条件，也对杭州都市圈产业转型升级起到了促进作用。

杭州都市圈初步建立了生态环境合作机制。生态环境的基础性作用，要求杭州都市圈在发展过程中要强化区域合作，通过生态环境的合作，共同解决环境建设方面的突出问题。从四市看，在生态环境建设方面，初步形成了联动、联防、联控的机制。环境合作不断加强，杭湖嘉绍签署了《关于加强杭湖嘉绍边界区域环境监管协作的共同宣言》，解决临安—嘉兴化学品废弃物倾倒、跨地市电镀污泥转运等问题，开展萧山—绍兴、萧山—诸暨、桐乡—湖州等边界联合执法行动，绍兴—湖州边界污泥倾倒事件联合执法行动等。建立了定期例会制度，在杭州都市圈环保专业委员会协调下，杭州、湖州、嘉兴、绍兴四座城市定期召开年会，每年由一城市轮流担任执行主任，共同探讨解决环境发展问题。开展重点地区的环境治理。例如围绕钱塘江、苕溪、太湖三大流域，开展重污染高耗能行业整治，仅以杭州为例，就累计完成关停531家、整治提升278家、搬迁入园22家，治理完成率为100%。开展阳江萧山诸暨断面、东苕溪余杭德清断面等沿江沿河和杭湖嘉绍边界区域的边界交叉执法检查活动；建立了区域大气环境质量联合会商和应急联合管控机制；推进边界建设项目联合审批制度和边界重大建设项目审批会商制度，进一步明确和完善都市圈边界新建项目环境准入条件；联合开展一系列大型新闻联合采访宣传活动等。通过这些机制创新举措的实施，杭州都市圈生态环境协同发展进入了新的发展阶段。

（五）杭州都市圈公共服务协同发展态势

医疗服务保障能力显著增强。2014年杭州都市圈医疗机构数、卫生机构床位数、卫生技术人员数分别达到9430个、10948个、161853人，在2010－2014年都呈增长态势，如表8-23、8-24、8-25所示。从各市发展来看，虽然部分城市在上述指标方面有变动，但整体而言，都呈上升态势。充分表明，进入杭州都市圈协同发展阶段后，杭州都市圈对医疗卫生服务发展的带作用明显增强。同时，为打破医疗结算的行政限制，杭州都市圈积极推动医保全合作，截至2014年底，已有101家医疗机构与省级异地就医结算平台联网对接，都市圈范围内与杭州市医保联网结算的定点医疗机构（含杭州市主城区）扩大至707家，实时结算的参保人员达63.08万人次，总费用1.87亿元。

表 8-23 2010—2014 年杭州都市圈医疗机构数变化表(个)

年份	杭州	湖州	嘉兴	绍兴	总计
2010	2819	1321	1376	1453	6969
2011	2958	1359	1364	1515	7196
2012	3017	1349	1343	2635	8344
2013	4139	1335	1340	2559	9373
2014	4198	1359	1374	2499	9430

资料来源:《2015 年杭州统计年鉴》《2015 年湖州统计年鉴》《2015 年嘉兴统计年鉴》《2015 年绍兴统计年鉴》。

表 8-24 2010—2014 年杭州都市圈卫生机构床位数变化表(个)

年份	杭州	湖州	嘉兴	绍兴	总计
2010	42828	10129	14927	15820	83704
2011	45291	10599	16272	16849	89011
2012	49471	11265	17992	18796	97524
2013	52056	12079	19412	20084	103631
2014	55779	11632	21038	21038	109487

资料来源:《2015 年杭州统计年鉴》《2015 年湖州统计年鉴》《2015 年嘉兴统计年鉴》《2015 年绍兴统计年鉴》。

表 8-25 2010—2014 年杭州都市圈卫生技术人员数变化表(人)

年份	杭州	湖州	嘉兴	绍兴	总计
2010	61117	15973	22580	22155	121825
2011	65869	16240	23729	23931	129769
2012	71618	17738	25286	25722	140364
2013	78340	18216	26439	27854	150849
2014	85614	19027	28036	29176	161853

资料来源:《2015 年杭州统计年鉴》《2015 年湖州统计年鉴》《2015 年嘉兴统计年鉴》《2015 年绍兴统计年鉴》。

教育合作领域深入融合。伴随着杭州都市圈的发展,杭州都市圈更加注重教育投入,对各级教育设施加大投入力度,设施数量和规模不断增加和扩大,教育条件不断改善。2014 年杭州都市圈共有幼儿园 2025 所、小学 1078 所、中学 615 所、高中 176 所,教育设施得到了快速发展,如表 8-26、8-27、8-28、8-29 所示。同时,杭州都市圈四市不断创新合作方式模式,积极推动在教育领域的合作。例如举办“中国杭州名师名校长论坛”“中职校长论坛”等各类研讨会,推进都市圈内教育理念的互融;杭州聋人学校向湖州市招生,湖州、嘉兴、绍兴三地的聋人学校老师到杭州聋人学校来挂职锻炼,不断提升教学质量;在教师层面,加强四城市教师教学研讨,教育科研合作,名优教师支教,促进都市圈教师资源的相互共享;在学生层面,通过优秀学生干部夏令营,组织四地学生领袖论坛、辩论赛等活动,建立四地学生互动机制,增进四地学生的相互交流。加强优势教育资源整合,安吉与西湖区签订教育全面合作协议,建立特级教师安吉工作站;共同编制《杭州、湖州、嘉兴、绍兴四地第二课堂实践活动指南》,探索都市圈内爱国主义教育基地和青少年素质教育实践基地资源共享机制;不断打响教育品牌,杭师大与桐乡市共建杭师大附属桐乡市实验中学,浙江幼儿师范学院与海宁市长安镇中心幼儿园合作,海宁市高级中学和杭二中合作,德清莫干山外国语小学和杭州崇文实验学校联办杭州市崇文新班级实验小学等。杭州都市圈通过在教育领域的不断探索,推动了杭州都市圈教育协同发展。

表 8-26 2010—2014 年杭州都市圈幼儿园变化表(所)

年份	杭州	湖州	嘉兴	绍兴	总计
2010	969	175	299	695	2138
2011	970	176	298	682	2126
2012	914	180	301	673	2068
2013	860	175	305	659	1999
2014	881	184	312	648	2025

资料来源:《2015 年杭州统计年鉴》《2015 年湖州统计年鉴》《2015 年嘉兴统计年鉴》《2015 年绍兴统计年鉴》。

表 8-27 2010—2014 年杭州都市圈小学变化表(所)

年份	杭州	湖州	嘉兴	绍兴	总计
2010	408	141	215	452	1216
2011	409	133	204	416	1162

续 表

年份	杭州	湖州	嘉兴	绍兴	总计
2012	415	136	192	405	1148
2013	419	130	161	373	1083
2014	421	128	170	359	1078

资料来源:《2015 年杭州统计年鉴》《2015 年湖州统计年鉴》《2015 年嘉兴统计年鉴》《2015 年绍兴统计年鉴》。

表 8-28　2010—2014 年杭州都市圈中学变化表(所)

年份	杭州	湖州	嘉兴	绍兴	总计
2010	245	—	119	141	505
2011	246	101	121	145	613
2012	244	100	120	144	608
2013	241	100	121	140	602
2014	241	98	139	137	615

资料来源:《2015 年杭州统计年鉴》《2015 年湖州统计年鉴》《2015 年嘉兴统计年鉴》《2015 年绍兴统计年鉴》。

表 8-29　2010—2014 年杭州都市圈高中变化表(所)

年份	杭州	湖州	嘉兴	绍兴	总计
2010	72	—	36	41	149
2011	71	25	36	42	174
2012	70	25	36	42	173
2013	70	25	36	42	173
2014	72	25	36	43	176

资料来源:《2015 年杭州统计年鉴》《2015 年湖州统计年鉴》《2015 年嘉兴统计年鉴》《2015 年绍兴统计年鉴》。

文化、体育事业发展迅速。杭州都市圈进入协同发展阶段以后,文化体育事业也得到长足的发展。杭州都市圈四市在文化体育领域加强合作,共同推动文化体育品牌建设。在文化方面,基于杭州都市圈共同的文化发展基础,四市加强彼此在文化领域的合作,突出表现在:在文化活动上交流频繁,中心城市杭州与德清、安吉、海宁、桐乡、诸暨等县市互相组织了 24 个体验团开展都市圈生活体验,推动文化的交流等。在文化合作机制中,杭州都市圈四城市建立了重要文化活动联动机制，共同建设区域演出网络。在文化设施利用上，杭州都市圈四城市建立公共文化设施的共建共享机制，例如成立杭州都市圈公共图书馆服务联盟，促进公共图书馆的共建共享。在文化资源保护上，杭州都市圈四城市开展共同保护性开发，例如联合开展四城市传统手工艺类、美术类非物质文化遗产保护宣传展示活动，探索区域内非物质文化遗产保护项目的联合申报和合作保护。在文化创意产业发展上，四城市建立联动错位发展机制，例如杭州、海宁市、浙江华策影视公司三方共同建设中国（浙江）影视产业国际合作实验区，将实验区的总部设在杭州，影视基地则建在海宁，形成了文化创意产业协作发展新模式等；海宁市还与诸暨等地的市县长们签署《海宁宣言》，共同在文化融合、文化公共服务体系建设、文化项目对接等方面加强合作。

共同市场体系和品牌加快打造。推进市场一体化发展是都市圈发展的重要内容之一，通过统一市场体系建设可以有效地促进各类要素的流动。杭州都市圈在进入协同发展阶段以后，注重统一市场体系建设，在人才流动、品牌建设等方面加强合作交流，促进杭州都市圈整体统一市场体系的形成。在人才方面，杭州都市圈四城市积极搭建共享的人才交流平台，开通四城市政府人才网的链接。创新人才培训的合作交流机制，杭州市公共实训基地向杭州都市圈开放实训和鉴定平台，每年举办各类面向杭州都市圈的公共实训师资培训班。加强杭州都市圈人才的统一培训，举办都市经济圈创业培训暨城乡统筹就业培训教学研讨、都市经济圈创业培训师资交流会，协助安吉县、德清县等地开展 SYB 创业培训等。在区域品牌共同打造上，杭州都市圈强化优势互补，错位发展，不断加强区域品牌的建设。例如，杭州利用其在会展方面的优势，积极推动杭州都市圈其他城市充分利用杭州有关会展，打造品牌。例如，杭州西博会已累计在安吉、诸暨、德清、海宁、上虞、南浔等设立了西博会分会场，建立了分会场长效联络机制，增强了西博会及其分会场影响力；利用西博会、休博会平台，举办了中国瀑布旅游文化高峰论坛（诸暨）、上虞乡村休闲与“四季仙果之旅”论坛、海宁休闲生活与时尚消费论坛、德清低碳休闲论坛、安吉休闲与乡村旅游论坛、都市圈城市系列论坛等一系列交流活动。杭州都市圈加快区域宣传推广，充分利用各类营销活动，统一宣传推广杭州都市圈的优势资源。例如杭州都市圈每年联合在北京展示四城市特色产品，推动品牌与特色的整合营销、名特优新产品与商超餐饮及大型集团采购的对接;杭州都市圈还举办了以"红红火火过大年""超级欢乐购物节""欢乐金秋"等为主题的休闲促销活动等。通过各类创新型活动的举行,杭州都市圈的知名度不断提升,四城市的合作领域与范围不断拓展。

(六)杭州都市圈协同发展保障机制态势

杭州都市圈协同发展机制不断健全。从杭州都市圈形成和发展之初,杭州、湖州、嘉兴、绍兴等四市就在协同发展的体制机制上不断创新,力求通过破解杭州都市圈发展体制机制障碍来促进区域的发展。杭州都市圈建立了以市长联席会议决策机制、政府秘书长会议协商机制、协调会办公室议事机制、专业委员会项目合作机制为框架的杭州都市圈建设政府协调机制。截至 2014 年,杭州都市圈已召开 7 次市长联席会议。同时,杭州都市圈合作发展协调会办公室成立,办公室放在杭州市经合办。专业委员会和部门联席会议的工作机制不断完善,专业委员会的数量已增至 15 个,部门、群团组织和有关民主党派等联席会议制度在 2010 年 5 个的基础上增至 10 个,建立了工商、民政、科技、教育等联席会议制度。2014 年,杭州都市圈获批国家发改委转型升级综合改革试点,为推动杭州都市圈的转型发展,浙江省委省政府成立了浙江省杭州市都市经济圈转型升级综合改革试点工作协调小组,由常务副省长担任组长,各厅主要部门领导担任副组长,并设立协调小组办公室,放在省发改委。在这样的协同发展机制下,杭州都市圈城市不断加强合作交流,联系与合作的程度不断加深。从民间交流看,区域民间团体交流持续加强,已建立了 16 个跨区域社会组织联席会议制度,在促进项目对接、企业合作等方面发挥了重要作用。杭州都市圈在培育发展过程中,还积极发挥智库的力量,2012 年成立了省内外政府部门、高校与科研机构等领域知名专家、学者组成的都市圈专家委员会,进一步健全了杭州都市圈重大事项决策的专家论证、技术咨询和决策评估制度。

杭州都市圈合作发展协调会办公室工作职责

(2007 年 9 月 25 日杭州都市圈协调会办公室第一次主任办公会议审议通过)

第一条　杭州都市圈合作发展协调会办公室(以下简称"协调会办公

室”)在杭州都市圈合作发展协调会(以下简称“杭州都市圈协调会”)的领导下,负责处理市长联席会议闭会期间的日常工作。

第二条 负责拟订杭州都市圈年度工作计划。

第三条 负责对市长联席会议精神的贯彻执行情况及各专业委员会组织开展的合作专题实施情况进行督查,并参与专题合作项目的评估。

第四条 会同专业委员会确定合作专题,收集整理合作发展项目,做好协调、沟通和联络等工作。

第五条 会同执行主席方共同承办杭州都市圈协调会市长联席会议的筹备工作。

第六条 会同杭州都市圈协调会政府秘书长工作会议的承办城市共同做好政府秘书长会议的筹备工作。

第七条 每年组织召开 2 次主任办公会议,总结经验、交流信息、提出建议等。

第八条 组织开展学习考察交流活动和调查研究工作,加强与其他区域经济组织的联系和信息交流。

第九条 负责协调会办公室内部岗位的设置和干部的调配任免、工作人员的聘用。

第十条 负责对协调会办公室财务工作的管理。

第十一条 负责杭州都市圈信访和情况通报等工作,完成市长联席会议交办的其他工作任务。

规划研究和政策不断完善。杭州都市圈发展,非常重视规划对都市圈发展的指导作用,特别杭州都市圈进入协同发展阶段后,政府管理部门不断完善规划体系,形成杭州都市圈相对健全的规划体系。2010 年,浙江省政府批准《杭州都市经济圈发展规划》,明确了杭州都市圈今后培育发展的思路、重点任务、保障举措等。同时,杭州都市圈还编制形成了包括综合交通、环境共保、工业发展、金融合作、信息化合作、旅游合作等一系列专项规划,其中环境共保规划已由省环保厅正式批复,综合交通规划已全面实施。在规划不断完善的同时,杭州都市圈还积极围绕区域发展热点问题,邀请省内外知名的研究机构开展杭州都市圈相关方面研究，如《杭州都市圈新型城市化模式选择与战略创新》《优化提升杭州都市圈城镇体系结构研究报告》《杭州都市圈发展规划中期评估》《加快杭州都市圈一体化发展的对策研究》《杭州都市圈智慧城市基础设施建设协作机制研究》等系列研究报告，为杭州都市圈的发展决策提供重要参考。此外，在规划研究不断完善的同时，为推动杭州都市圈深入发展，省、市、县三级联动，还相应地出台了许多政策，从政策角度推动杭州都市圈的发展。例如杭州市人民政府出台《杭州市 2012 年接轨上海推进杭州都市圈建设的工作意见》(杭政办函〔2012〕118 号)、《关于加强杭州都市圈合作发展协调会办公室建设的意见》，德清县出台《德清县 2010 年接轨上海融入杭州工作行动方案》等。在杭州都市圈上升为国家发改委综合配套改革试点后，杭州、嘉兴、绍兴、湖州等也相继出台本市综合配套改革试点，全面推进杭州都市圈的发展。通过一系列规划研究的引导和政策意见的保障，杭州都市圈发展保障机制不断健全。

三、杭州都市圈协同发展的难点与障碍

虽然杭州都市圈的协同发展取得了一些成效，积累了一些经验，但是同世界和我国主要都市圈发展相比，杭州都市圈协同发展仍然存在着许多突出的问题与障碍，亟须我们加快破解。

(一)中心城市杭州的极核功能还不够强

都市圈都有比较强大的中心城市。中心城市的极核功能对都市圈的发展起着重要的作用。而从杭州都市圈来看，杭州中心城市的极核功能还比较弱，对都市圈辐射带动能力还有待提升。在经济总量上，经济总量依然偏低，2014 年，杭州市的地区生产总值相当于苏州市的约 2/3。在竞争力上存在明显差距，据中国社科院《中国城市竞争力报告》显示，2014 年杭州在中国城市综合经济竞争力排名中列第 22 位，与周边的上海(第 3 位)、苏州(第 7 位)、无锡(第 10 位)存在明显差距，而且有排位后退趋势，如表 8-30 所示。在城市服务业辐射力方面只处于中等水平，在全国 15 个实力较强的副省级城市和 4 个直辖市中，杭州的辐射能力处于第 9 位。在创新能力上，高新技术产业平

台规模和支撑能力较弱。国家重点实验室和高水平大学数量少，杭州国家级重点实验室仅 12 个，而南京国家重点实验室有 21 个，深圳更高达 93 个；创新应用能力与一线城市相比还有较大差距，2014 年杭州的发明专利授权量分别为 5559 件，远落后于北京（23237 件）、深圳（12032 件）、上海（11614 件），如图 8-12 所示；高新区创新平台实力偏弱，截至 2013 年底，杭州高新区分别占杭州 GDP 比重仅为 9%，这一比重远不及成都高新区（25%）、常州高新区（24%）、南京高新区（18%），高新区内工商注册企业数量也偏少，如图 8-13、8-14 所示。在基础设施配套上，杭州地铁还未成网，机场、火车站等主要交通枢纽互相分割，换乘非常不便。城市公共交通也比较滞后，交通拥堵现象成为常态。国际化配套功能还不完善，相比于其他都市圈在国际上的影响力和辐射力来说，杭州中心城市的国际影响力和辐射力还比较弱。以总部企业为例，目前深圳已经培育集聚起一批世界 500 强企业，如中国平安、华为投资、招商银行、正威国际等，杭州仅有浙江物产、浙江吉利控股 2 家本土世界 500 强企业。再以国际组织总部和地区代表处为例，杭州国际组织总部和地区代表处还比较少，外籍常住人口数量不多，国际学校数量较少，国际教育设施不足，高水平国际化医疗资源也不够。同时，杭州虽然会展业发展比较快，但会展业规模小、国际性展览场次少，会展品牌影响力小。目前上海展览面积近 1300 万平方米，国际会展占各类展览比重达到 70%，而杭州展览面积为 227 万平方米，国际会展比例只占 17%。杭州虽然旅游业比较发达，但与世界主要城市相比，还有比较大的差距，如图 8-15 所示。

表 8-15　近三年杭州等八城市综合经济竞争力排名表

城市	2014 年排名	2013 年排名	2012 年排名
杭州	22	22	21
宁波	21	21	19
广州	5	5	5
苏州	7	7	7
南京	13	13	14
厦门	17	17	20

续 表

城市	2014 年排名	2013 年排名	2012 年排名
大连	18	18	17
青岛	16	16	15

资料来源：倪鹏飞等著：2015 年、2014 年、2013 年《中国城市竞争力蓝皮书：中国城市竞争力报告》，社会科学文献出版社。

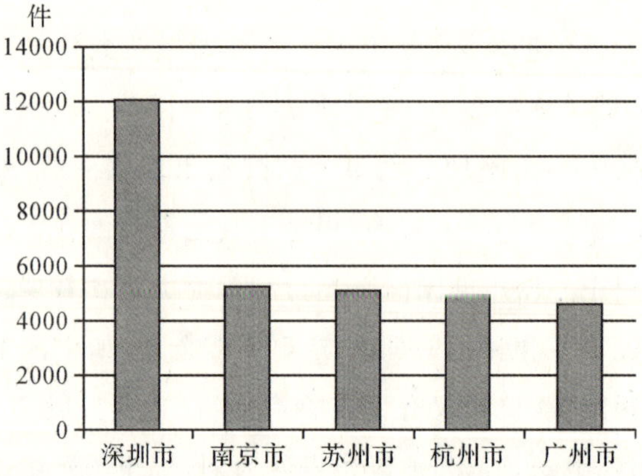

图 8-12　2014 年杭州与国内主要城市发明专利授权比较

资料来源：各城市统计信息网。

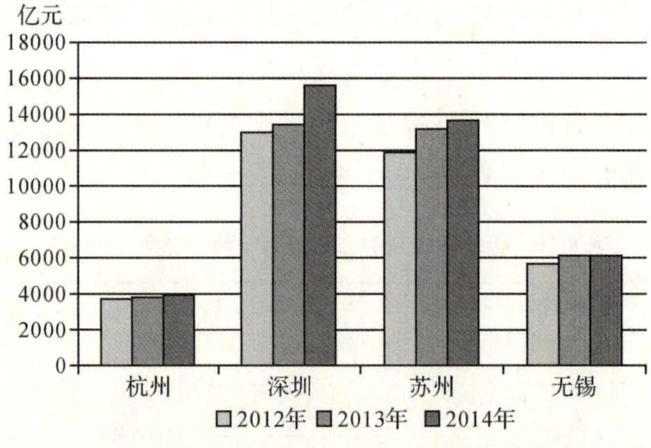

图 8-13　2012—2014 年杭州与深圳、苏州、无锡高新技术产业产值比较

资料来源：各城市统计信息网；宁波市 2014 年高新技术产业产值为半年数据估算值。

（二）省级层面缺少强有力的实施推进机制

杭州都市圈虽然在成立之初就在实施推进机制方面积极开展相关探索，包

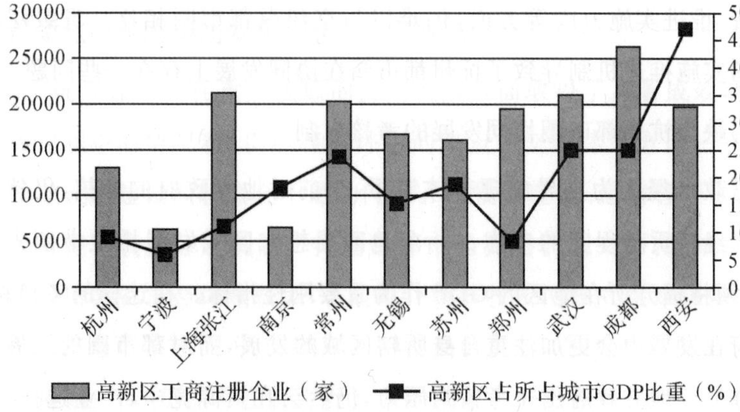

图 8-14　截至 2013 年底杭州与国内主要城市高新区企业数量及占城市 GDP 比重比较

资料来源：科技部《国家重点园区创新监测报告 2014》。

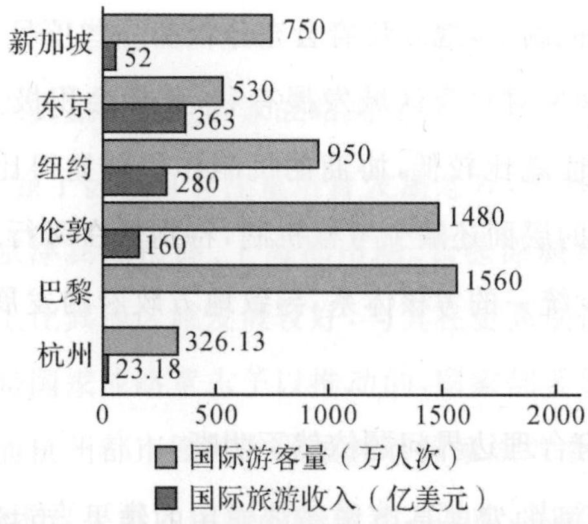

图 8-15　杭州与国际旅游城市旅游业指标对比

资料来源：各城市统计信息网。

括设立市长联席会议决策机制、政府秘书长会议协商机制、协调会办公室议事机制、专业委员会项目合作机制等，从机制层面努力破解杭州都市圈发展的问题。但从整体看，这种机制的推进实施效果还不够强大，特别是在杭州都市圈进入协同发展阶段后，这些机制的作用程度没有之前那么明显。当前，杭州都市圈的推进实施工作基本上是由杭州都市经济圈合作发展协调会、市长联席会议和下设杭州都市圈合作发展协调会办公室完成，协调统筹推进能力尚显不足。相比较京津冀都市圈和长株潭城市群在推进都市圈的实施工作机制上，杭州都市圈在省级层面还缺少有效的实施推进机制。虽然，省级层面已有浙江省杭州都市经济圈转型升级综合改革试点工作协调小组办公室，但其职能定位、成败全局。顺应杭州都市圈协同发展的规律，提出深入推动杭州都市圈协同发展的对策建议。在一体化发展理念上，必须更加注重国际化带动。杭州都市经济圈的发展，要放在国际化大视野格局下谋求发展。在开放型经济发展水平下，以更加包容大气的姿态提升杭州都市经济圈对外开放水平。要紧紧抓住杭州举办G20峰会、2022年亚运会两大盛会的契机，主动吸纳和整合资源，更加积极参与国际合作与竞争，努力强化开放对创新能力的提升作用。积极谋划建设若干高水平合作开放平台，集聚一批国内外高端科技、资本、人才等要素资源，培育一批具有国际化运营和管理理念的优秀企业家等。依托杭州都市经济圈，构建全方位宽领域多层次更高水平的开放格局。从杭州都市圈发展看，推动杭州都市圈的协同发展，需要着力把握以下发展思路：

在一体化发展动力上，必须更加注重改革创新驱动。当前，制约杭州都市经济圈提升发展的困难和障碍已不能简单通过四市协商来解决，涉及深层次的体制机制。在一体化发展动力上，应更加注重向市场化改革要空间，向创新驱动要动力，要在充分发挥市场机制作用基础上更加有效地发挥省市级政府的主动作用。在应当市场发挥作用的领域，要充分发挥市场对资源配置的决定性作用，彻底打破行政壁垒的藩篱。为此，应以国家杭州都市经济圈转型升级综合改革试点为抓手，着力实施一批具有突破性的改革事项，扫除发展障碍和壁垒，释放发展活力。

在一体化发展路径上，必须更加注重差异化、特色化、协同化发展。杭州都市经济圈四市发展水平、资源禀赋、发展潜力等方面有较大差别，要紧紧依托各自特色优势，在一体化发展前提下，推动区域差异化、特色化、协同化发展。杭州要突出科技创新优势，着力提升中心城市的城市功能；嘉兴要突出新型城镇化优势，着力实现城乡统筹发展；湖州要突出生态环境优势，着力在生态文明建设方面取得突破；绍兴要突出工业特色优势，着力营造有利于工业转型升级的体制机制环境。整体上构筑起产业、城市、城镇协调发展的机制，这些导向在规划实施中必须依托省级政府的有力引导和协调。

在这样的思路指导下，为推动杭州都市圈协同发展，需要采取的举措建议有：

(一)省级层面需建立强有力的实施推进机制

虽然当前我国在大力推动社会主义市场经济的发展,充分发挥市场在资源配置的决定性作用。但从我国的现行经济运行体制来看,政府的力量仍然发挥着重要的作用。政府的巨大资源调配和规划政策引导,对都市圈的提升发展起着重要作用。京津冀都市圈、长株潭城市群的发展经验都表明,在组织层面上,强有力的实施推进机制,对都市圈协同发展发挥着重要作用。加快杭州都市圈协同发展,必须做好顶层设计、统筹布局。可以考虑,推动浙江省杭州都市经济圈转型升级综合改革试点工作协调小组升格为杭州都市经济圈建设领导小组,由省政府分管领导任组长,各城市主要负责人和省直有关部门负责人为成员,领导小组主要职能是审定都市经济圈发展规划和年度实施计划,指导创新政策试验工作,统筹协调重大事项等。并下设办事机构(办公室),放在省发改委。

(二)积极推动将都市圈的发展上升至国家战略层面

作为一个省的都市圈,在集全省资源推进都市圈建设过程中,虽然省级层面可以为都市圈的培育发展倾尽全力,但如果将都市圈的发展上升至国家战略层面,通过国家意志的传导推动都市圈的发展,可以实现都市圈高水平的开发建设。当将都市圈的发展上升至国家战略之后,国家部委、高校、央企等将加大向都市区的政策倾斜力度,有利于高水平地推动都市区的开发建设。京津冀都市圈、长株潭城市群在培育发展过程中,都积极将本省都市圈培育上升至国家战略层面,如长株潭城市群以“资源节约型和环境友好型社会建设”为主题,将长株潭城市群建设上升至国家战略层面,在建设过程中得到了国家各部委、高校和研究机构的大力支持。杭州都市圈的发展,要找准主题,以鲜明的特色争取进入国家战略层面。按照杭州都市圈发展的实际,特别近几年杭州在创新发展方面的基础,可以考虑杭州都市圈突出创新主题,以“互联网+”为主题推动创新型都市区上升至国家战略层面。

(三)做强杭州中心城市的极核功能

中心城市在都市圈中的作用与地位毋庸置疑,都市圈协同发展阶段,也需要进一步做强做大中心城市。对于都市圈而言,做强做大中心城市需要立足中心城市的发展特色,找准突破口,加快完善中心城市各类功能。对杭州而言,针对杭州在基础设施、国际化、创新等方面与国内其他城市差距,加快补齐短板。加快杭州创新功能的培育,建立中心城市与周边区域产业链上的合理分工机制。按照“研发在中心城市、制造在周边区域,孵化在中心城市、转化在周边区域”的分工大思路,充分发挥中心城市的高端要素集聚优势和周边区域的空间资源优势,通过市场主导、政府引导,在分工基础上增进合作。推进杭州都市圈技术市场一体化建设。建立科技成果转化和交易信息服务平台,建立健全技术交易市场,完善信息共享、标准统一的技术交易服务体系。建立科技和人才创新机制。加快科技体制改革,转变政府科技管理职能,加快推行推广杭州高新区(滨江)科技体制综合改革试点,推进杭州人才管理改革试验区建设,保留高层次人才事业编制身份。将杭州都市圈建设为创新型都市圈,逐步成为国家自主创新示范区域。构建创新资源共建共享机制。推动区域内大型科研仪器设备、重大科技基础设施、重大科学工程和科技信息资源等共享共用。加快完善杭州都市圈的基础设施网络。构建公路、水路、铁路、民航和城市轨道交通组成的综合交通运输体系,打造杭州国家级综合交通枢纽。推进都市圈地铁成网。加快推进以地铁为骨干的城市公共交通体系建设,早日实现地铁连线成网。推进城际铁路连城。通过城际铁路建设,促进杭州与各设区市信息、文化、人员交流,实现其在更大范围、更广领域统筹资源。加快构建新一代信息基础设施。加快形成高速宽带、天地一体、泛在智能、安全可控的新一代信息基础设施,为经济社会数字化、网络化、智能化发展提供坚实的网络基础。加快推进智慧城市建设。进一步提升杭州国际化水平,推进教育国际化。丰富和扩大教育国际交流合作,推进中外合作办学,加快建设国际学校,引进国外资源举办与国际接轨的职业教育。推进医疗服务国际化。加快建设国际医院,重点引进国际知名的医疗服务机构,合作建设国际性医院,建立与国际医疗保险机构费用结算、医疗服务相接轨的医疗服务体系。开展各类国际交流活动。加强与国际组织的交流合作,争取承办和举办国际性的学术活动、国际性会议和国际性会展。加大国际性知名赛事的引进力度,大力引进高端国际性赛事落户杭州。推进旅游国际化。营造杭州国际城市旅游形象,开发衍生产品。加强杭州旅游的国际化宣传,拍摄国际版的杭州旅游宣传片。与国外著名旅游城市的官方旅游局建立战略合作关系,互设“旅游大使”。加大国际机构和跨国公司引进力度。优化国际营商环境,吸引世界500强企业和跨国公司区域总部、研发中心,以及国际组织分支机构落户。

(四)明确都市圈各城市的特色定位

都市圈是一个发展的整体,在这个整体的发展过程中要特别注重都市圈内部各城市特色功能培育,通过差异化的职能定位,选择不同的路径,推进都市圈内部城市的协同发展。由于历史原因、区位条件、资源禀赋等客观因素的差异,都市圈内各城市的发展模式和发展水平各不相同,相应的其推进路径也有差异。为此,需要根据都市圈内不同城市的区位条件、资源禀赋、人口规模、产业基础等因素,明确各城市的职能定位。从杭州都市圈来看,作为中心城市的杭州,不仅是省会城市,也是创新活力最为突出的区域。为此,杭州在都市圈的职能定位中要突出强化创新功能定位。在此定位指引下,杭州各方面的政策等都要围绕创新开展研究,在政策制订、平台打造方面都体现创新。湖州在生态农业、生态旅游方面优势比较突出,在杭州都市圈发展职能定位中,要以生态农业、生态旅游为主题,推动湖州以生态经济为特色的城市功能培育。嘉兴在城乡统筹方面走在全国前列,在职能定位上,要以城乡统筹发展作为重要的切入点,进一步强化城乡统筹发展方面功能的培育。绍兴在工业转型方面走在前列,要强化工业转型方面的特色。

(五)建立都市圈协同发展的考核体系

在现行我国体制下,考核作为重要的"指挥棒",在激励区域发展中的作用显而易见。而目前,我们的考核是以行政区划为单元的考核体系,这必然造成执政者对行政区"地盘"的重视,忽略都市圈发展。为此,在都市圈协同发展阶段,也应该充分发挥考核对地方政府的促进作用,从国家或省级层面建立一套针对都市圈发展的考核体系。在操作层面,可以考虑由省级政府牵头,建立针对都市圈各城市在都市圈协同发展方面的考核体系。在指标设定上可以围绕跨行政区划的项目建设情况、出台相关政策意见、体制机制创新等方面设定指标,以此来推动各城市重视都市圈协同发展。

(六)建立都市圈协同发展的规划体系

规划在推动区域发展方面起着引导作用,一个科学的规划可以指导一个区域几十年甚至上百年的发展。都市圈进入协同发展阶段以后，更需要发挥规划的引领作用。从国内外都市圈协同发展经验看，完善的规模体系有效地保障了都市圈沿着正确的方向发展。为此，在都市圈协同发展阶段，也需要构建一套完善的规划体系。针对杭州都市圈协同发展实际，在规划体系建设上，首先，结合新形势、新情况变化，加快修编完善《杭州都市经济圈发展规划》，对原有规划实施情况进行全面评估，及时对规划进行修编完善。其次，建立杭州都市圈的专项规划体系，包括交通、医疗、教育、环保、产业等各专项规划。同时强化总体规划省级层面的颁布实施，专项规划由省级职能部门编制等。

（七）在杭州都市圈范围内适时推动一些突破性的改革举措

推进杭州都市圈的发展，要在深化改革中寻求协同发展新动力。特别是制约杭州都市圈发展的一些问题和障碍，更需要通过改革的思维，打破原有的格局，在改革中实现跨越发展。首先，杭州都市圈正在推进一些国家级和省级改革试点，如杭州的国家自主创新示范区与跨境电商试验区、嘉兴的国家新型城市化综合改革、湖州的国家生态文明先行示范区建设、嘉善县域科学发展综合配套改革、德清县城乡体制改革、海宁资源要素市场化配置等，从都市圈协同发展角度看，这些政策或改革试点范围仍然比较局限，还未在都市圈发挥最大改革红利，必须加快在都市圈范围先行推广覆盖。其次，行政区划在推进都市圈的发展中也起到重要的作用，因此，在杭州都市圈协同发展阶段，可以考虑在不增加行政建制的前提下适时对杭州等市中心城区的行政区划做适当整合调整，加快开展开发区体制整合改革。同时，要积极推进一批改革举措，如建立杭州都市圈内部干部定期交流互派机制，有组织、有计划、分批次地选送干部赴国外进修、实习、考察等，学习借鉴国外都市圈建设的成功经验。

（八）杭州都市圈协同发展阶段重点领域的创新举措建议

在基础设施协同发展领域，重点创新基础设施的投融资体系。交通作为区域连接的重大设施，对都市圈内各城市“同城化”起到重要推动作用。长株潭城市群和武汉城市圈为破解在城际铁路建设方面的障碍，成立相应的城际铁路投资有限公司，推动城际铁路建设。武汉城市圈由省级财政出资，成立湖北城际铁路有限公司，并出台《湖北省人民政府关于加强武汉城市圈城际铁路沿线土地综合开发的意见》，明确“城际铁路与城市轨道交通换乘站相关工程红线内土地可由省市共同开发，具体开发方式由省市协商确定”“设立运营补亏保障金，即城际铁路运营补亏保障金由沿线土地综合开发的省市出资人净收益、各沿线市上缴的城际铁路运营专项补亏资金等构成，省政府以适当形式予以支持。该保障金在省联发投集团设立专户，由省财政厅负责监管，做到专户存储，专项用于城际铁路运营补亏”。长株潭城市群由湖南发展投资集团有限公司、广州铁路投资(集团)公司分别作为湖南省人民政府、铁道部出资人代表各出资50%设立湖南城际铁路有限公司，开展对境内城际铁路建设、经营与管理。公司作为湖南城际铁路项目的法人对项目资金筹措、建设实施、工程建设、生产经营、债务偿还和资产保值增值实行全过程负责。对杭州都市圈而言，一些跨行政区重大基础设施建设面临资金不足的问题。在投资建设、运营管理等方面缺乏有效投入分担和收益分成机制。特别是都市圈轨道交通、绕城公路、城市轻轨等项目所需资本金体量较大，各地单一财政投资的模式很难保障项目的推进实施。为此，借鉴长株潭城市群和武汉城市圈成立城际铁路投资有限公司的经验，建议杭州都市圈由杭嘉湖绍四地政府及省交通投资集团，共同出资成立城际铁路投资有限公司。城际铁路投资有限公司侧重战略谋划和投融资运作，推进城际铁路网建设。同时由投资公司作为发起人，以具体线路为对象，吸引社会投资人共同出资成立项目公司，统筹推进线路的投资、建设、运营及资源综合开发。

在社会民生、信息设施建设、环境治理和信用体系等领域加快协同发展。都市圈建设的最终目的是要使全体人民在共建共享发展中增添获得感。为此，必须要加快破除都市圈内政策和体制壁垒，推动体制机制一体化，努力实现都市圈的社会共管、民生共享、环境共治、智慧和信用共建的良好格局。社会民生方面，省级层面加快社会事业改革，整合四市社保、医疗、教育、民政等信息，重点推动都市圈市民卡“一卡通”，建议由省卫计委牵头，推进都市圈医学检验、影像检查结果互认，诊疗信息畅通流转，医生在都市区多点执业等；充分依托杭州信息经济的优势，积极推动智慧城市上升到智慧都市圈一体化建设。实现电信、宽带、云计算、大数据等一体化建设，积极推进都市圈内移动通信同网同价。

重点推动杭州争取国家互联网骨干网直联点和互联网国际出口专用通道。环境治理和信用建设方面，建议推进都市圈环境协同治理，建议省环保厅牵头成立专司四市环境监测执法大队，设置对四市政府环境同治的考核指标；在杭州市政府联合征信系统和"信用杭州"门户网站基础上，推进都市圈公共信用信息平台建设和应用，构建统一的联合征信系统。

在产业体系协同发展领域，注重共建园区和统一招商体制建设。推动产业协同发展一直是都市圈发展的难点。在推动产业协同发展方面，国内其他地区都积极在这方面进行探索尝试。当前，在推进产业协同方面，以合作园区为特色的产业协同发展模式成效显著。所谓共建园区，是指跨行政主体的两个城市，基于彼此合作共赢的出发点，在一个城市建立由两个或两个以下城市主导开发的园区。一方提供土地、人力等资源，另一方开展招商运营等。如武汉城市圈的东湖高新区先后与鄂州、孝感、咸宁、仙桃等市合作建设产业园达 20 多个，如中国光谷・咸宁工业园、武汉经济开发区"咸宁工业园"、中国光谷・孝感产业园、中国光谷・仙桃产业园等。厦漳泉都市圈合作共建厦门翔安电子信息产业园、漳州南靖精密机械园和泉州南安光电产业园等。因此，在杭州都市圈协同发展阶段，可以考虑以共建园区为突破口，推动产业体系协同发展。而共建园区的基础是杭州都市圈范围内要有一个比较强大的园区，而杭州都市圈有条件、有基础、有实力的园区是杭州高新区。为此，杭州都市圈要将杭州高新园区做强做大，进一步发挥高新区在产业体系协同发展方面的影响力，探索建立合理的利益分享机制，在杭州都市圈层面推动高新区设立分区、分园，使都市圈内的园区共享高新区的品牌优势。另一方面，在产业体系协同发展方面，必须摆脱恶性竞争的关系，要从都市圈的层面按照产业区域特色化、差异化发展思路，明确各园区重点产业发展方向、主要发展空间、未来开发规模等，并纳入地方考核。在都市圈层面建立统一的招商引资平台，配备专业的招商队伍，围绕区块特色产业，开展招商。目前，杭州已在产业招商引资方面做了一些尝试，如制订《杭州发展导向目录与空间布局指引》等，对实现产业体系协同发展具有借鉴意义，如表 8-31 所示。

表 8-31 杭州招商引资产业空间布局导引

区域层级与定位	名称	重点鼓励招商产业	不予招商产业
主城区	上城区	休闲旅游、健康服务(前两项为核心产业)、金融服务、文化创意、信息软件	一般制造业和重化工行业
	下城区	金融服务、电子商务(前两项为核心产业)、文化创意、信息软件、旅游休闲	一般制造业和重化工行业
	江干区	总部经济、现代商贸(前两项为核心产业)、金融服务、文化创意、信息软件	一般制造业和重化工行业
	西湖区	文化创意、电子商务(前两项为核心产业)、金融服务、信息软件、旅游休闲	一般制造业和重化工行业
		其中之江国家旅游度假区重点招商产业为文化创意、旅游休闲(前两项为核心产业)、新一代信息技术	一般制造业和重化工行业
	拱墅区	信息软件、现代物流(前两项为核心产业)、金融服务、旅游休闲	一般制造业和重化工行业
副城	萧山区	现代物流(空港)、先进装备、新能源(前三项为核心产业)、新材料、新一代信息技术、文化创意	化肥、农药、印刷、酒类、制革、印染及有化学反应的化工、冶炼、造纸、化学原料等污染大的行业
		其中萧山经济技术开发区重点招商产业为汽车关键零部件、智能装备(前两项为核心产业)、信息软件、生物医药、新材料	化肥、农药、印刷、酒类、制革、印染及有化学反应的化工、冶炼、造纸、化学原料等污染大的行业
	余杭区	电子商务、节能环保、先进装备(前三项为核心产业)、信息软件、休闲旅游、生物医药	金属制品、水泥、沥青等项目及冶炼、化工、制革、造纸、电镀、印染等污染大的行业
		其中余杭经济技术开发区,重点鼓励招商产业:生物医药、仪器仪表(前两项为核心产业)、汽车及零部件、节能环保	有色金属压轧、水泥、沥青等项目及冶炼、化肥、农药,有化学反应的化工、金属表面处理、制革、造纸、电镀、印染、铅酸蓄电池、化学原料药等污染大的项目

续　表

区域层级与定位	名称	重点鼓励招商产业	不予招商产业
副城	杭州国家高新区(滨江)	互联网、物联网、新一代信息技术(前三项为核心产业)、文化创意、电子商务、智能装备	一般制造业及化工、造纸、冶炼、制革、印染、铅酸蓄电池、废旧物品回收等污染大的行业
	杭州经济技术开发区(下沙)	生物医药、现代物流、电子商务(前三项为核心产业)、智能装备、信息软件	农药、化肥、除草剂等项目及化工、造纸、冶炼、制革、印染、铅酸蓄电池等污染大的行业
	大江东产业集聚区	汽车及零部件、智能装备(前二项为核心产业)、新能源、航空装备、新材料	酒类生产项目、医药中间体、有化学反应的化工项目、水泥、农药、化肥、除草剂、橡胶制品、有色金属压轧等项目及印染、电镀、发蓝、酸处理等金属表面处理、制革、冶炼、酸铅蓄电池、造纸、化学原料药等污染大的行业
	城西科创产业集聚区	研发设计与孵化、先进装备(前两项为核心产业)、新一代信息技术、电子商务、节能环保、电子信息新材料	酒类生产项目、医药中间体、有化学反应的化工项目、水泥、农药、化肥、除草剂、橡胶制品、有色金属压轧等项目及印染、电镀、发蓝、酸处理等金属表面处理、制革、冶炼、酸铅蓄电池、造纸、化学原料药等污染大的行业
	杭州钱江开发区	节能环保、物联网装备(前两项为核心产业)、生物医药	有色金属压轧、水泥、沥青纸胎油毡制造等项目及钢铁生产压轧、化肥、农药、有化学反应的化工、金属表面处理、制革、造纸、电镀、印染、铅酸蓄电池、冶炼、化学原料药等污染大的行业
	富阳	旅游休闲、先进装备(前两项为核心产业)、信息软件、文化创意	低档小规模造纸、铜回收和粗加工、电镀、发蓝、酸处理等金属表面处理、沥青、纸胎油毡制造项目及冶炼、化肥、农药,有化学反应的化工、制革、印染、铅酸蓄电池、化学原料药等污染大的项目

续 表

区域层级与定位	名称	重点鼓励招商产业	不予招商产业
副城	富阳	其中富阳经济技术开发区，重点鼓励招商产业：光通信装备、新一代信息技术（前两项为核心产业）、文化创意	低档小规模造纸、铜回收和粗加工、电镀、发蓝、酸处理等金属表面处理、沥青、纸胎油毡制造项目及冶炼、化肥、农药，有化学反应的化工、制革、印染、铅酸蓄电池、化学原料药等污染大的项目
郊县	临安	先进装备、旅游休闲（前两项为核心产业）、节能环保、文化创意、现代农业	化工、化肥、农药等有污染的行业及冶炼、造纸、电镀、有化学反应的化工、制革、印染、铅酸蓄电池、化学原料药等污染大的项目
	桐庐	健康服务、医疗器械（前两项为核心产业）、节能环保、旅游休闲、现代农业	造纸、电镀、冶炼、化肥、农药，有化学反应的化工、制革、印染、铅酸蓄电池、化学原料药等污染大的项目
	建德	旅游休闲、现代农业（前两项为核心产业）、新材料、健康服务	有化学反应的化工等项目及造纸、冶炼、制革、印染、电镀、铅酸蓄电池等污染大的行业
生态功能区	淳安	旅游休闲、现代农业（前两项为核心产业）、文化创意	化工、造纸、冶炼、制革、印染、铅酸蓄电池、建材等污染大的行业

*重点鼓励招商产业不同于《目录与指引》内产业导向目录所指的鼓励类，而是指按照杭州产业空间布局引导的要求，重点鼓励招商的主导产业，原则上在5个左右，其中为进一步突出各自特色，设定2—3个产业门类为招商的核心产业。重点鼓励招商产业的门类以杭州市重点发展的十大产业为主要范畴，并与最新国家、省、市最新的产业政策文件相衔接，开发区（园区）和产业集聚区在产业门类上强调相对细分。

*不予招商产业主要参照《目录与指引》中确定的限制禁止类产业，属于不予招商产业范围的产业项目除产业链配套本身要求、环保技术水平达到环境功能要求等特殊情况外一般不列为招商引资的成绩。

参考文献

中文文献：

[1] 白小虎. 城市化进程中行政区划调整与城市产业空间变迁——以浙江省杭州市为例的实证研究[J]. 中国软科学，2008(9).

[2] 蔡舒. 从杭州看企业外迁的有序引导[J]. 浙江经济，2014(19).

[3] 常艳. 日本首都圈的规划建设对京津冀协同发展的启示[J]. 经济研究参考，2014(59).

[4] 陈美玲. 类生态系统视角下的城市群空间优化路径研究——以珠三角城市群为例[D]. 北京：中国社会科学院研究生院，2015.

[5] 陈群元. 城市群协调发展研究——以泛长株潭城市群为例[D]. 长春：东北师范大学，2009.

[6] 陈诗波，王书华，冶小梅，等. 京津冀城市群科技协同创新研究[J]. 中国科技论坛，2015(7).

[7] 陈小卉. 都市圈发展阶段及其规划重点探讨[J]. 城市规划，2003(6).

[8] 陈耀，汪彬. 大城市群协同发展障碍及实现机制研究[J]. 区域经济评论，2016(2).

[9] 陈玉光. 城市群形成的条件、特点和动力机制[J]. 城市问题，2009(1).

[10] 崔功豪. 区域分析与区域规划[M]. 北京：高等教育出版社，2006.

[11] 崔晶. 大都市区跨界公共事务运行模式：府际协作与整合[J]. 改革，2011(7).

[12] 崔晶. 都市圈地方政府协同治理：一个文献综述[J]. 重庆社会科学，2014(4).

[13] 崔龙. 都市圈政府间关系整合机制研究[D]. 南京：南京航空航天大学，2013.

[14] 董晓峰，史育龙，张志强，等. 都市圈理论发展研究[J]. 地球科学进展，2005(10).

[15] 杜德斌，智瑞芝．日本首都圈的建设及其经验[J]．世界地理研究，2004(4)．
[16] 樊杰．从经济地理学角度对区域经济学理论体系的理解[J]．地理研究，1997(1)．
[17] 范光明，高洁，孟秀兰．长三角城市群经济协同发展趋势探究[J]．安徽行政学院学报，2016(1)．
[18] 范红忠．市场、政府的力量及多中心城市的形成[J]．改革，2004(6)．
[19] 方创琳，姚士谋，刘盛和等．2010 年中国城市群发展报告[M]．北京：科学出版社，2011．
[20] 冯建超，朱显平．日本首都圈规划调整及对我国的启示[J]．东北亚论坛，2009(6)．
[21] 冯垚．城市群理论与都市圈理论比较[J]．长江论坛，2006(3)．
[22] 富田和晓・藤井．正新版图说大都市圈[M]．北京：中国建筑工业出版社，2015．
[23] 高丽娜，朱舜，李洁．创新集聚与溢出、空间效应与长三角城市群协同发展[J]．华东经济管理，2016(5)．
[24] 高汝熹，杨勇．都市圈形成要素分析[J]．当代经济管理，2006(4)．
[25] 高汝熹．城市圈域经济论[M]．昆明：云南大学出版社，1998．
[26] 顾朝林，袁晓辉．建设北京世界城市的思考[J]．城市与区域规划研究，2012(1)．
[27] 顾朝林．都市圈规划：理论・方法・实例[M]．北京：中国建筑工业出版社，2007．
[28] 顾朝林．都市圈规划[M]．北京：中国建筑工业出版社，2007．
[29] 顾朝林．经济全球化与中国城市发展[M]．北京：商务印书馆，1999．
[30] 顾朝林．中国城市地理[M]．北京：商务印书馆，1999．
[31] 郭任．长株潭城市群环境与经济协调发展研究[D]．长沙：湖南师范大学，2011．
[32] 郭熙保，黄国庆．试论都市圈概念及其界定标准[J]．当代财经，2006(6)．
[33] 郭小蓓．我国区域经济法制的协调发展研究[D]．郑州：郑州大学，2013．
[34] 韩佳．长江三角洲区域经济一体化发展研究[D]．上海：华东师范大

学,2008.
[35] 韩永军,许倍慎. 三峡城市群发展政府角色定位研究[J]. 人民论坛,2015(3).
[36] 郝寿义. 区域经济学原理[M]. 上海:上海人民出版社,2007.
[37] 何仲禹,翟国方. 业务核都市与东京都市圈空间结构优化[J]. 国际城市规划,2016(1).
[38] 黄勇,董波,陈文杰. “县域经济”向“都市区经济”转型的意义与构想[J]. 浙江经济,2013(11).
[39] 黄征学. 城市群界定的标准研究[J]. 经济问题探索,2014(8).
[40] 黄征学. 我国国土空间的基本格局及发展态势[J]. 经济研究参考,2012(40).
[41] 黄征学. 都市群:理论与实践[M]. 北京:经济科学出版社,2014.
[42] 江曼琦,王振坡,王丽艳. 中国城市规模分布演进的实证研究及对城市发展方针的反思[J]. 上海经济研究,2006(6).
[43] 江曼琦. 城市地域结构经济理论的回顾与评价[J]. 城市,2000(1).
[44] 江曼琦. 聚集效应与城市空间结构的形成与演变[J]. 天津社会科学,2001(4).
[45] 解学梅. 都市圈协同创新机理研究:基于协同学的区域创新观[J]. 科学技术哲学研究,2011(1).
[46] 金凤花,富立友,钟伟. 都市圈创新能力极化发展实证研究[J]. 科技进步与对策,2013(10).
[47] 黎鹏. 区域经济协同发展研究[M]. 北京:经济管理出版社,2003.
[48] 李国平,杨洋. 分工演进与城市群形成的机理研究[J]. 商业研究,2009(3).
[49] 李国平. 首都圈结构、分工与营建战略[M]. 北京:中国城市出版社,2004.
[50] 李洪涛. 都市圈形成机制的探讨——以成都为例[D]. 成都:四川师范大学,2008.
[51] 李凯,刘涛,曹广忠. 城市群空间集聚和扩散的特征与机制——以长三角城市群、武汉城市群和成渝城市群为例[J]. 城市规划,2016(2).
[52] 李可. 基于灰色理论和协同理论的中原城市群物流业发展策略研究[D]. 郑州:郑州大学,2010.
[53] 李琳,龚胜. 长江中游城市群协同创新度动态评估与比较[J]. 科技进步

与对策，2015(23).

[54] 李伟，朱嘉广. 多中心城市结构的形成——以东京为例[J]. 北京规划建设，2003(6).

[55] 李小建. 公司地理论[M]. 北京:科学出版社，1999.

[56] 廉军伟，薛文理，曾刚. 土地二次开发中各方利益剖析——以上海宝山区为例[J]. 改革与战略，2007(8).

[57] 廉军伟. 韩国空间布局政策对浙江的启示[J]. 浙江经济，2014(23).

[58] 廉军伟. 新竹科学园区建设对浙江的启示[J]. 浙江经济，2015(5).

[59] 廉军伟. 智慧城市背景下实现“多规合一”的策略研究[C]. 中国城市规划年会,2014.

[60] 林森. 城市群一体化发展研究[M]. 大连:东北财经大学出版社，2012.

[61] 林尚立. 国内政府间关系[M]. 杭州:浙江人民出版社，1998.

[62] 刘庆林,白洁. 日本都市圈理论及对我国的启示[J]. 山东社会科学,2005(12).

[63] 刘荣增. 城镇密集区发展演化机制与整合[M]. 北京:经济科学出版社，2003.

[64] 刘升学. 协同视角下城市群建设与产业群优化研究——以湖南省“3+5+6”城市群为例[J]. 湖南社会科学,2012(6).

[65] 刘玉,冯健. 中国区域城镇化发展态势及战略选择[J]. 地理研究,2008(1).

[66] 刘再兴. 区域经济理论与方法[M]. 北京:中国物价出版社,1996.

[67] 刘志甫. 都市圈经济形成中的政府定位——以南京都市圈为例[J]. 市场周刊(理论研究)，2010(8).

[68] 罗成书. 杭州都市圈形成与发展研究[D]. 杭州:浙江大学，2010.

[69] 吕林. 都市圈理论与我国城市化进程[J]. 承德民族师专学报,2004(4).

[70] 苗志江. 武汉城市圈区域行政执法一体化探讨[J]. 江汉大学学报(社会科学版)，2012(3).

[71] 宁越敏. 论中国城市群的界定和作用[J]. 城市观察，2016(1).

[72] 潘宏亮. 都市圈协同创新、知识吸收能力与中小企业升级关系研究——以中原经济区为例[J]. 中国科技论坛，2015(1).

[73] 庞晶，叶裕民. 城市群形成与发展机制研究[M]. 北京:中国财政经济出

版社，2009.
[74] 蒲春玲. 新疆土地资源优化配置与区域经济可持续发展研究[D]. 乌鲁木齐:新疆农业大学，2005.
[75] 齐昕. 京津冀一体化的城市化关联基础研究[J]. 现代财经，2016(1).
[76] 乔彬，李国平. 城市群形成的产业机理[J]. 经济管理，2006(22).
[77] 乔旭宁,杨德刚,毛汉英,等. 基于经济联系强度的乌鲁木齐都市圈空间结构研究[J]. 地理科学进展，2007(6).
[78] 秦婷婷. 日本首都圈建设对我国京津冀协同发展的启示[J]. 廊坊师范学院学报(自然科学版)，2014(5).
[79] 任霞. 集群式中小企业的企业家能力研究[D]. 武汉:华中农业大学，2007.
[80] 森川洋. 日本城市体系的结构特征及其改良[J]. 柴彦威,译. 国际城市规划,2007(1).
[81] 森川洋,赵荣. 日本中心地研究的动向和问题[J]. 人文地理,1990(3).
[82] 师立斌. 企业迁移、土地利用与中心城市功能转型研究——以杭州为例[D]. 杭州:浙江工商大学，2010.
[83] 施宏. 行政区划调整对都市圈成长的影响[J]. 现代经济探讨，2011(12).
[84] 舒冲，杨俊. 长三角都市圈内各主要城市的分工与定位——日本东京都市圈的启示[J]. 上海企业，2004(8).
[85] 苏文卿. 区域经济一体化中的地方政府间关系研究——以京津冀都市圈为例[D]. 天津:天津商业大学，2011.
[86] 苏雪串. 城市化进程中的要素集聚、产业集群和城市群发展[J]. 中央财经大学学报，2004(1).
[87] 孙淮中. 苏锡常城市群协调发展研究[D]. 苏州:苏州大学,2009.
[88] 孙相军. 深莞惠都市圈道路网一体化发展对策研究[J]. 综合运输，2016(3).
[89] 孙一飞. 城镇密集区的界定——以江苏省为例[J]. 经济地理,1995(3).
[90] 谭晓丽. 合作治理中的社会组织管理研究[D]. 杭州:浙江大学，2013.
[91] 汤放华,陈立立,曾志伟,等. 城市群空间结构演化趋势与空间重构——以长株潭城市群为例[J]. 城市发展研究,2010(3).
[92] 唐燕. 德国大都市地区的区域治理与协作[M]. 北京:中国建筑工业出版

社,2011.

[93] 陶红茹，马佳腾. 京津冀都市圈生态协同治理机制研究[J]. 理论观察，2016(3).

[94] 童中贤，曾群华. 长江中游城市群空间整合进路研究[J]. 城市发展研究，2016，23(1).

[95] 汪芳，王晓洁，崔友琼. 韩国首都功能疏解研究——从三个空间层次分析韩国世宗特别自治市规划[J]. 现代城市研究，2016(2).

[96] 王德. 评介富田和晓的《大都市圈的结构演变》一书[J]. 城市规划学刊，2002(2).

[97] 王桂玲，杨德刚，闫海龙,等. 中心城市发展与城市群产业整合发展研究——以乌昌石城市群为例[J]. 干旱区研究，2016(2).

[98] 王凯，周密. 日本首都圈协同发展及对京津冀都市圈发展的启示[J]. 现代日本经济，2015(1).

[99] 王力年,滕福星. 论区域经济系统协同发展的关键环节及推进原则[J]. 工业技术经济,2012(2).

[100] 王利，韩增林，王泽宇. 基于主体功能区规划的"三规"协调设想[J]. 经济地理，2008(5).

[101] 王佩佩. 徐州都市圈发展中的政府合作问题研究[D]. 武汉:华中科技大学,2009.

[102] 王涛. 日本东京都市圈的空间结构变动、规划变迁及其启示[J]. 城市，2013(11).

[103] 王薇. 我国都市圈经济发展中的政府行为优化研究[D]. 咸阳:西北农林科技大学，2007.

[104] 王卫东. 长三角城市群协同创新发展机制研究[J]. 企业经济，2011(12).

[105] 王兴平. 创新型都市圈的基本特征与发展机制初探[J]. 南京社会科学，2014(4).

[106] 韦克游,程启原. 广西北部湾城市群内部协同程度评价及对策——广西北部湾经济区区域治理制度创新问题研究之一[J]. 广西大学学报(哲学社会科学版),2009(1).

[107] 韦伟，赵光瑞. 日本城市化进程及支持系统研究[J]. 经济纵横，2005(3).
[108] 韦伟，赵光瑞. 日本都市圈模式研究综述[J]. 现代日本经济，2005(2).
[109] 魏后凯. 论中国城市转型战略[J]. 城市与区域规划研究，2011(1).
[110] 魏后凯. 现代区域经济学[M]. 北京：经济管理出版社，2006.
[111] 吴殿倬. 京津冀都市圈环境保护一体化问题探究[J]. 商业时代，2016(1).
[112] 吴启焰. 城市密集区空间结构特征及演变机制——从城市群到大都市带[J]. 人文地理，1999(1).
[113] 肖金成，黄征学. 长江经济带城镇化的重点任务[J]. 宏观经济管理，2015(4).
[114] 谢庆奎. 中国政府的府际关系研究[J]. 北京大学学报（哲学社会科学版），2000(1).
[115] 徐琴. 从世界都市圈的发展经验谈中国的都市圈建设[J]. 南京工业大学学报（社会科学版），2002(3).
[116] 徐雁飞. 杭州市行政区划调整后之规划整合[D]. 杭州：浙江大学，2005.
[117] 许学强，周春山. 论珠江三角洲大都会区的形成[J]. 城市问题，1994(3).
[118] 许学强. 城市地理学[M]. 北京：高等教育出版社，1997.
[119] 杨开忠. 京津冀协同发展的探索历程与战略选择[J]. 北京联合大学学报（人文社会科学版），2015(4).
[120] 杨涛，杨绍峰. 强化南京的交通中心地位 促进南京都市圈生长发育[J]. 现代城市研究，2002，17(1).
[121] 杨小凯. 专业化与经济组织[M]. 北京：经济科学出版社，1999.
[122] 杨勇. 都市圈经济一体化理论与实践[M]. 北京：经济科学出版社，2013.
[123] 姚士谋，朱英明，陈振光. 信息环境下城市群区的发展[J]. 城市规划，2001(8).
[124] 姚士谋. 中国城市群[M]. 合肥：中国科学技术大学出版社，2006.
[125] 叶玉瑶. 城市群空间演化动力机制初探——以珠江三角洲城市群为例[J]. 城市规划，2006(1).
[126] 于洪俊，宁越敏. 城市地理概论[M]. 合肥：安徽科学技术出版社，1983.
[127] 郁鸿胜. 崛起之路：城市群发展与制度创新[M]. 长沙：湖南人民出版社，2005.

[128] 郁鸿胜. 欧洲城市群发展的基本特点[J]. 上海综合经济,2003(6).
[129] 贠兆恒，潘锡杨，夏保华. 创新型都市圈协同创新体系理论框架研究[J]. 城市发展研究，2016，23(1).
[130] 贠兆恒. 构建创新型都市圈协同创新体系的政策研究[D]. 南京:东南大学，2015.
[131] 袁莉. 城市群协同发展机理、实现途径及对策研究[D]. 长沙:中南大学,2014.
[132] 约翰·弗里德曼，罗震东. 区域规划在中国:都市区的案例[J]. 国际城市规划，2012(1).
[133] 张从果,杨永春. 都市圈概念辨析[J]. 城市规划,2007(4).
[134] 张根明. 企业家创新行为及绩效研究[D]. 长沙:中南大学，2009.
[135] 张贵，石海洋，刘帅. 京津冀都市圈产业创新网络再造与能力提升[J]. 河北工业大学学报(社会科学版)，2014(1).
[136] 张海峰. 山东半岛城市群生态环境与经济协调发展模式研究[D]. 青岛:中国海洋大学，2005.
[137] 张颢瀚,张超. 大都市圈的成长阶段与动力机制[J]. 江海学刊,2006(1).
[138] 张京祥,邹军,吴启焰,等. 论都市圈地域空间的组织[J]. 城市规划,2001(5).
[139] 张良，吕斌. 日本首都圈规划的主要进程及其历史经验[J]. 城市发展研究，2009(12).
[140] 张仁桥. 都市圈外围城市发展研究——以镇江市为例[D]. 南京:南京师范大学，2003.
[141] 张伟. 都市圈的概念、特征及其规划探讨[J]. 城市规划，2003(6).
[142] 张文尝. 交通经济带[M]. 北京:科学出版社,2002.
[143] 张祥建,黄建富. 我国现代都市圈发展模式及路径选择研究[J]. 天津社会科学,2007(4).
[144] 张怡，李维娜. 基于行政权协调的都市圈地方政府合作模式研究[J]. 中国行政管理，2016(1).
[145] 赵儒煜，冯建超，邵昱晔. 日本首都圈城市功能分类与空间组织结构[J]. 现代日本经济，2009(4).

[146] 赵秀梅. 基层治理中的国家—社会关系——对一个参与社区公共服务的NGO的考察[J]. 开放时代，2008(4).

[147] 郑元凯. 城市群的兴起与发展——基于制度变迁理论的分析[J]. 经济与管理，2008(1).

[148] 周富. 企业经营战略管理研究[D]. 成都:西南交通大学，2004.

[149] 周一星. 城市地理学[M]. 北京:商务印书馆,1995.

[150] 周一星. 关于明确我国城镇概念和城镇人口统计口径的建议[J]. 城市规划,1986(3).

[151] 朱李鸣. 区域经济与科技协调发展水平的评价指标体系研究[J]. 数量经济技术经济研究,2000(8).

[152] 朱元秀. 长江三角洲都市圈城镇体系发展与优化布局研究[D]. 上海:华东师范大学,2005.

[153] 祝尔娟,吴常春,李妍君. 世界城市建设与区域发展——对北京建设世界城市的战略思考[J]. 现代城市研究,2011(11).

[154] 邹军,陈小卉. 城镇体系空间规划再认识——以江苏为例[J]. 城市规划,2001(1).

[155] 邹军. 都市圈与都市圈规划的初步探讨——以江苏都市圈规划实践为例[J]. 现代城市研究，2003(4).

[156] 曾刚，曹贤忠. 上海与长江经济带一体化发展研究[J]. 中国发展，2015(4).

[157] 曾刚. 长江经济带协同发展的基础与谋略[M]. 北京:经济科学出版社，2014.

外文文献:

[1] Longhi C, Musolesi A, Baumont C. Modeling Structural Change in the European Metropolitan Areas During the Process of Economic Integration [J]. Economic Modelling, 2014, 37(574):395－407.

[2] Brezis E S, Krugman P R. Technology and the Life Cycle of Cities[J]. Journal of Economic Growth, 1997, 2(4):369－383.

[3] Chisham G, Lester M, Milan S E, et al. A Decade of the Super Dual

Auroral Radar Network (SuperDARN): Scientific Achievements, New Techniques and Future Directions[J]. Surveys in Geophysics, 2007, 28 (1):33—109.

[4] Ergas C, Clement M, Mcgee J. Urban Density and the Metabolic Reach of Metropolitan Areas: A Panel Analysis of Per Capita Transportation Emissions at the County-level[J]. Social Science Research, 2016, 58:243—253.

[5] Moscone F, Tosetti E, Canepa A. Real Estate Market and Financial Stability in US Metropolitan Areas: A Dynamic Model with Spatial Effects[J]. Regional Science & Urban Economics, 2014, 49:129—146.

[6] Warthman F. Telecommunication and the City[J]. Annals of the American Academy of Political & Social Science, 1974, 412(1):127—137.

[7] Vang J. The Metropolitan Revolution—How Cities and Metros Are Fixing Our Broken Politics and Fragile Economy[J]. European Planning Studies, 2015, 23(3):638—639.

[8] Ades J, Apparicio P, Séguin A M. Are New Patterns of Low-income Distribution Emerging in Canadian Metropolitan Areas? [J]. Canadian Geographer, 2012, 56(3):339—361.

[9] Bartolome C A M D, Ross S L. Who's in Charge of the Central City? The Conflict between Efficiency and Equity in the Design of a Metropolitan Area[J]. Journal of Urban Economics, 2004, 56(3):458—483.

[10] Chakravorty S. Urban Inequality Revisited: The Determinants of Income Distribution in U. S. Metropolitan Areas[J]. Urban Affairs Review, 1996, 31(6):759—777.

[11] Cheung L T O, Chow A S Y, Fok L, et al. The Effect of Self-determined Motivation on Household Energy Consumption Behaviour in a Metropolitan Area in Southern China[J]. Energy Efficiency, 2016:1—13.

[12] Duranton G. Delineating Metropolitan Areas: Measuring Spatial Labour Market Networks Through Commuting Patterns[M]// The Economics of Interfirm Networks. Springer Japan, 2015:107—133.

[13] Feria J M, Casadodíaz J M, Martínezbernabéu L. Inside the Metropolis: the Articulation of Spanish Metropolitan Areas into Local Labor Markets [J]. Urban Geography, 2015, 36(7):1018—1041.

[14] Jokela M, Bleidorn W, Lamb M E, et al. Geographically Varying Associations between Personality and Life Satisfaction in the London Metropolitan Area. [J]. Proceedings of the National Academy of Sciences of the United States of America, 2015, 112(3):725—30.

[15] Josep M. Mallarach, Joan Marull. Impact Assessment of Ecological Connectivity at the Regional Level: Recent Developments in the Barcelona Metropolitan Area[J]. Impact Assessment & Project Appraisal, 2006, 24 (2):127—137.

[16] Kim Y, Barkley D L, Henry M S. Industry Characteristics Link to Establishments Concentration in Nonmetropolitan Areas[J]. Journal of Regional Science, 2000, 40(2):234—259.

[17] Marcińczak S, Tammaru T, Strömgren M, et al. Changing Patterns of Residential and Workplace Segregation in the Stockholm Metropolitan Area[J]. Urban Geography, 2015, 36(7):969—992.

[18] Martori J C, Madariaga R, Oller R. Real Estate Bubble and Urban Population Density: Six Spanish Metropolitan Areas 2001—2011[J]. Annals of Regional Science, 2016, 56(2):369—392.

[19] Nelson A C, Sanchez T W, Dawkins C J. The Effect of Urban Containment and Mandatory Housing Elements on Racial Segregation in US Metropolitan Areas, 1990—2000[J]. Journal of Urban Affairs, 2004, 26(3):339—350.

[20] Wu K Y, Zhang H. Land Use Dynamics, Built-up Land Expansion Patterns, and Driving Forces Analysis of the Fast-growing Hangzhou Metropolitan Area, Eastern China (1978—2008)[J]. Applied Geography, 2012, 34 (5):137—145.

后　记

自决定写书以来，我一直在想象，当我落笔成书那刻会是怎样的一种心境。也许如其他煎熬过后的爆发一样，会欢腾雀跃。然而，当最后一个字敲打上去之后，我的心情却异常的平静，也许这种平静是来源于对生活的一种新的领悟吧。自 2008 年参加工作至今，我一直都是以单位工作为重心，全身心地投入工作，自感勤奋努力，无愧于心。在此期间，也因为工作需要下派农村，担任农村指导员两年。然而，随着工作经验的不断积累，个人成长却遇到职业瓶颈，先后也经历了工作中的许多挫折，一种“浑浑噩噩过日子”的慵懒心态俨然形成。在迷茫中抉择，在抉择中彷徨，踏寻出路，辗转反侧。沉下心来，我突然感觉，需要对自己过去几年的工作有个梳理总结，也算是对自己的一个交代。于是“提笔敲键”，毅然往前。诚然，写书的过程是特别艰辛的，因为白天工作繁重，写作只能“见缝插针”“通宵达旦”，有时思路一来，通宵也常有发生。但那种苦楚的经历，又让我对都市圈理论有了新的认识和提升。

在成书的过程中，特别要感谢我的父母和家人。感谢我的妻子朱燕婷，在孩子刚刚出生的这一年，对我写书给予的最大支持。在这一年里，妻子从不抱怨我在照顾小孩方面的缺失，给我的工作提供了巨大的精神支持！感谢我的父母，是他们用日渐衰老的身体，帮我照料刚刚出生的小孩，让我能有时间，静下心来写作！感谢我的宝贝儿子，每当我打字累的时候，看见儿子可爱的样子，内心无比安慰！回想这一年，对父母、对妻子、对小孩，我深感愧疚与自责。

感谢在我写书过程中一直支持我的朱李鸣所长、潘毅刚处长、滕堂伟教授、李超等老师，他们在本书结构安排、插图制作等方面给予了很多帮助！

感谢自我工作以来与我有过密切交集的朱磊、魏李鹏、何垒、陈文杰、阎逸、张颖、施纪平、陈王进、刘力元、张娜、于蕾、王一峰、张伟明、郎金焕、陶永亮、洪嵩等同事，在你们身上学到了很多！

感谢省发展规划研究院的所有同事在工作中给予我的帮助，谢谢你们！

感谢省发展规划研究院和省发改委宏观经济研究所对本著作的出版资助！

感谢浙江工商大学出版社的编辑及其他工作人员为此书付出的辛苦！

此外，本书在写作过程中参阅了大量的著作和论文，可能在文末注释中有所遗漏，谨在此向所有已注明和未予注明的作者表达感谢！

廉军伟

2016 年 6 月